中学教科書ワーク 学習カード
ポケットスタディ
英単語カード
2年
アプリ対応

使い方
①切り離して、リングでとじてください。
②音声を聞いて、発音しましょう。
③覚えたら OK! にチェックをつけましょう。
過 過去形　過 過去分詞、
比較級　最 最上級
複 複数形

♪英語音声

JN096373

1 abroad — go abroad
2 action — take action to clean the town
3 ago — three years ago
4 album — ...n album
5 along — along the road
6 among — a house among the trees
7 answer — answer the question
8 ea... — ng area
9 arrive — arrive at the station
10 aunt — visit my aunt
11 away — Go away!
12 back — Come back here.
13 become — become a singer
14 behind — behind the tree
15 best — my best friend
16 better — much better
17 between — between 8 to 10
18 borrow — borrow a pen

2 行動、アクション
街をきれいにするための行動をとる

1 外国に、海外に
外国へ行く

3 (今から)〜前に
3年前に

4 アルバム
アルバムを見る

5 〜に沿って
道に沿って

6 〜の中で[に]、〜の間で[に]
木々の中にある家

7 〜に答える/答え、返事
質問に答える

8 区域、地域、場所
ショッピングエリア

9 到着する
駅に到着する

10 おば、おばさん
おばをたずねる

11 去って、はなれて
あっちへ行け！

12 戻って、返して/後ろの、裏の
ここに戻っておいで。

13 〜になる
歌手になる
became - become

14 〜の後ろに
木の後ろに

15 《goodの最上級》最もよい/《wellの最上級》最もよく
私のいちばんの友人
good / well - better - best

16 《goodの比較級》よりよい/《wellの比較級》よりよく
ずっとよい
good / well - better - best

17 〜(と…)の間で
8時から10時の間に

18 〜を借りる
ペンを借りる

19 both
Both Lily and Meg like Tom.

20 bottle
a bottle of water

21 build
build a house

22 call
Call me Cathy.

23 camp
camp in a forest

24 careful
Be careful.

25 case
a pencil case

26 catch
catch a ball

27 change
change the color

28 choose
choose a card

29 clean
clean my room

30 clothes
change clothes

31 cold
cold drink

32 collect
collect stamps

33 contest
a chorus contest

34 continue
continue playing the video game

35 country
large countries

36 course
Can I use your eraser? — Of course.

37 decide
decide to go to university

38 drop
drop my key

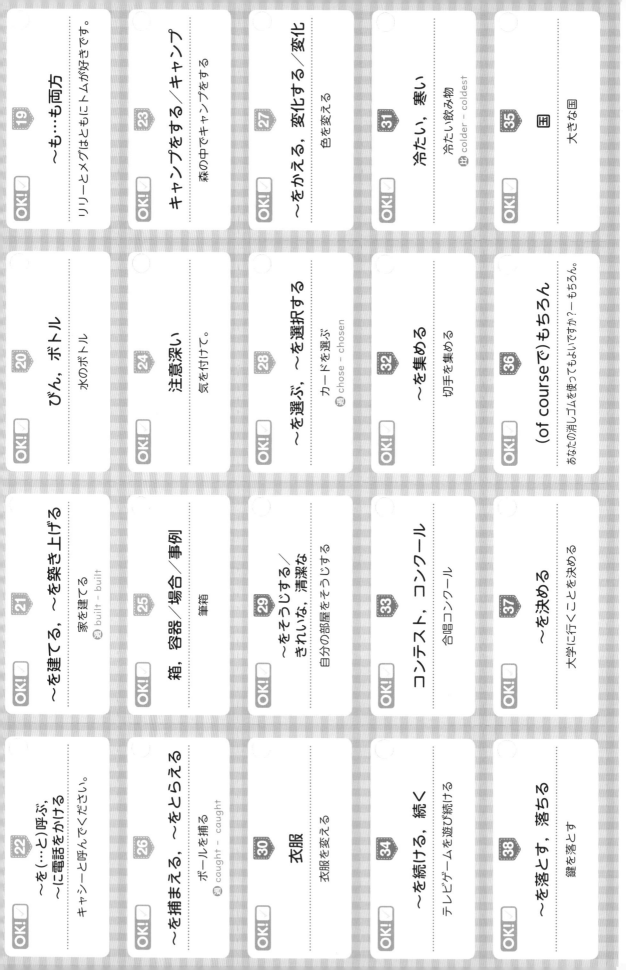

19 OK! ~も…も両方
リリーとメグはともにトムが好きです。

20 OK! びん、ボトル
水のボトル

21 OK! ~を建てる、~を築き上げる
家を建てる
🔊 built - built

22 OK! ~を（…と）呼ぶ、~に電話をかける
キャシーと呼んでください。

23 OK! キャンプをする／キャンプ
森の中でキャンプをする

24 OK! 注意深い
気を付けて。

25 OK! 箱、容器／場合／事例
筆箱

26 OK! ~を捕まえる、~をとらえる
ボールを捕る
🔊 caught - caught

27 OK! ~をかえる、変化する／変化
色を変える

28 OK! ~を選ぶ、~を選択する
カードを選ぶ
🔊 chose - chosen

29 OK! ~をそうじする／きれいな、清潔な
自分の部屋をそうじする

30 OK! 衣服
衣服を変える

31 OK! 冷たい、寒い
冷たい飲み物
🔊 colder - coldest

32 OK! ~を集める
切手を集める

33 OK! コンテスト、コンクール
合唱コンクール

34 OK! ~を続ける、続く
テレビゲームを遊び続ける

35 OK! 国
大きな国

36 OK! (of courseで)もちろん
あなたの消しゴムを使ってもよいですか？-もちろん。

37 OK! ~を決める
大学に行くことを決める

38 OK! ~を落とす、落ちる
鍵を落とす

39 easy

It's easy for me.

40 example

show an example

41 excuse

Excuse me.

42 fan

I'm a soccer fan.

43 far

far from here

44 fever

a high fever

45 few

a few coins

46 follow

follow a rule

47 foreign

foreign countries

48 forget

forget her name

49 forward

look forward to seeing our grandchild

50 front

in front of the house

51 glad

I'm glad to see you.

52 guess

Can you guess?

53 half

half of an apple

54 hall

a concert hall

55 happen

What happened?

56 hard

work hard

57 headache

have a headache

58 hear

hear the news

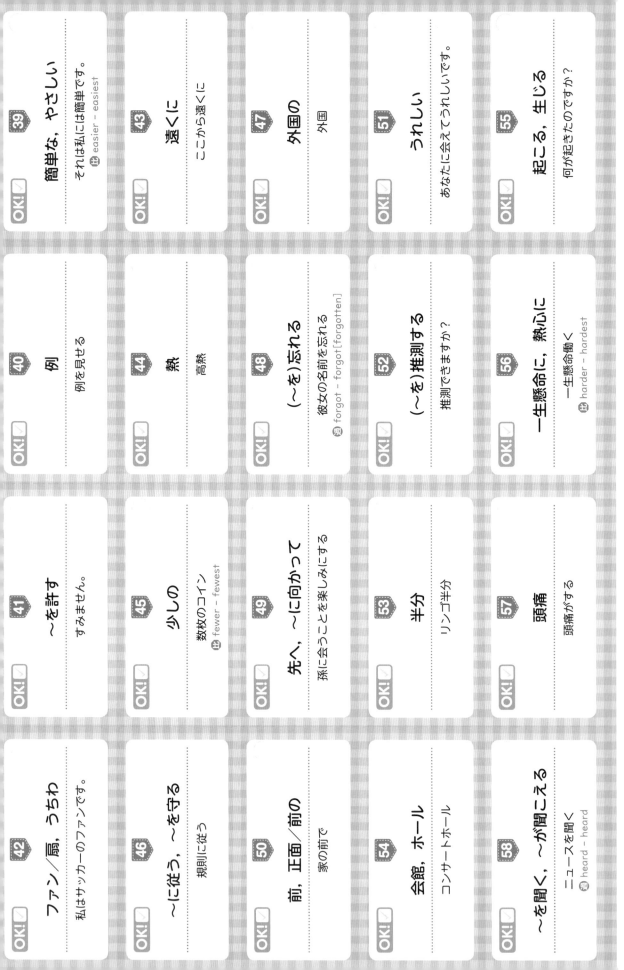

39 OK!
簡単な、やさしい
それは私には簡単です。
easier - easiest

40 OK!
例
例を見せる

41 OK!
～を許す
すみません。

42 OK!
ファン／扇、うちわ
私はサッカーのファンです。

43 OK!
遠くに
ここから遠くに

44 OK!
熱
高熱

45 OK!
少しの
数枚のコイン
fewer - fewest

46 OK!
～に従う、～を守る
規則に従う

47 OK!
外国の
外国

48 OK!
(～を)忘れる
彼女の名前を忘れる
forgot - forgot[forgotten]

49 OK!
先へ、～に向かって
孫に会うことを楽しみにする

50 OK!
前、正面／前の
家の前で

51 OK!
うれしい
あなたに会えてうれしいです。

52 OK!
(～を)推測する
推測できますか？

53 OK!
半分
リンゴ半分

54 OK!
会館、ホール
コンサートホール

55 OK!
起こる、生じる
何が起きたのですか？

56 OK!
一生懸命に、熱心に
一生懸命働く
harder - hardest

57 OK!
頭痛
頭痛がする

58 OK!
～を聞く、～が聞こえる
ニュースを聞く
heard - heard

59 heart

My heart is beating fast.

60 history

Japanese history

61 holiday

enjoy a holiday

62 idea

a good idea

63 if

If it is sunny, we can play baseball.

64 important

an important message

65 influence

He is influenced by the movie.

66 information

get information

67 inside

inside the house

68 job

find a job

69 just

It's just three o'clock.

70 last

I slept well last night.

71 late

Don't be late for the class.

72 learn

learn English

73 little

a little milk

74 local

try local food

75 lonely

She felt lonely.

76 lose

lose my way

77 love

I love dogs.

78 magazine

read a magazine

OK! ☑ 59

心臓, 心

私の心臓が速く打っています。

OK! ☑ 60

歴史

日本の歴史

OK! ☑ 61

休日, 休暇

休日を楽しむ

OK! ☑ 62

考え, アイデア

良い考え

OK! ☑ 63

もし〜ならば

もし晴れていたら、野球をすることができます。

OK! ☑ 64

重要な, 大切な

重要なメッセージ

OK! ☑ 65

〜に影響を及ぼす／影響

彼はその映画に影響されています。

OK! ☑ 66

情報

情報を得る

OK! ☑ 67

〜の内部に［で］／内側

家の中で

OK! ☑ 68

仕事, 職

仕事を見つける

OK! ☑ 69

ちょうど, たった今, ただ〜だけ

ちょうど3時です。

OK! ☑ 70

この前の, 昨〜, 先〜

私は昨晩よく眠りました。

OK! ☑ 71

遅れた, 遅刻した

授業に遅れてはいけません。
🔄 later – latest

OK! ☑ 72

（〜を）学ぶ, 習う

英語を学ぶ

OK! ☑ 73

ほとんど(ない)／小さい, かわいい

少しの牛乳
🔄 less – least

OK! ☑ 74

（ある）地方の, 地元の

地元の食べ物を食べてみる

OK! ☑ 75

ひとりぼっちの, さびしい

彼女はさびしく感じていました。

OK! ☑ 76

〜を失う, 負ける

道に迷う
🔄 lost – lost

OK! ☑ 77

〜が大好きだ／愛

私は犬が大好きです。

OK! ☑ 78

雑誌

雑誌を読む

79 main
the main street

80 market
a fish market

81 meat
fresh meat

82 middle
the middle of a circle

83 miss
miss the train

84 most
the most popular

85 must
I must finish my homework.

86 national
a national holiday

87 nature
beautiful nature

88 need
I need some water.

89 only
children under 6 years only

90 outside
It's hot outside.

91 over
all over the world

92 pardon
Pardon me?

93 part
take part in the activity

94 party
a welcome party

95 pass
pass the exam

96 perform
perform a famous play

97 performance
an exciting performance

98 phone
on the phone

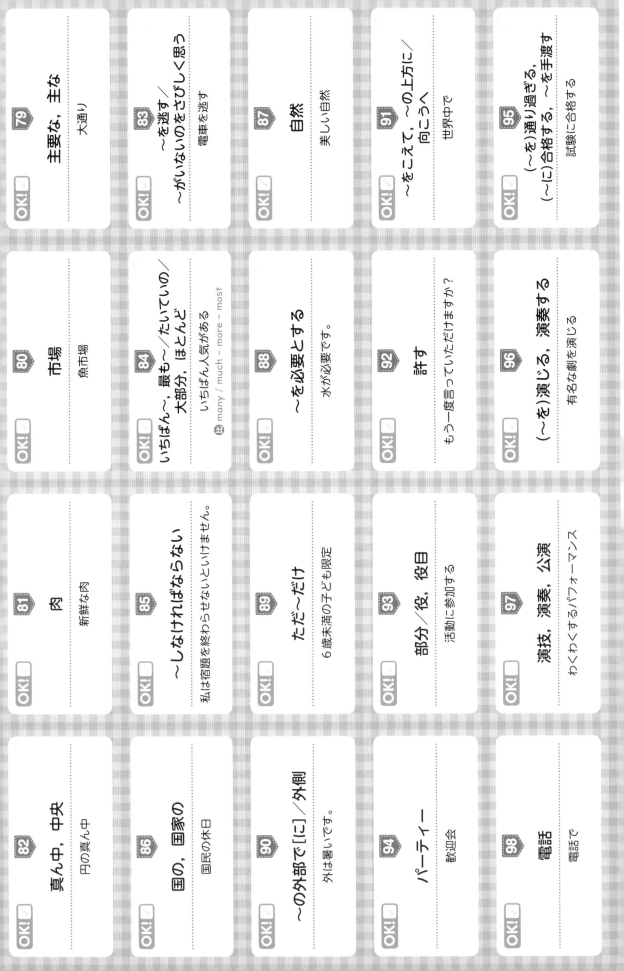

79 主要な、主な
大通り

80 市場
魚市場

81 肉
新鮮な肉

82 真ん中、中央
円の真ん中

83 ～を逃す／
～がいないのをさびしく思う
電車を逃す

84 いちばん～、最も～／たいていの／
大部分、ほとんど
いちばん人気がある
発展 many / much – more – most

85 ～しなければならない
私は宿題を終わらせないといけません。

86 国の、国家の
国民の休日

87 自然
美しい自然

88 ～を必要とする
水が必要です。

89 ただ～だけ
6歳未満の子ども限定

90 ～の外部で[に]／外側
外は暑いです。

91 ～をこえて、～の上方に／
～のむこうへ
世界中で

92 許す
もう一度言っていただけますか？

93 部分／役、役目
活動に参加する

94 パーティー
歓迎会

95 (～を)通り過ぎる、
(～に)合格する、～を手渡す
試験に合格する

96 (～を)演じる、演奏する
有名な劇を演じる

97 演技、演奏、公演
わくわくするパフォーマンス

98 電話
電話で

99 photo

a photo of my father

100 pick

pick up garbage

101 piece

a piece of cheese

102 plant

grow plants

103 point

I understand your point.

104 poor

a poor boy

105 power

This robot is powered by the sun.

106 prepare

prepare for school

107 problem

solve a problem

108 quickly

move quickly

109 quiet

Be quiet.

110 rich

a rich woman

111 right

Which is the right answer?

112 rise

The sun rises.

113 role

play the role of a prince

114 round

a round table

115 sale

for sale

116 same

have the same T-shirt

117 sell

This store sells flowers.

118 send

send an e-mail

OK! 99 写真
私の父の写真

OK! 100 ~をつむ
ゴミを拾う

OK! 101 部分、断片／作品
1切れのチーズ

OK! 102 植物
植物を育てる

OK! 103 論点、特徴、ポイント
あなたの論点はわかります。

OK! 104 貧しい、かわいそうな
かわいそうな男の子

OK! 105 ~に動力を供給する／力、動力
このロボットは太陽光で動いています。

OK! 106 (~の)準備をする
学校の準備をする

OK! 107 問題
問題を解く

OK! 108 速く、素早く、すぐに
素早く動く

OK! 109 静かな
静かにして。

OK! 110 裕福な、金持ちの
裕福な女性
richer – richest

OK! 111 正しい、正確な／ちょうど、すぐに／権利
どちらが正しい答えでしょう？

OK! 112 のぼる、上がる
太陽がのぼる。
rose – risen

OK! 113 役、役割
王子の役を演じる

OK! 114 丸い、球形の
丸いテーブル

OK! 115 販売
売り出し中

OK! 116 同じ、同一の／同じもの
同じTシャツを持っている

OK! 117 ~を売る
この店は花を売っています。
sold – sold

OK! 118 (~に)…を送る
メールを送る
sent – sent

119 serious
serious damage

120 set
set the table

121 shall
Shall we dance?

122 share
share a cake

123 should
You should go home.

124 show
Show me the map.

125 shy
a shy girl

126 snow
It snows a lot.

127 so
I was hungry, so I ate pizza.

128 soon
I'll be there soon.

129 spend
spend two hours

130 stage
dance on a stage

131 start
start running

132 story
an interesting story

133 such
such a cute cat

134 tell
tell him the truth

135 than
taller than Bob

136 theater
at the theater

137 then
I was listening to music then.

138 ticket
buy a ticket

119 OK!
深刻な、重大な
深刻な被害

120 OK!
～を整える／～を置く
食卓の準備をする
set - set

121 OK!
～しましょうか
踊りませんか？

122 OK!
～を共有する
ケーキを分ける

123 OK!
～すべきである
家に帰ったほうがいいですよ。

124 OK!
(～に)…を見せる、示す
地図を見せて。

125 OK!
恥ずかしがりの、内気な
恥ずかしがりやの女の子

126 OK!
雪が降る
たくさん雪が降ります。

127 OK!
だから、それで／
とても、非常に
私はおなかがすいていたので、ピザを食べました。

128 OK!
すぐに、まもなく
すぐそこに行きます。

129 OK!
(時)を過ごす、～を費やす
2時間過ごす
spent - spent

130 OK!
舞台、ステージ
ステージの上で踊る

131 OK!
始まる、～を始める／始まり
走り始める

132 OK!
話、物語
面白い物語

133 OK!
そのような、このような、
そんなに～な
とてもかわいいネコ

134 OK!
～に(…を)話す、伝える
彼に真実を伝える
told - told

135 OK!
～よりも
ボブよりも背が高い

136 OK!
劇場、映画館
劇場で

137 OK!
そのとき、それから、それなら
私はそのとき音楽を聴いていました。

138 OK!
切符、チケット
チケットを買う

139 tooth
a toothbrush

140 touch
touch the wall

141 towel
a hand towel

142 tower
a tall tower

143 tradition
Japanese tradition

144 travel
travel by bike

145 try
try sashimi

146 uncle
with my uncle

147 up
get up at 7:00

148 useful
useful tools

149 village
a small village

150 voice
speak in a loud voice

151 volunteer
volunteer work

152 warm
It's warm today.

153 without
without sugar

154 wonderful
What a wonderful present!

155 word
a difficult word

156 work
I work at this shop.

157 worry
Don't worry.

158 wrong
a wrong answer

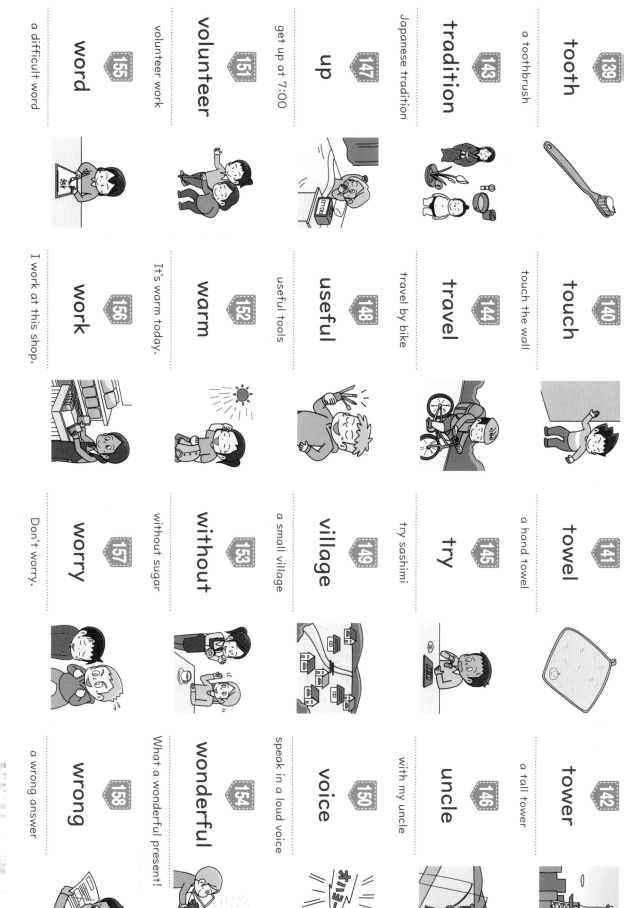

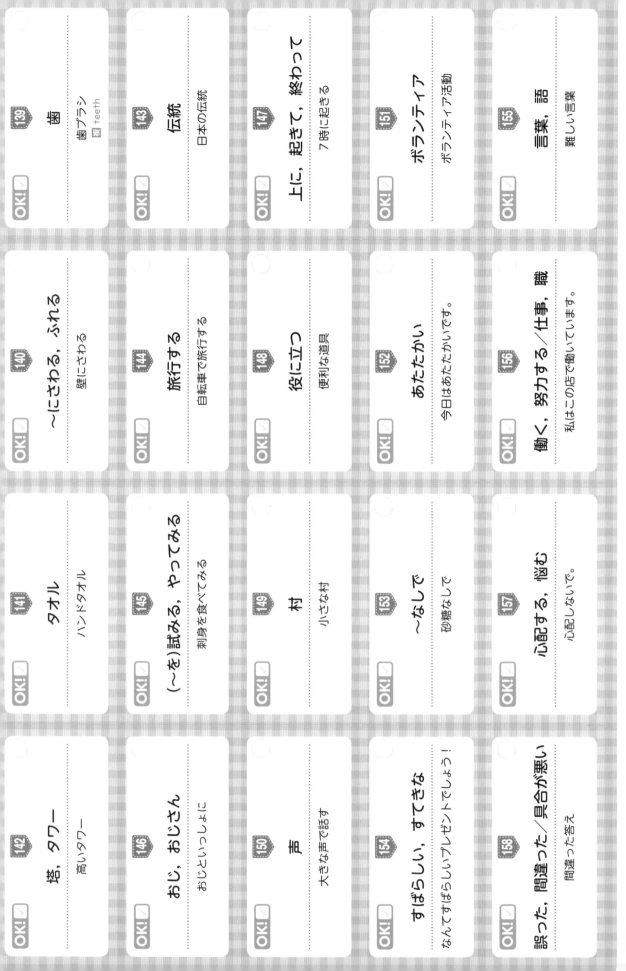

139 歯 / 歯ブラシ / 齒 teeth

140 ～にさわる、ふれる / 壁にさわる

141 タオル / ハンドタオル

142 塔、タワー / 高いタワー

143 伝統 / 日本の伝統

144 旅行する / 自転車で旅行する

145 (～を)試みる、やってみる / 刺身を食べてみる

146 おじ、おじさん / おじといっしょに

147 上に、起きて、終わって / 7時に起きる

148 役に立つ / 便利な道具

149 村 / 小さな村

150 声 / 大きな声で話す

151 ボランティア / ボランティア活動

152 あたたかい / 今日はあたたかいです。

153 ～なしで / 砂糖なしで

154 すばらしい、すてきな / なんてすばらしいプレゼントでしょう！

155 言葉、語 / 難しい言葉

156 働く、努力する／仕事、職 / 私はこの店で働いています。

157 心配する、悩む / 心配しないで。

158 誤った、間違った／具合が悪い / 間違った答え

三省堂版 英語2年 もくじ

英語音声

ステージ1　ステージ2　ステージ3

アプリで学習　**Challenge! SPEAKING** …… 113〜120

プラスワーク 英語の文のしくみ / 冠詞とは…29　形容詞・副詞の比較変化…79　不規則動詞変化表…112

●この本の特長と使い方… 2 〜 3

※特別ふろくについて，くわしくは表紙の裏や巻末へ

解答と解説　　　　別冊

この本の特長と使い方

3ステップと予想問題で実力をつける！

確認のワーク　ステージ1

- 文法や表現，重要語句を学習します。
- 基本的な問題を解いて確認します。
- 基本文には音声がついています。

定着のワーク　ステージ2

- ステージ1で学習したことを，さらに問題を解くことで定着させます。
- ヒントがついているので学習しやすいです。
- リスニング問題もあります。

文法のまとめ

- ここまでに学習した文法をまとめて学習します。

Try! READING

- 教科書の長めの文章に対応するページです。読解力をつけます。

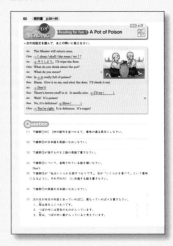

実力判定テスト ステージ3

- ステージ1で学習したことが身についたかをテスト形式で確認します。
- リスニング問題もあります。

ホームページテスト

- 文理のウェブサイトからテストをダウンロード。たくさん問題を解いて，実力アップ！ リスニング問題もあります。　くわしくは巻末へ➡

アクセスコード　B064330

定期テスト対策 予想問題

- 定期テスト前に解いて，実力を確かめます。
- リスニング問題もあります。

Challenge! SPEAKING

- アプリを使って会話表現の発音練習をします。AIが採点！

くわしくはChallenge! SPEAKINGの最初のページへ➡

英語音声について

- 英語音声があるものには ♪ a00 がついています。
- 音声はスマートフォン，タブレット，またはパソコンで聞くことができます。
- また文理のウェブサイトから音声ファイルをダウンロードすることもできます。

▶スマホで聞く　　　　　　　[使い方]

▶パソコンで聞く　https://listening.bunri.co.jp/
▶ダウンロードする　[ダウンロード方法]

※この本にはCDはついていません。

音声用アクセスコード　7NNCP

※音声配信サービスおよび「おん達Plus」は無料ですが，別途各通信会社の通信料がかかります。
※お客様のネット環境および端末によりご利用いただけない場合がございます。ご理解，ご了承いただきますよう，お願いいたします。

確認のワーク ステージ **1** **Starter** This Month's Books

教科書の 要点 過去形の復習 ♪ a01

I **write** a story in a letter. 私は手紙に物語を書きます。

↓ 動詞を過去形にする

I **wrote** a story in a letter yesterday. 私はきのう手紙に物語を書きました。

write は不規則動詞 過去を表す語句

要点

● 「〜しました」は動詞の過去形で表す。
● 規則動詞の過去形は (e)d をつける。 例 play → played
● 不規則動詞の過去形は不規則に変化する。 例 go → went

Wordsチェック 次の英語は日本語に, 日本語は英語になおしなさい。

- □(1) trouble （　　　　　）
- □(2) man （　　　　　）
- □(3) anyone （　　　　　）
- □(4) clever （　　　　　）
- □(5) 職業, 仕事 ＿＿＿＿＿
- □(6) 病気の, 病気で
- □(7) 真ん中(の) ＿＿＿＿＿
- □(8) man の複数形

1 絵を見て例にならい, 「ーはこの前の土曜日に〜しました」という文を書きなさい。

I / play the guitar

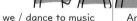
we / dance to music

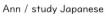
Ann / study Japanese

Ken / make sandwiches

例 I played the guitar last Saturday.

(1) We ＿＿＿＿＿＿ to music last Saturday.

(2) Ann ＿＿＿＿＿＿＿＿＿＿ last Saturday.

(3) Ken ＿＿＿＿＿＿＿＿＿＿ last Saturday.

ここがポイント

過去形の作り方
(1)e で終わる語 → d だけつける
(2)〈子音字＋y〉で終わる語 → y を i にかえて ed をつける
(3)不規則動詞 make の過去形は made

2 次の（　）内から適する語を選んで, ○で囲みなさい。

(1) I (clean / cleaned) the room last Monday.

(2) We (live / lived) in Australia ten years ago.

(3) Tom (washes / washed) his shoes yesterday.

trouble は[trʌ́bl], wrote は[róut]と発音するよ。

❸ 次の文の＿＿に, ( )内の語を適する形にかえて書きなさい。

(1) We ＿＿＿＿＿＿ Mr. Green yesterday. (visit)

(2) He ＿＿＿＿＿＿ curry last Tuesday. (cook)

(3) Kumi ＿＿＿＿＿＿ apples three days ago. (buy)

まるごと 暗記

不規則動詞の過去形
- buy → bought
- see → saw
- eat → ate
- go → went

Starter

❹ 次の文を( )内の指示にしたがって書きかえるとき, ＿＿に適する語を書きなさい。

(1) I see your sister in the park. （文末に yesterday を加えて）

I ＿＿＿＿＿＿ your sister in the park ＿＿＿＿＿＿ .

(2) She ate pizza last week. （疑問文にかえて Yes で答える）

＿＿＿＿＿＿ she ＿＿＿＿＿＿ pizza last week?

— Yes, ＿＿＿＿＿＿ .

(3) Ms. Smith went to the theater. （否定文に）

Ms. Smith ＿＿＿＿＿＿ to the theater.

ここが ポイント

(2)疑問文
〈Did＋主語＋動詞の原形 ～?〉の形を使う。
(3)否定文
〈主語＋did not[didn't]＋動詞の原形 ～.〉の形を使う。

❺ 次の日本文に合うように, ＿＿に適する語を書きなさい。

(1) 彼は先月, この物語を書きました。

He ＿＿＿＿＿＿ this ＿＿＿＿＿＿ last month.

(2) 私の名前はある科学者から生じています。

My name ＿＿＿＿＿＿ a scientist.

(3) 実は, 彼は上手に英語を話します。

＿＿＿＿＿＿ ＿＿＿＿＿＿ , he speaks English well.

(4) 私はときどきやっかいな事態になります。

I sometimes ＿＿＿＿＿＿ trouble.

表現メモ
- come from ～「～から生じる」
- in fact「実は」
- get into ～「～になる」

❻ 〔 〕内の語句を並べかえて, 日本文に合う英文を書きなさい。

(1) 彼は昨日, ラジオを聞きました。

〔 listened / the radio / he / to 〕 yesterday.

＿＿＿＿＿＿ yesterday.

(2) 私は昨夜, 宿題をしました。

〔 my / I / homework / did 〕 last night.

＿＿＿＿＿＿ last night.

(3) あなたはけさ, 公園を散歩しましたか。

〔 the park / you / in / did / walk 〕 this morning?

＿＿＿＿＿＿ this morning?

(4) 彼女は先週, テニスを練習しませんでした。

〔 practice / she / tennis / didn't 〕 last week.

＿＿＿＿＿＿ last week.

ミス注意

(3)一般動詞の過去の疑問文は, did で始める。
(4)一般動詞の過去の否定文は主語のあとに〈did not[didn't]＋動詞の原形 ～.〉を続ける。

  **Lesson 1 Peter Rabbit ①**

教科書の 要点 　接続詞 when，接続詞 if ♪ a02

When my mother came home, I was watching TV.

「〜(した)とき」のまとまりを作る　　コンマを入れる　〈was[were]＋動詞の -ing 形〉は過去進行形

コンマを入れる

If it is clear, we will play baseball.

「もし〜ならば」のまとまりを作る

母が家に帰ってきたとき，私はテレビを見ていました。

もし天気がよければ，私たちは野球をします。

要点

● 「〜(する)とき」「〜(した)とき」という文をつなぐときは，〈when ＋主語＋動詞 〜〉で表す。文をつなぐ語を接続詞という。ここでの when は接続詞で「〜するとき，〜すると，〜したら」という意味を表す。

● 「もし〜ならば」という文をつなぐときは，〈if ＋ 主語 ＋ 動詞〜〉で表す。if は接続詞で「もし〜ならば」という意味を表す。

プラス when や if の作るまとまりは文の後半に置くこともできる。後半に置くときはコンマは入れない。
例 I was watching TV **when** my mother came home.
　　　　　　　　　コンマは入れない
例 We will play baseball **if** it is clear.

Wordsチェック 　次の英語は日本語に，日本語は英語になおしなさい。

- □(1) recently 　　（　　　　　　）
- □(2) lend 　　（　　　　　　）
- □(3) comfortable 　（　　　　　　）
- □(4) scared 　（　　　　　　）
- □(5) frustrated 　（　　　　　　）
- □(6) 試験，テスト ＿＿＿＿＿
- □(7) 不安で，心配して ＿＿＿＿＿
- □(8) 晴れた ＿＿＿＿＿
- □(9) speak の過去形 ＿＿＿＿＿
- □(10) come の過去形 ＿＿＿＿＿

よく出る ❶ 絵を見て例にならい，「〜したとき，私は…していました」という文を書きなさい。

| 例 my mother came home / study math | (1) my father came home / watch TV | (2) Kana visited me / eat dinner | (3) Tom called me / read a book |

例 When my mother came home, I was studying math.

(1) ＿＿＿＿＿＿＿＿＿ my father came home, I was watching TV.

(2) ＿＿＿＿＿＿＿＿＿＿＿＿＿ me, I was eating dinner.

(3) I was reading a book ＿＿＿＿＿＿＿＿＿＿＿＿.

ここがポイント

接続詞 when
「〜 (する)とき」「〜 (した)とき」を表し，文と文をつなぐ。

 wonderful：すばらしい，とてもすてきな

2 次の文を（ ）内の指示にしたがって書きかえるとき， ＿＿に適する英語を書きなさい。

接続詞 if
「もし〜ならば」を表し，文と文をつなぐ。

(1) It is clear. We will run in the park.
（接続詞 if を使って1文に）

＿＿＿＿＿＿＿＿＿＿＿, we will run in the park.

(2) It is warm. I walk my dog.
（接続詞 if を使って1文に）

＿＿＿＿＿＿＿＿＿＿＿, I walk my dog.

3 〔 〕内の語を並べかえて，日本文に合う英文を書きなさい。

when 〜, if 〜
接続詞whenやifのあとには〈主語＋動詞〜〉の形を続ける。
●〈when＋主語＋動詞〜〉
「〜（する）とき」「〜（した）とき」
●〈if＋主語＋動詞〜〉
「もし〜ならば」

(1) エイミーが帰宅したとき，私は料理をしていました。
〔 came / when / home / Amy 〕, I was cooking.

＿＿＿＿＿＿＿＿＿＿＿, I was cooking.

(2) もしあなたが音楽が好きならば，コンサートを楽しみましょう。
〔 you / music / if / like 〕, let's enjoy the concert.

＿＿＿＿＿＿＿＿＿＿＿, let's enjoy the concert.

4 次の日本文に合うように， ＿＿に適する語を書きなさい。

(1) 私はテストでうまくいきませんでした。
I didn't ＿＿＿ ＿＿＿ on the test.

(2) すばらしい絵を見るとき，私は気持ちがよいです。
I ＿＿＿ ＿＿＿ when I see a ＿＿＿ picture.

5 次の表には，天候によっての各人物の予定が書かれています。例にならい，それぞれの人物になったつもりで「もし〜ならば，私は…します」という文で答えなさい。

人物	晴れのとき	雨のとき
Kumi	go on a picnic	stay at home
Keita	go to a park	go to a gym

例 Kumi, what will you do if it is clear?
　 — If it is clear, I will go on a picnic.

(1) Kumi, what will you do if it is rainy?
　 — If it is rainy, ＿＿＿.

(2) Keita, what will you do if it is clear?
　 — If it is clear, ＿＿＿.

(3) Keita, what will you do if it is rainy?
　 — If it is rainy, ＿＿＿.

確認のワーク ステージ 1 **Lesson 1** Peter Rabbit ②

読 聞 書 話

教科書の 要点 接続詞 that ♪ a03

The book is interesting. — その本はおもしろいです。

〜ということ

I think (**that**) the book is interesting. — その本はおもしろいと思います。

主語 動詞 think の目的語 that は省略できる

要点

● 接続詞の that は「〜ということ」という意味で，後ろに〈主語＋動詞〜〉の文がくる。

● この that で始まる文は，think などの動詞の目的語になる。that はよく省略される。

[接続詞の that を目的語にとる動詞] hope, show, know, say など

プラス 「〜しないと思う」は，ふつう〈主語＋do[does] not think＋(that) 〜.〉で表す。

例 I don't think (that) the book is interesting. その本はおもしろくないと思います。

Wordsチェック 次の英語は日本語に，日本語は英語になおしなさい。

☐(1) district （　　　　　　） ☐(2) thrilling （　　　　　　）

☐(3) surprising （　　　　　　） ☐(4) 冒険 ＿＿＿＿＿＿

☐(5) 重要な，重大な ＿＿＿＿＿＿ ☐(6) （未来の）いつか ＿＿＿＿＿＿

よく出る **1** 例にならい，「私は〜と思います」という文を書きなさい。

例 The story is interesting.

→ I think that the story is interesting.

(1) Ken is a nice boy.

＿＿＿＿＿＿＿＿＿＿＿＿＿＿＿＿＿＿＿＿

(2) The movie is very exciting.

＿＿＿＿＿＿＿＿＿＿＿＿＿＿＿＿＿＿＿＿

ここがポイント

「〜と思う」の文
〈主語＋think＋(that)
〜.〉で表す。「〜という
こと」を表すthatは省略
できる。

2 次の表には，それぞれの人物がおたがいの将来について考えていることが書かれています。表を見ながら，例にならって「〜は…と思っています」という文を書きなさい。

I	•	• I will work at a zoo.
You	•	• You will become a good player.
Keiko	•	• Keiko will write many stories.

ミス注意

(2)主語が3人称単数のと
きは，thinkにsをつけ
てthinksとすること。

例 I think (that) Keiko will write many stories.

(1) You ＿＿＿＿＿＿＿＿＿＿＿＿＿＿＿＿＿＿＿＿ .

(2) Keiko ＿＿＿＿＿＿＿＿＿＿＿＿＿＿＿＿＿＿＿＿ .

hope は[hóup]と発音するよ。

3 次の〔 〕内の語句を並べかえて，日本文に合う英文を書きなさい。

(1) 私はあなたが上手に歌うと思います。

〔 that / think / I 〕 you sing well.

_____ you sing well.

(2) 私は彼らがテニス部に加わることを希望します。

I 〔 they / hope / will / that 〕 join the tennis club.

I _____ join the tennis club.

(3) 彼らはあなたが漫画の本が好きなことを知っています。

They 〔 like / that / you / know 〕 comics.

They _____ comics.

(4) この本はパンダが人気があることを示しています。

〔 that / this book / pandas / shows 〕 are popular.

_____ are popular.

(5) 私たちは彼女が心配していないと思います。

We 〔 that / is / don't / nervous / think / she 〕.

We _____ .

(6) あすは雨が降らないと思います。

〔 rain / think / will / don't / it / I 〕 tomorrow.

_____ tomorrow.

まるごと暗記

that を目的語にとる動詞
- think that ～「～と思う」
- hope that ～「～を願う[望む]」
- know that ～「～と知っている」
- show that ～「～を示す」

ミス注意

(5)(6)「～しないと思う」はふつう〈主語＋do[does] not think ＋ that ～.〉で表す。

4 次の日本文に合うように，＿＿に適する語を書きなさい。

(1) 私はこの辞書は役に立つと思います。

I think _____ this dictionary is _____ .

(2) 私はまたこの記事も読みました。

I _____ read this _____ .

(3) 彼らは時間が重要なことを知っています。

They _____ time is _____ .

ことばメモ
- useful「役に立つ」
- also「～もまた」
- important「重要な」

WRITING Plus

次のようなとき，英語でどのように言うか書きなさい。

(1) 自分は理科が興味深いと思うと言うとき。

(2) 自分は明日は晴れることを希望すると言うとき。

(3) この写真は，彼らが熱心に野球を練習していることを示していると言うとき。

interesting：興味深い　　show：見せる，示す

確認のワーク　ステージ 1　Lesson 1　Peter Rabbit ③　解答 ▶ p.3　読 聞 書 話

教科書の 要点　接続詞 because　 a04

He didn't do anything because he was too tired.

「〜なので」のまとまりを作る　　彼はあまりに疲れすぎていたので，何もしませんでした。

要点

- ●「〜なので」と理由や原因を表すときは，〈because ＋ 主語 ＋ 動詞 〜〉を使う。
- ● Why 〜？ に対して，because を用いて答えることも可能。
  Why do you like English? − Because it is interesting.
  なぜあなたは英語が好きなのですか。−なぜならそれはおもしろいからです。

Words チェック　次の英語は日本語に，日本語は英語になおしなさい。

- □(1)　find　（　　　　　）
- □(2)　away　（　　　　　）
- □(3)　just　（　　　　　）
- □(4)　safe　（　　　　　）
- □(5)　more　（　　　　　）
- □(6)　起こる，生じる　　　　　　
- □(7)　〜かしら（と思う）　　　　　　
- □(8)　何も　　　　　　
- □(9)　catch の過去形　　　　　　
- □(10)　find の過去形　　　　　　

よく出る 1 例にならい，「〜なので…です」という文を書きなさい。

例　I like science. It is interesting.
　　→ I like science because it is interesting.

(1)　I like football. It is a lot of fun.
　　I like football ＿＿＿＿＿＿ it is a lot of fun.

(2)　We like pizza. It is delicious.
　　We like pizza ＿＿＿＿＿＿＿＿＿＿ .

(3)　He went to bed early. He was tired.
　　He went to bed early ＿＿＿＿＿＿＿＿＿＿ .

> **ここがポイント**
> **接続詞 because**
> 「〜なので」という意味で，文と文をつなぐ。理由や原因を表す。because のあとには〈主語＋動詞 〜〉を続ける。

2 次の日本文に合うように，＿＿に適する語を書きなさい。

(1)　彼女は庭に隠れました。
　　She ＿＿＿＿＿＿ in the garden.

(2)　昔々，多くの人々がその町に住んでいました。
　　＿＿＿＿＿ ＿＿＿＿＿ a ＿＿＿＿＿ , many
　　people lived in the town.

> **表現メモ**
> ● once upon a time
> 「昔々」

🐢 because は[bikɔ́ːz]，caught は[kɔ́ːt]と発音するよ。

③ 次の英文を読んで，あとの問いに答えなさい。

(①) Peter was looking for parsley, he ② (see) Mr. McGregor. Peter turned and rushed away. Mr. McGregor ② (see) him and shouted, "Stop! Stop!"

(1) ①の（ ）に適する語を下から選び，記号を◯で囲みなさい。
 ア　When　　イ　Because　　ウ　That

(2) ②（ ）内の語を過去形にしなさい。　＿＿＿＿＿＿

(3) 本文の内容に合うように，次の質問に英語で答えなさい。
 What was Peter looking for?

＿＿＿＿＿＿＿＿＿＿＿＿＿＿＿＿＿＿＿＿＿

ここがポイント

(2)seeは不規則動詞。
(3)「ピーターは何をさがしていましたか」に対する答え。ピーターの行動をきちんと読み取ろう。

④ 〔 〕内の語句を並べかえて，日本文に合う英文を書きなさい。

(1) ある日，私はトムを訪ねました。
 〔 I / one / visited / day 〕Tom.

＿＿＿＿＿＿＿＿＿＿＿＿＿＿ Tom.

(2) ついに彼女はケーキを作りました。
 〔 last / made / at / she 〕a cake.

＿＿＿＿＿＿＿＿＿＿＿＿＿＿ a cake.

(3) 花々の中で彼女は帽子をなくしました。
 She 〔 her / among / lost / the flowers / cap 〕.
 She ＿＿＿＿＿＿＿＿＿＿＿＿＿＿＿ .

(4) 彼女はアンを手伝ったので，4時に帰宅しました。
 She 〔 she / got home / Ann / because / helped / at four 〕.
 She ＿＿＿＿＿＿＿＿＿＿＿＿＿＿＿ .

表現メモ

●one day
「ある日」
●at last
「ついに」

ミス注意

(4)becauseの位置
「～なので」は〈because＋主語＋動詞～〉の語順で表す。〈主語＋動詞～because〉としないようにする。

⑤ 次の文を（ ）内の指示にしたがって書きかえるとき，＿＿＿に適する語を書きなさい。

(1) Go into that garden.
 （「決して～してはいけない」という文に）

＿＿＿＿＿＿＿＿＿＿＿＿ that garden.

(2) Ken eats lunch at one.
 （文の終わりに yesterday を加えて）

＿＿＿＿＿＿＿＿＿＿＿＿ yesterday.

(3) We like him. He is kind.
 （接続詞 because を使って1文に）

We like him ＿＿＿＿＿＿＿＿＿＿＿ .

ミス注意

eatは不規則動詞で，過去形はate。規則動詞ではないので注意しよう。

確認のワーク　ステージ **1**　Take Action!　Listen 1　図書館の案内　読 聞　Talk 1　どんなストーリーなの？　書 話

解答 ▶ p.3

教科書の 要点　質問の仕方や情報の加え方　♪ a05

質問 **What's the article about?**　　その記事は何についてですか。
　What is の短縮形　　　　「〜について」

情報の加え方 **It got a famous award.**　　それは有名な賞を得ました。
　　　　　　　　「有名な賞」

要点

● 本や映画，記事について質問するなら What's 〜 about? などを使う。
● 答えるときは，It got a famous award. のように情報を加えながら会話を進める。

Words チェック　次の英語は日本語に，日本語は英語になおしなさい。

- □(1)　magazine　（　　　　　）
- □(2)　scan　（　　　　　）
- □(3)　press　（　　　　　）
- □(4)　forest　（　　　　　）
- □(5)　closed　（　　　　　）
- □(6)　賞　
- □(7)　本当の　
- □(8)　機械　
- □(9)　押しボタン　
- □(10)　借りる　

1 次の〔　〕内の語を並べかえて，日本文に合う英文を書きなさい。

(1) その本は何についてですか。

〔 the / about / what's / book 〕?

(2) それは人気のある賞を獲得しました。

〔 a / it / award / got / popular 〕.

ここがポイント

質問の仕方
● Where are you going to 〜?
「どこで〜するつもりですか」
● Who is 〜?
「だれが〜ですか」
● What's 〜 about?
「〜は何についてですか」

2 次の日本文に合うように，＿＿＿に適する語を書きなさい。

(1) あなたの計画は何ですか，トム。

＿＿＿＿＿ your ＿＿＿＿＿, Tom?

(2) 私は野球の試合を見るつもりです。－いいじゃない。

I'm going to see a baseball game.

－ ＿＿＿＿＿＿＿＿＿＿!

(3) 私はこの本を明日，返却するつもりです。

I will ＿＿＿＿＿ this book ＿＿＿＿＿ tomorrow.

(4) 彼は罰金を払うでしょう。

He will ＿＿＿＿＿ a ＿＿＿＿＿.

表現メモ

● Sounds good!
「いいじゃない」
● bring 〜 back
「〜を返却する」
● pay a fine
「罰金を払う」

back は [bǽk]，scan は [skǽn] と発音するよ。

ステージ **1**　**GET Plus 1**　試着してもいいですか

読 聞
書 話

Take Action! 〜 GET Plus 1

教科書の **要点**　「〜してもいいですか」　 ♪ a06

May I try on this shirt?　　このシャツを試着してもいいですか。
　　　　動詞の原形
[許可を求める文]

　－ Sure.　　　　　　　　　　－もちろん。

要点

●相手に「〜してもいいですか」と許可を求めるときは，〈May I ＋動詞の原形〜?〉を使う。
●答えるときは，Sure.(もちろん)，Of course.(もちろん)。または，I'm afraid (that) 〜(残念ですが〜ではないかと思います)などを使って答える。

プラス　Can I 〜? も許可を求めるときに使う。親しい人に対して使うことが多い。

Words チェック　次の英語は日本語に，日本語は英語になおしなさい。

□(1)　try on　　　　（　　　　　　　　）　□(2)　leave a message　（　　　　　　　　）
□(3)　メニュー　　　　　　　　　　　　　　□(4)　電話をかける

1　絵を見て例にならい，「〜してもいいですか」という文を書きなさい。

例　sit here　　　(1) have some water　　　(2) ask a question　　　(3) use your dictionary

例　May I sit here?

(1)　＿＿＿＿＿＿＿＿＿＿＿＿＿ have some water?

(2)　＿＿＿＿＿＿＿＿＿＿＿＿＿ a question?

(3)　＿＿＿＿＿＿＿＿＿＿＿＿＿

ここが ポイント

許可を求める表現
〈May I ＋動詞の原形
〜?〉
「〜してもいいですか」

2　次の日本文に合うように，＿＿＿に適する語を書きなさい。

(1)　入ってもいいですか。

　　＿＿＿＿＿＿＿＿＿＿＿ come in?

(2)　[(1)に答えて]　もちろん。

　　＿＿＿＿＿＿＿＿＿＿＿ .

(3)　[(1)に答えて]　残念ですが入ってはいけないのではないかと思います。

　　＿＿＿＿＿＿＿＿＿＿＿ you may not.

ここが ポイント

〈May I ＋動詞の原形
〜?〉への答え方
●Sure.
　「もちろん」
●I'm afraid (that) 〜
　「残念ですが〜ではな
　いかと思います」

 afraid は [əfréid] と発音するよ。

文法のまとめ① 接続詞

読｜聞
書｜話

まとめ ------------------------------------

① 接続詞 when, if, because

●接続詞 when は「～（する）とき」「～（した）とき」と時を表す。

When my father came home, I was reading a book.

「～（した）とき」のまとまりを作る｜コンマを入れる　　私の父が帰宅したとき，私は本を読んでいました。

●接続詞 if は「もし～ならば」と仮定や条件を表す。

If it is rainy, we will stay at home.

「もし～ならば」のまとまりを作る｜コンマを入れる　　もし雨が降れば，私たちは家にいます。

●接続詞 because は「～なので」と理由や原因を表す。

We like science because it is interesting.

「～なので」のまとまりを作る　　　　それはおもしろいので，私たちは理科が好きです。

● when[if, because] が前半にくるときはコンマを入れる。

When I got up, my brother was studying.　コンマを入れる

My brother was studying when I got up.　コンマは入れない

私が起きたとき，兄[弟]は勉強をしていました。

② 接続詞 that

●接続詞の that は「～ということ」を表し，あとに続く文が動詞の目的語になる。

● hope, show, know, say などが，〈that＋主語＋動詞～〉を目的語にとる。

I think that basketball is exciting.

「～ということ」｜〈主語＋動詞～〉の文　　私はバスケットボールはとてもおもしろいと思います。

●接続詞 that は省略することができる。

We know ⬚ Mr. Kato works at the post office.

接続詞 that が省略されている　　　　私たちは加藤さんが郵便局で働いていることを知っています。

練習 ------------------------------------

よく出る 1 次の文の（ ）内から適する語を選び，○で囲みなさい。

(1)　(That / If / When) I went to the shop, I saw Miki.

(2)　He didn't go to school (that / because / if) he was sick.

(3)　I think (this / that / it) Mr. Green is from Hawaii.

(4)　(If / And / That) it is clear, let's visit the amusement park.

(5)　She hopes (when / if / that) you will come to the festival.

2　次の日本文に合うように，　　　に適する語を書きなさい。

(1)　私の父は学生だったとき，京都に住んでいました。

　　　_____ my father _____ a student, he lived in Kyoto.

(2)　もし涼しければ，私たちはサッカーをします。

　　　_____ it _____ cool, we will play soccer.

(3)　彼らはあなたが上手に踊ることを知っています。

　　　_____ you dance well.

3　次の英文を日本語になおしなさい。

(1)　When I called my friend, he was doing his homework.

　　　(　　　　　　　　　　　　　　　　　　　　　　　)

(2)　This picture shows that he can play the guitar well.

　　　(　　　　　　　　　　　　　　　　　　　　　　　)

4　次の文を（　）内の指示にしたがって書きかえなさい。

(1)　You like animals. Let's go to the zoo.

　　　（接続詞 if を使って1文に）

(2)　I visited Lucy. She was writing a letter.

　　　（接続詞 when を使って1文に）

(3)　I study English every day. It is important.

　　　（接続詞 because を使って1文に）

5　次の〔　〕内の語句や符号を並べかえて，日本文に合う英文を書きなさい。

(1)　私はあなたがたくさん本を持っていることを知っています。

　　　I〔 have / that / many books / you / know 〕.

　　　I _____ .

(2)　もしあなたが疲れているならば，ベンチにすわってください。

　　　〔 you / please / tired / if / sit / are / , 〕 on a bench.

　　　_____ on a bench.

(3)　私はこの歌を聞くと幸せを感じます。

　　　〔 when / feel / listen to / happy / I / I 〕 this song.

　　　_____ this song.

(4)　彼女はおなかがすいていたのでサンドウィッチを作りました。

　　　She〔 sandwiches / she / hungry / because / made / was 〕.

　　　She _____ .

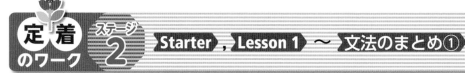

解答 ▶ p.4

定着のワーク ステージ **2** **Starter** , **Lesson 1** 〜 文法のまとめ①

🎧 **1** LISTENING 対話を聞いて，内容に合う絵を選び，記号で答えなさい。 🎵 101

ア　　　イ　　　ウ　　　エ

(　　　)

2 次の文の（　）内から適する語を選び，○で囲みなさい。

(1) (That / If / And) it's clear, I'll play baseball.

よく出る (2) I think (if / that / when) you swim well.

(3) (When / If / That) I got home, my brother was studying.

3 次の日本文に合うように，＿＿＿に適する語を書きなさい。

(1) あなたはテストでうまくいくでしょう。

You will ＿＿＿＿＿＿ ＿＿＿＿＿＿ on the test.

(2) ある日，健が私の家に来ました。

＿＿＿＿＿＿ ＿＿＿＿＿＿ Ken came to my house.

(3) その記事は何についてですか。

＿＿＿＿＿＿ the article ＿＿＿＿＿＿ ?

(4) 私たちはやっかいな事態になりました。

We ＿＿＿＿＿＿ ＿＿＿＿＿＿ trouble.

よく出る **4** 〔　〕内の語句や符号を並べかえて，日本文に合う英文を書きなさい。

(1) 私はあした晴れることを希望します。

〔 will / hope / clear / it / I / be 〕 tomorrow.

＿＿＿＿＿＿＿＿＿＿ tomorrow.

(2) 彼女は親切なので，私たちは彼女が好きです。

〔 her / we / she / like / because 〕 is kind.

＿＿＿＿＿＿＿＿＿＿ is kind.

(3) ピアノをひくとき，私は幸せを感じます。

〔 I / when / I / the piano / play / , 〕 feel happy.

＿＿＿＿＿＿＿＿＿＿ feel happy.

(4) あのシャツを試着してもいいですか。

〔 try / may / on / I 〕 that shirt?

＿＿＿＿＿＿＿＿＿＿ that shirt?

重要ポイント

2 (2)think の目的語になる形を選ぶ。

テストに◎出る!

接続詞 that
接続詞 that は「〜ということ」を表し，あとに〈主語＋動詞〜〉が続く。think などの目的語になる。

3 (1)「うまくいく，成功する」を表す連語。
(4)「〜になる」を表す連語。過去の文なので，動詞は過去形にする。

4 (1)「〜を希望する」は hope。目的語は〈(that)＋主語＋動詞〜〉。
(2)because 〜の文。
(3)when 〜の文。

得点力を UP

May I 〜?
●「〜してもいいですか」と許可を求める文。

5 次の対話文を読んで，あとの問いに答えなさい。

Riku: Recently, I read a book in English ①<u>初めて</u>. ②<u>It was *Peter Rabbit*.</u>

Ms. Brown: Wonderful. ③〔was / it / I / when / read / I〕 a child.

Riku: Did you like it?

(1) 下線部①を４語の英語になおしなさい。

(2) 下線部②を It を具体的にして，日本語になおしなさい。
(　　　　　　　　　　　　　　　　　　　　　　　　　)

(3) 下線部③の〔　〕内の語を並べかえて，意味の通る英文にしなさい。
_____ a child.

(4) 本文の内容に合うように，次の問いに英語で答えなさい。
What did Riku read recently?
－ He read _____ _____ .

6 次の文を（　）内の指示にしたがって書きかえなさい。

(1) I write a story <u>every day</u>. （下線部を yesterday にかえて）

(2) It is rainy. I will watch the movie at home.
（接続詞 if を使って１文に）

(3) My mother learned French. She was a student.
（接続詞 when を使って１文に）

(4) He didn't practice volleyball. He was sick.
（接続詞 because を使って１文に）

7 次の日本文を英語になおしなさい。

(1) 私はバスケットボールはわくわくすると思います。

(2) 私が彼女を訪ねたとき，彼女はお母さんを手伝っていました。

(3) もしあなたが美術が好きならば，美術館に行きましょう。

重要ポイント

5 (2) Peter Rabbit がどのような本であるかを考える。
(3) when は接続詞。〈when＋主語＋動詞〜〉は文の後半にくる。
(4)「最近，陸は何を読みましたか」。２語で読んだものを答える。

6 (1) yesterday は過去を表すので，動詞 write を過去形にする。

得点力を UP
接続詞 if, when, because
●if は「もし〜ならば」を表す接続詞。
●when は「〜（する）とき」「〜（した）とき」を表す接続詞。
●because は「〜なので」を表す接続詞。

7 (1)「私は〜と思います」は I think のあとに〈(that)＋主語＋動詞〜〉を続ける。
(2) when 〜の文。
(3) if 〜の文。

ちょっと **BREAK**　「公園」は英語で park。では parking[パーキング]は何でしょう？　→答えは次のページ

実力判定テスト　ステージ3　Starter , Lesson 1 〜　文法のまとめ①　　30分　　/100　読 聞 書 話

解答 p.5

1 LISTENING 対話と質問を聞いて，その答えとして適するものを１つ選び，記号で答えなさい。

♪ 102 2点×3（6点）

(1)　ア　They will go on a picnic.　　イ　They will go to the theater.

　　ウ　They will go to the temple.　　エ　They will go to the gym.　（　　）

(2)　ア　Because he didn't eat breakfast.　　イ　Because he cooked breakfast at 8:00.

　　ウ　Because he always gets up at 8:00.　　エ　Because he ate breakfast at 8:00.

　　（　　）

(3)　ア　Tuesdays.　イ　Thursdays.　ウ　Fridays.　エ　Saturdays.　（　　）

2 次の日本文に合うように，＿＿＿に適する語を書きなさい。　　3点×3（9点）

(1)　私はパンダを見るつもりです。－いいじゃない！

　　I'm going to see pandas. － ＿＿＿＿＿＿＿＿＿ ＿＿＿＿＿＿＿＿＿ ！

(2)　明日，その CD を返してください。

　　Please ＿＿＿＿＿＿＿ the CD ＿＿＿＿＿＿＿ tomorrow.

(3)　昔々，多くの人々がこの湖のそばに住んでいました。

　　＿＿＿＿＿＿＿ ＿＿＿＿＿＿＿ ＿＿＿＿＿＿＿ ＿＿＿＿＿＿＿, many people lived

　　by this lake.

3 〔　〕内の語句や符号を並べかえて，日本文に合う英文を書きなさい。ただし，１語不要な語があります。　　4点×3（12点）

(1)　この写真はピーターが速く走ることを示しています。

　　〔 that / fast / this picture / runs / shows / because / Peter 〕.

　　＿＿＿＿＿＿＿＿＿＿＿＿＿＿＿＿＿＿＿＿＿＿＿＿＿＿＿＿＿＿＿＿＿＿

(2)　私が動物園に行ったとき，私は私の友達に会いました。

　　〔 saw / the zoo / my friend / went to / I / when / if / I 〕.

　　＿＿＿＿＿＿＿＿＿＿＿＿＿＿＿＿＿＿＿＿＿＿＿＿＿＿＿＿＿＿＿＿＿＿

(3)　もしあなたが空腹ならば，私はパンを焼くつもりです。

　　〔 because / are / bread / you / will / hungry / I / bake / if / , 〕.

　　＿＿＿＿＿＿＿＿＿＿＿＿＿＿＿＿＿＿＿＿＿＿＿＿＿＿＿＿＿＿＿＿＿＿

4 次の文を（　）内の指示にしたがって書きかえなさい。　　4点×2（8点）

(1)　He found his pencil in the room. （疑問文に）

　　＿＿＿＿＿＿＿＿＿＿＿＿＿＿＿＿＿＿＿＿＿＿＿＿＿＿＿＿＿＿＿＿＿＿

(2)　She sat on the bench. She was tired. （because を使って１文に）

　　＿＿＿＿＿＿＿＿＿＿＿＿＿＿＿＿＿＿＿＿＿＿＿＿＿＿＿＿＿＿＿＿＿＿

5 次は『ピーターラビットのおはなし』を読んだ陸の感想です。これを読んで，あとの問いに答えなさい。 　　　　　　　　　　　　　　　　　　　　　　　　　　　　　　　　　　　　　　（計20点）

I enjoyed the story of Peter Rabbit. I think (　　　　) his adventures are thrilling. I also like the pictures.

(1) （　）内に適する語を下から選び，記号を○で囲みなさい。 　　　　　　　（4点）

　　ア　because 　　イ　when 　　ウ　that

(2) 次の文が本文の内容と合っていれば○，異なっていれば×を書きなさい。 5点×2（10点）

　　１．陸はピーターラビットの物語を楽しみました。 　　　　　　　　　（　　　　）

　　２．陸はピーターラビットの冒険は重要だと考えました。 　　　　　　（　　　　）

(3) 本文の内容に合うように，次の質問に英語で答えなさい。 　　　　　　　（6点）

　　What does Riku also like?

_____

6 次の日本文を英語になおしなさい。 　　　　　　　　　　　　　　　6点×5（30点）

(1) 私は眠かったので，９時に寝ました。

_____

(2) 彼が私を訪ねたとき，私はテレビを見ていました。

_____

(3) もしあなたが忙しければ，私たちはあなたを手伝うつもりです。

_____

(4) 窓をあけてもいいですか。

_____

(5) [(4)に答えて] 残念ながらあけてはいけません。

_____

7 次の質問に，あなた自身の答えを英語で書きなさい。 　　　　　5点×3（15点）

(1) What will you do if it is clear tomorrow?

_____

(2) Where did you live when you were a child?

_____

(3) What do you think of English?

_____

解答　p.7

確認のワーク　ステージ1　Lesson 2　My Dream ①　読聞書話

教科書の 要点 「〜すること」（to 不定詞　名詞用法）　♪ a07

Koji wants **to read** the book.　　　　　　耕司はその本が読みたい。

〈to＋動詞の原形〉「〜すること」

My dream is **to be** a teacher.　　　　　　私の夢は教師になることです。

要点

● 〈to ＋動詞の原形〉を to 不定詞という。「〜すること」の意味を表し，動詞の目的語になるなど，名詞と同じようなはたらきをする（名詞用法）。

● want to 〜は「〜することを望む」，つまり，「〜したい」という意味になる。

● be は be 動詞の原形で to be 〜で「〜になること」を表す。

Wordsチェック　次の英語は日本語に，日本語は英語になおしなさい。

- □(1)　voice　（　　　　　）
- □(2)　travel　（　　　　　）
- □(3)　farming　（　　　　　）
- □(4)　overseas　（　　　　　）
- □(5)　すぐに，まもなく　＿＿＿＿＿＿＿
- □(6)　通る，合格する　＿＿＿＿＿＿＿
- □(7)　何か，あるもの　＿＿＿＿＿＿＿
- □(8)　外国は［に，で］　＿＿＿＿＿＿＿

1 絵を見て例にならい，「…は〜したい」という文を書きなさい。

She / watch TV

I / listen to music

Kana / read a book

They / play soccer

例　She wants to watch TV.

(1)　I ＿＿＿＿＿＿＿ ＿＿＿＿＿＿＿ listen to music.

(2)　Kana ＿＿＿＿＿＿＿＿＿＿＿＿＿＿＿＿＿＿＿＿＿＿＿ a book.

(3)　＿＿＿＿＿＿＿＿＿＿＿＿＿＿＿＿＿＿＿＿＿＿＿＿

ここがポイント

「〜したい」の文
want to 〜（want の目的語に〈to＋動詞の原形〉がくる形）で表す。

2 次の日本文に合うように，（　）内の適する語を○で囲みなさい。

(1)　久美は沖縄に行きたいです。

Kumi wants to (go / goes / going) to Okinawa.

(2)　私の夢はピアニストになることです。

My dream is to (am / be / being) a pianist.

ミス注意

「〜すること」は，主語が3人称単数でも to のあとは必ず動詞の原形にする。

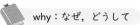 why：なぜ，どうして

3 次の日本文に合うように，＿＿＿に適する語を書きなさい。

(1) 私は湖で泳ぎたいです。

I want ＿＿＿＿＿＿ ＿＿＿＿＿＿ in the lake.

(2) 彼女はカレーを料理したがっています。

She wants ＿＿＿＿＿＿ ＿＿＿＿＿＿ curry.

(3) 私の夢はロンドンで勉強することです。

My dream is ＿＿＿＿＿＿ ＿＿＿＿＿＿ in London.

ここが ポイント

「…は〜することです」の文
my dream（私の夢），my hope（私の希望）などの主語のあとに〈is ＋ to ＋ 動詞の原形〜〉を続ける。

Lesson 2

4 〔　〕内の語を並べかえて，日本文に合う英文を書きなさい。

(1) 私の妹は歌を歌うことが好きです。

My sister 〔 sing / likes / to 〕 songs.

My sister ＿＿＿＿＿＿＿＿＿＿＿＿ songs.

(2) 彼らは動物園であなたに会うことを望んでいます。

They 〔 hope / see / to 〕 you in the zoo.

They ＿＿＿＿＿＿＿＿＿＿＿＿ you in the zoo.

(3) 彼の計画はその水族館を訪れることです。

His plan 〔 to / is / visit 〕 the aquarium.

His plan ＿＿＿＿＿＿＿＿＿＿＿ the aquarium.

まるごと 暗記

to不定詞を目的語にとる動詞
● want to 〜
　「〜したい」
● like to 〜
　「〜することが好きだ」
● hope to 〜
　「〜することを希望する」

5 次の日本文に合うように，＿＿＿に適する語を書きなさい。

(1) 春休みがまもなくきます。

The spring vacation ＿＿＿＿＿＿＿＿＿ soon.

(2) 私は他人のために何かをします。

I will ＿＿＿＿＿＿＿＿＿ for others.

(3) 彼はあなたの友達です。－そのとおり。

He is your friend. － ＿＿＿＿＿＿＿＿ .

(4) 私の姉は留学したがっています。

My sister wants to ＿＿＿＿＿＿＿＿ .

ここが ポイント

確実な未来を表す現在進行形の文
近い予定などの確実に起こりそうな未来は，〈am[are, is] ＋ 動詞の-ing形〉の現在進行形でも表すことができる。

表現メモ

● do something
　「何かをする」
● That's right.
　「そのとおり」
● study abroad
　「留学する」

6 表を見て「…は〜になりたい」という文を書きなさい。

名前	(1)私	(2)弟	(3)美加	(4) Mike	(5) Jane
つきたい職業	通訳者	医者	技師	画家	声優

(1) I want to be an ＿＿＿＿＿＿ .

(2) My brother wants to be ＿＿＿＿＿＿＿ .

(3) Mika wants to be ＿＿＿＿＿＿＿ .

(4) ＿＿＿＿＿＿＿＿＿＿＿＿＿＿

(5) ＿＿＿＿＿＿＿＿＿＿＿＿＿＿

まるごと 暗記

職業を表すことば
interpreter 「通訳者」
engineer 「技師」
painter 「画家」
voice actor 「声優」

解答 ▶ p.7

確認のワーク　ステージ 1　Lesson 2　My Dream ②　読聞書話

教科書の 要点　「〜するために」/「〜するための」(to 不定詞 副詞用法・形容詞用法) ♪ a08

Tom went to the park **to play** volleyball.

トムはバレーボールをするために公園へ行きました。

動詞を修飾　　〈to＋動詞の原形〉「〜するために」

要点 1

● この〈to ＋動詞の原形〉は，「〜するために」の意味を表し，動詞を修飾する。

● to 不定詞は動詞を修飾する副詞のはたらきもする（副詞用法）。

Miki has something **to eat**.

美紀は何か食べるものを持っています。

(代)名詞を修飾　　〈to＋動詞の原形〉「〜するための」

要点 2

● この〈to ＋動詞の原形〉は，「〜するための」の意味を表し，前の名詞・代名詞を修飾する。

● to 不定詞は(代)名詞を修飾する形容詞のはたらきもする（形容詞用法）。

プラス　-thing で終わる代名詞に形容詞がつくときは〈-thing ＋形容詞＋ to ＋動詞の原形〉の語順。

　　例　Miki has something hot to eat.　美紀は何かあたたかい食べるものを持っています。

Words チェック　次の英語は日本語に，日本語は英語になおしなさい。

□(1) achieve　（　　　　　）　□(2) space　（　　　　　）

□(3) grow　（　　　　　）　□(4) 売る，売っている　＿＿＿＿＿

□(5) 市，市場　＿＿＿＿＿　□(6) 忘れる　＿＿＿＿＿

1 次の英文に to を入れるとき，適切な位置の記号を○で囲みなさい。

He left home at seven walk his dog.　彼はイヌを散歩させるために7時に家を出ました。

ア　　　イ　　　ウ　エ

2 絵を見て例にならい，「私は〜するための…があります」という文を書きなさい。

a book / read

(1) something / drink

(2) much homework / do

(3) some letters / write

例　I have a book to read.

(1) I have something ＿＿＿＿＿＿＿＿＿＿ .

(2) I have ＿＿＿＿＿＿＿＿＿＿＿＿＿＿＿ .

(3) ＿＿＿＿＿＿＿＿＿＿＿＿＿＿＿＿＿＿

ここが ポイント

to不定詞の形容詞用法
〈to ＋動詞の原形〉
「〜するための」
前の(代)名詞を修飾する。

grow は [gróu] と発音するよ。

3 次の日本文に合うように，＿＿＿に適する語を書きなさい。

(1) 私はテニスをするために公園へ行きました。

I went to the park ＿＿＿＿＿＿＿ ＿＿＿＿＿＿＿ tennis.

(2) 彼は英語を教えるために日本に来ました。

He came to Japan ＿＿＿＿＿＿＿ ＿＿＿＿＿＿＿ English.

(3) 彼女はテレビを見るために4時に帰宅しました。

She got home at four ＿＿＿＿＿＿＿ ＿＿＿＿＿＿＿ TV.

4 〔 〕内の語句を並べかえて，日本文に合う英文を書きなさい。

(1) 私は先生になるために毎日，勉強します。

I 〔 be / study / to / every day 〕a teacher.

I ＿＿＿＿＿＿＿＿＿＿＿＿＿＿＿＿＿ a teacher.

(2) リサは卵を買うためにその店に行きました。

Lisa 〔 to / went to / buy / the shop 〕some eggs.

Lisa ＿＿＿＿＿＿＿＿＿＿＿＿＿＿ some eggs.

(3) 私たちは何か食べるものがほしいです。

We 〔 want / eat / something / to 〕.

We ＿＿＿＿＿＿＿＿＿＿＿＿＿＿＿＿ .

(4) 京都には見るべき場所がたくさんあります。

Kyoto 〔 many places / to / has / see 〕.

Kyoto ＿＿＿＿＿＿＿＿＿＿＿＿＿＿＿ .

5 次の日本文に合うように，＿＿＿に適する語を書きなさい。

(1) 私はもっとよい米を栽培します。

I ＿＿＿＿＿＿＿ ＿＿＿＿＿＿＿ rice.

(2) 彼は字幕なしで映画を見ます。

He watches movies ＿＿＿＿＿＿＿ ＿＿＿＿＿＿＿ .

6 表を見て，「―は〜するために…しました」という文を書きなさい。

人物	行動	目的
(1)私	公園に行った	運動をする (do exercise)
(2)健太	図書館を訪れた	本を返す (return the books)
(3) Alice	コンピューターを使った	インターネットで調べる (search online)

(1) I went to the park ＿＿＿＿＿＿＿ ＿＿＿＿＿＿＿ exercise.

(2) ＿＿＿＿＿＿＿＿＿＿＿＿＿＿＿＿＿＿＿＿＿＿＿

(3) ＿＿＿＿＿＿＿＿＿＿＿＿＿＿＿＿＿＿＿＿＿＿＿

確認のワーク ステージ **1** Lesson 2　My Dream ③ 読聞書話

教科書の **要点**　to 不定詞「〜すること」(復習)　♪ a09

I want **to be** a farmer.
　　　　「〜すること」
私は農業をする人になりたいです。

Farmers use technology **to do** many things.
　　　　　　　　　　　　「〜するために」
農業をする人々はたくさんのことをするために科学技術を使います。

Farming is a way **to bring** people together.
　　　　　　　　　「〜するための」
農業は人々を集めるための方法です。

要点

●名詞用法の〈to ＋動詞の原形〉は「〜すること」という意味を表す。
●副詞用法の〈to ＋動詞の原形〉は「〜するために」という意味を表す。
●形容詞用法の〈to ＋動詞の原形〉は「〜するための」という意味を表す。

Words チェック　次の英語は日本語に，日本語は英語になおしなさい。

□(1) collect　(　　　) □(2) everyday　(　　　)
□(3) become　(　　　) □(4) interest　(　　　)
□(5) improve　(　　　) □(6) 理由，わけ　_____
□(7) 近く，近くに　_____ □(8) 方法，やり方　_____
□(9) 健康，健康状態　_____ □(10) become の過去形　_____

1 次の日本文に合うように，＿＿に適する語を書きなさい。

(1) 私の弟は彼の部屋をそうじし始めました。

My brother ＿＿＿＿＿＿ his room.

(2) 他人のために何かをするというあなたの願いは重要です。

Your ＿＿＿＿＿ something for others is important.

ここがポイント
形容詞用法の意味
(2)「〜するための」が基本だが，「〜するという…」と名詞に説明を加えるように訳す場合もある。

2 〔　〕内の語句を並べかえて，日本文に合う英文を書きなさい。

(1) 私には学ぶことがたくさんあります。

I〔 many things / learn / have / to 〕.

I ＿＿＿＿＿＿ .

(2) 私たちは踊るために体育館へ行きました。

We〔 to / went to / dance / the gym 〕.

We ＿＿＿＿＿＿ .

ここがポイント
副詞用法
(2)「〜するために」という意味で，前の動詞を修飾する。

become は[bikʌ́m]，became は[bikéim]と発音するよ。

25

3 次の英文は花が書いたスピーチの原稿です。これを読んで，あとの問いに答えなさい。

① I [to / a farmer / want / be]. I have three reasons.

First, I like fresh vegetables. Fresh food is important (②) our everyday lives and health. ③I want to grow healthy and organic vegetables for everyone.

Second, I am interested (④) technology. Farmers use technology to do many things. For example, they use drones (⑤) monitor crops and sensors to collect data twenty-four hours a day.

Lesson 2

(1) 下線部①の〔 〕内の語句を並べかえて，意味の通る英文にしなさい。

I _____ .

ミス注意
(3)I want to ～は「私は ～したい」という意味。 for everyone は，その 前の文章(I want to か ら vegetables まで)の全 体にかかっている。

(2) ②，④，⑤の（ ）に入るものを下から選び，記号で答えなさい。 ただし，記号はそれぞれ一度ずつしか使えません。

ア for　イ to　ウ in　 ②(　) ④(　) ⑤(　)

(3) 下線部③を日本語になおしなさい。

(　)

(4) 次の文が本文の内容と合っていれば○，異なっていれば×を書きなさい。 農業従事者たちは，いろいろなことをするために科学技術を使っている。 (　)

4 次の日本文に合うように，____ に適する語を書きなさい。

(1) 要約すると，この本はおもしろいです。

_____ _____ , this book is interesting.

(2) お祭りは私たちを集めるでしょう。

The festival will _____ us _____ .

(3) 私はテニスのようなスポーツが好きです。

I like sports, _____ _____ tennis.

表現メモ
●in short 「要約すると」
●bring together 「集める」
●such as ～ 「たとえば，～のよう な」

WRITING Plus

次のようなとき，英語でどのように言うか書きなさい。

(1) 自分は本を読むことが好きだと言うとき。

_____

(2) 自分はよく数冊の本を借りるために図書館に行くと言うとき。

_____

(3) 自分には読むべき本がたくさんあると言うとき。

解答 ▶ p.9

確認のワーク ステージ**1**　Project 1　将来の夢を紹介しよう

📖 教科書の **要点**　自分の夢を紹介する　 ♪ a10

I want to be a singer.
「私は〜になりたい」という言い方

私は歌手になりたいです。

My dream is to invent something.
「私の夢は〜です」という言い方

私の夢は何かを発明することです。

要点
● 「私は〜になりたい」と自分の夢を語るときは，I want to be 〜. を使う。「〜」には〈a[an] ＋職業名〉がくる。
● 「私の夢は〜です」と言うときは，My dream is 〜. を使う。「〜」には「〜すること」を表す 名詞用法の to 不定詞〈to ＋動詞の原形〉がくる。
● 理由を，First, 〜（第一に，〜），Second, 〜（第二に，〜）のように順を追って述べると相手に 伝わりやすくなる。

Words チェック　次の英語は日本語に，日本語は英語になおしなさい。
□(1)　lyric　　　　　　　　（　　　　　　　　　）　□(2)　tool　　　　（　　　　　　　　　）
□(3)　言う，話す　　　_____　□(4)　発明する　　　_____

1〔　〕内の語句を並べかえて，日本文に合う英文を書きなさい。

(1)　私は俳優になりたいです。

　　I〔 be / want / an actor / to 〕.

　　I _____ .

(2)　私の夢は本を書くことです。

　　〔 to / dream / is / my 〕 write books.

　　_____ write books.

ここがポイント
自分の夢の紹介の仕方
● I want to be a[an] 〜.
「私は〜になりたい」
● My dream is to 〜.
「私の夢は〜すること です」

2　美紀は "My Dream" というテーマでスピーチをします。日本語のメモを参考に，スピーチ 原稿を完成させなさい。

Hello, everyone. I am going to tell you about
my dream. (1) I _____ .
(2) First, I _____ . The stories are
exciting, and the characters are wonderful.
Second, he is kind. He is a good teacher, too.
(3) I _____ . Thank you.

・ボブ(Bob)のような作家(writer)になり たい。
・理由の1つは彼の本がとても好きなので。
・ボブのようになるために自分は全力を尽 くすつもりだ。

(1)　I _____ .
(2)　I _____ .
(3)　I _____ .

💬 tell は[tél]，invent は[invént]と発音するよ。

解答 p.9

確認のワーク ステージ 1 Take Action!

Listen 2 チャリティーのお知らせ
Talk 2 それはいい案だね

読 聞 書 話

Project 1 〜 Take Action!

教科書の 要点 意見を言う表現や賛成する表現 ♪ a11

意見を言う I think (that) we can clean the street.
[「私は〜と思う」] [意見の内容]

私たちは道をそうじすることができる, と私は思います。

賛成する That's a good idea, Tom.
[賛成する表現]

それはいい考えです, トム。

要点

● 意見を言うときは, I think 〜.(私は〜と思います)を使う。I have an idea.(私には意見があります)と言い, そのあとに意見内容を伝えてもよい。

● 賛成するときは, That's a good idea. や I agree with you.(私はあなたに賛成です), I have no doubt.(私には疑いはありません)などを使うとよい。

Wordsチェック 次の英語は日本語に, 日本語は英語になおしなさい。

□(1) novel (   )   □(2) announcement (   )

□(3) puzzle (   )   □(4) 会長

□(5) 板, 台 _____   □(6) 〜に沿って

よく出る **1** 〔 〕内の語句を並べかえて, 日本文に合う英文を書きなさい。

(1) 私には考えがあります。
〔 an / have / idea / I 〕.

_____

(2) 私たちはごみを拾い上げることができる, と私は思います。
〔 can / I / we / pick up / think 〕 trash.

_____ trash.

(3) [(2)に答えて] それはいい考えです。
〔 idea / that's / good / a 〕.

_____

ここがポイント

意見の伝え方
● I have an idea.(私には意見があります)に続けて, We can 〜.などで具体的に意見を言う。
● I think 〜.(私は〜と思います)で「〜」に伝えたい内容を置く。

2 次の日本文に合うように, ____ に適する語を書きなさい。

(1) 私たちは(地域)社会を助けることができると思います。

_____ we can help our community.

(2) [(1)に答えて] 私はあなたに賛成します。

I _____ you.

(3) [(1)に答えて] 私には疑いがありません。

I have _____.

表現メモ

賛成する表現
● I agree with you.
(私はあなたに賛成です)
● I have no doubt.
(私には疑いはありません)

along は [əlɔ́ːŋ], doubt は [dáut] と発音するよ。

 **GET Plus 2** 写真を撮ることは楽しい

読聞書話

教科書の 要点　It is 〜 (for A) to .... の文　♪a12

To take pictures is fun for me.

It's=It is

It's fun for me to take pictures.　私にとって写真を撮ることは楽しいです。

形式上の主語 It ｜ Aが[にとって] ｜ 本当の主語

要点
● It is 〜 (for A) to .... で「(Aが[にとって]) …することは〜です」を表す。
● It は形式上の主語で to 以下を指す。この It は日本語に訳さない。
● 「Aが[にとって]」は for A で表し，to 不定詞の意味上の主語になる。

Words チェック 次の英語は日本語に，日本語は英語になおしなさい。

□(1) impossible （　　　　　） □(2) essay （　　　　　）
□(3) 可能な ＿＿＿＿＿ □(4) 必要な ＿＿＿＿＿

1 次の日本文に合うように，＿＿に適する語を書きなさい。

(1) 英語を話すことは簡単です。
It is ＿＿＿＿ ＿＿＿＿ speak English.
(2) 朝食を食べることは大切です。
＿＿＿＿ is ＿＿＿＿ to eat breakfast.
(3) あなたにとって6時に起きることが必要です。
It is ＿＿＿＿ you ＿＿＿＿ get up at six.
(4) 私たちが冬にあの山に登ることは不可能です。
＿＿＿＿ is ＿＿＿＿ for ＿＿＿＿ to climb that mountain in winter.

まるごと 暗記

It is 〜 (for A) to ....に
よく使われる形容詞
● easy「簡単な」
● important「大切な，重要な」
● necessary「必要な」
● impossible「不可能な」

ここが ポイント

〈for + A〉
不定詞の意味上の主語は〈for + A〉で表す。意味上の主語が一般の人のときや，特に表す必要のないときは〈for + A〉は省略される。

2 次の文を It で始めてほぼ同じ内容を表す文に書きかえなさい。

(1) To read a newspaper is interesting.

(2) To answer the question is difficult for them.

(3) To cook dinner for you is possible for me.

possible は [pásəbl]，necessary は [nésəsèri] と発音するよ。

英語の文のしくみ / 冠詞とは (復習)

英語の文の語順は日本語の語順とは違うよ。そして，英語には，日本語にはない冠詞があるんだ。ここでは，この2つについて学習しようね。

GET Plus 2～プラスワーク

1 英語の語順

⭐ 基本的な文の形

日本語と英語の語順の大きな違いは，動詞[述語]の位置が異なることです。

日本語の述語にあたる**動詞が主語のあと**にきます。

日本語	私は	テニスが	好きです。
	主語	「～が[を]」	述語

英語には「～が[を]」などの助詞がないよ。主語の次に動詞がくるよ！

英語	I	like	tennis.
	主語	動詞	目的語

⭐ 肯定文・疑問文・否定文の語順

① be 動詞：否定文は **not** を be 動詞のあと，疑問文は **be 動詞を主語の前**に置く。

肯定文 She **is** a teacher.	彼女は先生です。
否定文 She **is not** a teacher.	彼女は先生ではありません。
疑問文 **Is** she a teacher?	彼女は先生ですか。

② 一般動詞：否定文は **don't[doesn't]** を主語のあと，疑問文は **do[does]** を主語の前に置く。

肯定文 You **play** soccer.	あなたはサッカーをします。
Kei **plays** soccer.	ケイはサッカーをします。
否定文 You **don't play** soccer.	あなたはサッカーをしません。
Kei **doesn't play** soccer.	ケイはサッカーをしません。
疑問文 **Do** you **play** soccer?	あなたはサッカーをしますか。
Does Kei **play** soccer?	ケイはサッカーをしますか。

be 動詞，一般動詞の否定文と疑問文の作り方をしっかりとおさえようね。

2 冠詞

冠詞とは，名詞[人や物の名前などを表す語]の前に置く **a, an, the** のことをいう。

⭐ a, an

数えられる1つ[1人]の名詞の前に置く。母音で始まる名詞の前には **an** を置く。

a book(1冊の本)，**a** student(1人の生徒)，

an orange(1個のオレンジ)，**an** egg(1個の卵)

⭐ the

「その」の意味で，①前に出てきた名詞を2度目に使うとき，②その名詞が何を指すのかわかっているときに使う。そして，③ the sun (太陽)のように1つしかないものなどの前に置く。

また，「楽器を演奏する」などの場合も the をつける。 I play **the** piano.

文法のまとめ② to+ 動詞の原形(to 不定詞)

解答 p.10

読 聞
書 話

まとめ

① 名詞用法「〜すること」
● 「〜すること」 を意味し，名詞のはたらきをする。

Mai wants <u>to play the guitar</u>.　　　　　　　麻衣はギターをひきたい。
　　　　　「ギターをひくこと」 名詞のはたらき

My dream is <u>to be a doctor</u>.　　　　　　　私の夢は医者になることです。
　　　　　　　「医者になること」 名詞のはたらき

② 副詞用法「〜するために」
● 「〜するために」 を意味し，動詞を修飾する副詞のはたらきをする。

Taku went to the park <u>to play</u> soccer.　　　　拓はサッカーをするために公園に行きました。
　　動詞　　　　　　　　　「サッカーをするために」 副詞のはたらき

③ 形容詞用法「〜するための」
● 「〜するための」 を意味し，前の(代)名詞を修飾する形容詞のはたらきをする。

Kumi has <u>many things</u> to learn.　　　　　　久美には学ぶことがたくさんあります。
　　　　　名詞　　　　　　「学ぶための」 形容詞のはたらき

④ It is 〜 (for A) to ....
● 「(A が[にとって]) …することは〜です」 を意味する。
● It は形式上の主語で，〈to ＋動詞の原形 ...〉の内容を表す。
● 動作をする人は for A で表す。

<u>To watch movies</u> is fun for us.

長い主語は後ろに

It is fun for us to watch movies.　　　　映画を見ることは私たちには楽しいです。
形式上の主語　　A が[にとって]

練習

1 次の日本文に合うように，＿＿＿に適する語を書きなさい。

(1) 私は8時にお皿を洗い始めました。

I started ＿＿＿＿＿＿＿ ＿＿＿＿＿＿＿ the dishes at eight.

(2) ケビンには今日するべきことがたくさんあります。

Kevin has many things ＿＿＿＿＿＿＿ ＿＿＿＿＿＿＿ today.

(3) 私の夢は警察官になることです。

My dream is ＿＿＿＿＿＿＿ ＿＿＿＿＿＿＿ a police officer.

(4) 鈴木さんはパンを焼くために6時に起きます。

Ms. Suzuki gets up at six ＿＿＿＿＿＿＿ ＿＿＿＿＿＿＿ bread.

(5) 私たちがサンドイッチを作ることは簡単です。

＿＿＿＿＿＿＿ is easy ＿＿＿＿＿＿＿ us ＿＿＿＿＿＿＿ make sandwiches.

2 次の英文を日本語になおしなさい。

(1) My father stayed at home to watch the baseball game.

( )

(2) The boys want something to eat.

( )

3 次の文を（ ）内の指示にしたがって書きかえるとき， に適する語を書きなさい。

(1) I have no time. （「空手を練習する時間がありません」という文に）

I have no time _____ karate.

(2) Jane draws pictures. （「絵をかくことが好きです」という文に）

Jane _____ _____ _____ pictures.

(3) We will visit the convenience store.

（「クッキーを買うためにコンビニエンスストアを訪れます」という文に）

We will visit the convenience store _____ _____ cookies.

4 次の各組の文がほぼ同じ内容になるように， に適する語を書きなさい。

(1) { We went to the gym and played basketball.
{ We went to the gym _____ _____ basketball.

(2) { Lucy wants to drink something.
{ Lucy wants something _____ _____ .

(3) { To swim in the sea is exciting for me.
{ _____ is exciting for me _____ swim in the sea.

(4) { He is a math teacher.
{ His job is _____ _____ math.

5 〔 〕内の語句を並べかえて，日本文に合う英文を書きなさい。

(1) メアリーはいくつかのDVDを借りるために私の家に来ました。

Mary 〔 borrow / came to / to / some DVDs / my house 〕.

Mary _____ .

(2) 私たちはグリーン先生と話したいです。

We 〔 talk / Mr. Green / want / with / to 〕.

We _____ .

(3) 私の兄には彼を助けてくれる友達がたくさんいます。

My brother 〔 him / has / to / many friends / help 〕.

My brother _____ .

(4) 私が一輪車に乗ることは不可能です。

〔 is / to / impossible / ride / it / for me 〕 a unicycle.

_____ a unicycle.

定着のワーク ステージ2 **Lesson 2** 〜 文法のまとめ②

解答 ▶ p.10

読聞書話

🎧 **1** LISTENING 対話を聞いて，内容に合う絵を選び，記号で答えなさい。 ♪ 103

ア　　　イ　　　ウ　　　エ

（　　　）

2 次の日本文に合うように，＿＿＿に適する語を書きなさい。

(1) まもなく私たちの休みがきます。

Our vacation ＿＿＿＿＿＿ ＿＿＿＿＿＿ soon.

(2) 要約すると，彼はよいダンサーです。

＿＿＿＿＿＿＿＿＿＿＿＿＿, he is a good dancer.

(3) 私は全力を尽くすつもりです。

I'm going to ＿＿＿＿＿ my ＿＿＿＿＿.

(4) 私たちはあなたに賛成です。

We ＿＿＿＿＿＿ ＿＿＿＿＿＿ you.

3 次の文を（　）内の指示にしたがって書きかえるとき，＿＿＿に適する語を書きなさい。

(1) He rides a horse. （「馬に乗ることが好きです」という文に）

He likes ＿＿＿＿＿＿ ＿＿＿＿＿＿ a horse.

(2) We went to the park. （「走るために」を加えて）

We went to the park ＿＿＿＿＿＿＿＿＿.

(3) I want something. （「何か飲むものがほしい」という文に）

I want something ＿＿＿＿＿＿ ＿＿＿＿＿＿.

よく出る **4** 次の(1)〜(3)の下線部と同じ用法の不定詞を含む文を下から選んで，記号で答えなさい。

(1) I often use a computer <u>to surf</u> the Internet. （　　　）

(2) She had something <u>to say</u> to you. （　　　）

(3) He hopes <u>to pass</u> the exam. （　　　）

ア　My sister started to brush her teeth.

イ　Junko stayed at home to help her mother.

ウ　Kamakura has many places to see.

重要ポイント

2 (1)近い予定など確実に起こりそうな未来は現在進行形で表す。

(2)「要約すると」を表す連語。

(3)「全力を尽くす」は do one's best。one'sは主語に応じて形を変える。

3 ミス注意

(1)「〜することが好き」は like のあとに〈to＋動詞の原形〉を続ける。toのあとの動詞を原形にすることに注意する。

(2) to 不定詞の副詞用法。

(3) to 不定詞の形容詞用法。

4 テストに出る！

to不定詞の3つの用法

● 「〜すること」（名詞用法）→名詞のはたらきをする。

● 「〜するために」（副詞用法）→動詞を修飾する。

● 「〜するための」（形容詞用法）→（代）名詞を修飾する。

5 次の対話文を読んで，あとの問いに答えなさい。

Hana: Well, my grandparents have a restaurant. ①They use organic fruits and vegetables. ②〔 about / to / learn / is / my plan〕 farming.

Mark: I see. That's a good plan. ③ I (   ) (   ) go with you.

(1) 下線部①が指すものを2語の英語で書きなさい。

(2) 下線部②の〔　〕内の語句を並べかえて，意味の通る英文にしなさい。

_____ farming.

(3) 下線部③が「私はあなたといっしょに行きたいです」という意味になるように（　）に適する語を書きなさい。

_____

(4) 本文の内容に合うように，次の問いに英語で答えなさい。
What does Hana's grandparents have?
－ They have _____ .

6 次の各組の文がほぼ同じ内容になるように，_____ に適する語を書きなさい。

(1) { Lisa has no food.
Lisa doesn't have anything _____ .

(2) { To skate is hard for me.
_____ is hard for me _____ skate.

(3) { My father went to the market and bought some melons.
My father went to the market _____
_____ some melons.

7 次の日本文を英語になおしなさい。

(1) 私の夢はロンドン（London）に住むことです。

(2) 彼は病気の人々を助けるために病院で働きます。

(3) 彼女には書くべき手紙が1通あります。

(4) あなたにとって毎日勉強することは大切です。（it を使って）

ちょっとBREAK　英語で「総合病院」は hospital です。では，「歯科医院」は？　➡答えは次のページ

重要ポイント

5 (2)主語は my plan。to 不定詞の名詞用法の文。
(3)「～することを欲する」→「～したい」を表す表現。
(4)「花の祖父母は何を所有していますか」2語で所有するものを答える。

6 (1)「リサは食べ物を持っていません」→「リサは何も食べるものを持っていません」
(3)「私の父は市場に行って，そしていくつかのメロンを買いました」→「私の父はいくつかのメロンを買うために市場に行きました」

7 (2)to 不定詞の副詞用法の文。
(3)to 不定詞の形容詞用法の文。

得点力をUP

It is ～ (for A) to …. の文
● 「(Aが[とって])…することは～です」を表す。
● It は形式上の主語で日本語には訳さない。

Lesson 2 ～ 文法のまとめ②

解答 ▶ p.11

実力判定テスト ステージ **3** **Lesson 2** 〜 **文法のまとめ②** **30**分 /100 読 聞 書 話

🎧 **1** **LISTENING** 対話と質問を聞いて，その答えとして適するものを１つ選び，記号で答えなさい。

♪ l04 2点×3（6点）

(1) ア　To take an exam.　　イ　To take pictures.
　　 ウ　To draw pictures.　　エ　To see pictures.　　（　　）

(2) ア　He likes to listen to music.　　イ　He likes to dance to music.
　　 ウ　He likes to write songs.　　エ　He likes to sing songs.　　（　　）

(3) ア　She visited the temple.　　イ　She visited the shrine.
　　 ウ　She visited the castle.　　エ　She visited the tower.　　（　　）

2 次の日本文に合うように，＿＿＿に適する語を書きなさい。　　3点×3（9点）

(1) あちらの先生はシアトル出身です。ーそのとおりです。

That teacher is from Seattle. － ＿＿＿＿＿＿＿ ＿＿＿＿＿＿＿.

(2) 私たちはバスを洗うことができると思います。ーそれはいい考えです。

I think we can wash the bus. － That's a ＿＿＿＿＿＿＿ ＿＿＿＿＿＿＿.

(3) 私は私の大好きな選手，トムのようになりたいです。

I ＿＿＿＿＿＿＿ ＿＿＿＿＿＿＿ ＿＿＿＿＿＿＿ like my favorite player, Tom.

3 〔　〕内の語句を並べかえて，日本文に合う英文を書きなさい。　　4点×3（12点）

(1) 彼の趣味はラジオを聞くことです。

〔 listen / is / the radio / to / his hobby / to 〕.

(2) 私たちにとって野菜を栽培することは興味深いです。

〔 is / for us / vegetables / interesting / to / it / grow 〕.

(3) 彼らは試合に勝つために毎日練習しました。

〔 the match / they / every day / win / practiced / to 〕.

4 次の文を（　）内の指示にしたがって書きかえなさい。　　4点×3（12点）

(1) My aunt works at the shop.　（「昨年その店で働き始めました」という文に）

UP (2) I want something.　（「何か冷たい飲み物がほしい」という文に）

(3) Mr. Smith comes to our school.　（「英語を教えるために」という意味を加えて）

ちょっとBREAKの答え　dental clinic[déntl klínik] と言います。

5 次の英文は，花が書いたスピーチ原稿の一部です。これを読んで，あとの問いに答えなさい。
(計22点)

　Third, I think that farming is a way (　①　) people together. One day, I worked at a farm with other visitors from near and far, ②~のような families, students, and tourists. We harvested some vegetables together. Later, we cooked them to make lunch.

(1)　①の（　）内に適する語句を下から選び，記号を〇で囲みなさい。　(4点)

　　ア　bring　　イ　brings　　ウ　to bring

(2)　下線部②を英語２語になおしなさい。　(4点)

(3)　次の文が本文の内容と合っていれば〇，異なっていれば×を書きなさい。　4点×2(8点)

　　１．ある日，花は同級生たちと農場で働きました。　　　　　（　　　）

　　２．農場で花たちはいくつかの野菜を収穫しました。　　　　（　　　）

(4)　本文の内容に合うように，次の質問に英語で答えなさい。　(6点)

　　What did Hana and other visitors cook to make lunch?

6 次の日本文を英語になおしなさい。　6点×4(24点)

(1)　私たちはあの山に登りたいです。

(2)　あなたにはこの報告書を読む時間がありますか。

(3)　私は私のいとこに会うために駅に行きました。

(4)　香奈(Kana)にとって中国語を話すことは可能です。(it を使って)

レベルUP 7 次の質問に，あなた自身の答えを英語で書きなさい。　5点×3(15点)

(1)　What is your dream?

(2)　Do you have much homework to do today?

(3)　Why do you go to the gym?

定期テスト対策　予想問題　第２回 p.124～125

確認のワーク ステージ **1** Lesson 3 **Every Drop Counts ①** 読 聞 書 話

教科書の 要点 There is[are] 〜. ♪ a13

肯定文 There is <u>a big park</u> in this town.　　この町には大きい公園があります。
短縮形は There's　[単数名詞]　場所を表す語句

There are <u>two big parks</u> in this town.　この町には２つの大きい公園があります。
[複数名詞]

疑問文 Is there ＿＿ a big park in this town?　この町には大きい公園がありますか。
be動詞は there の前に置く

　— Yes, there is. / No, there is not.　　　―はい，あります。／いいえ，ありません。
there を使って答える　　短縮形は there isn't

要点

● 「(〜の場所に)〜がある[いる]」は There is[are] 〜. で表す。be動詞は，あとに続く名詞が単数名詞なら is，複数名詞なら are を使う。There is の短縮形は There's となる。
● 疑問文は Is[Are] there 〜?で表し，Yes, there is[are]. / No, there is[are] not. と答える。
● 否定文は be動詞のあとに not を置く。

プラス There is[are] 〜. は不特定のもの[人]についてのみ使い，the, this, my などがついた特定のもの[人]には使わない。 **例** 私のイヌは木の下にいます。
　　× There is my dog under the tree. → ○ My dog is under the tree.

Words チェック 次の英語は日本語に，日本語は英語になおしなさい。

□(1) valley 　　　　(　　　　　)　　□(2) finally 　　　　(　　　　　)
□(3) unique 　　　　(　　　　　)　　□(4) 丸い，円形の 　＿＿＿＿＿
□(5) 標識，看板 　＿＿＿＿＿　　□(6) 数える,重要である 　＿＿＿＿＿

 1 絵を見て例にならい，「…に〜があります」という文を書きなさい。

book / the table

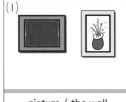
(1) picture / the wall

(2) ball / the chair

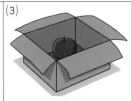
(3) apple / the box

例 There are three books on the table.

(1) ＿＿＿＿＿＿＿＿＿＿＿＿ two pictures on the wall.

(2) ＿＿＿＿＿＿＿＿＿＿＿＿ under the chair.

(3) ＿＿＿＿＿＿＿＿＿＿＿＿ the box.

ここが ポイント

There is[are] 〜.の文
be動詞のあとに続く名詞が単数のときはis，複数のときはareを使う。

 cute：かわいい　chair：いす

② 次の文を疑問文に書きかえ，（　）内の語で答えるとき，＿＿＿に適する語を書きなさい。

(1) There is a bakery by the shrine. （Yes）

＿＿＿＿＿ ＿＿＿＿＿ ＿＿＿＿＿ a bakery by the shrine?

－ Yes, ＿＿＿＿＿ ＿＿＿＿＿ .

(2) There are many people in the park. （No）

＿＿＿＿＿ ＿＿＿＿＿ ＿＿＿＿＿ many people in the park?

－ No, ＿＿＿＿＿ ＿＿＿＿＿ .

ここが ポイント

There is[are] ～.の疑問文
is[are] を there の前に出して，Is[Are] there ～?で表し，Yes, there is[are].，No, there is[are] not. で答える。

まるごと 暗記

短縮形
- There is not ～.
 → There isn't ～.
 → There's not ～.
- There are not ～.
 → There aren't ～.
 → There're not ～.

③ 〔　〕内の語句を並べかえて，日本文に合う英文を書きなさい。

(1) ケースの中に鉛筆が２本あります。

〔 are / in / there / two pencils 〕 the case.

＿＿＿＿＿＿＿＿＿＿＿＿＿＿＿＿ the case.

(2) ドアのそばにネコはいますか。

〔 a cat / is / by / there 〕 the door?

＿＿＿＿＿＿＿＿＿＿＿＿＿＿＿＿ the door?

(3) ベッドの下にかばんはありません。

〔 not / under / there / a bag / is 〕 the bed.

＿＿＿＿＿＿＿＿＿＿＿＿＿＿＿＿ the bed.

ここが ポイント

There is[are] ～.の否定文
is[are]のあとにnotを置き，There is[are] not ～. で表す。

④ 次の日本文に合うように，＿＿＿に適する語を書きなさい。

(1) あなたは向こうの少女を知っていますか。

Do you know the girl ＿＿＿＿＿＿＿＿＿＿＿＿?

(2) 霧のために私は家にいました。

I stayed at home ＿＿＿＿＿＿＿＿＿＿＿ the fog.

(3) 彼は歌手のように歌を歌います。

He sings ＿＿＿＿＿＿＿＿＿＿＿ singer.

表現メモ

- over there
 「向こうに」
- because of ～
 「～のために」
- like ～
 「～のように，～のような」

⑤ 絵を見て，例にならい「…に～があります」という文を書きなさい。

例 There is a book on the bed.（本）

(1) ＿＿＿＿＿＿＿＿＿＿＿＿＿＿ a guitar by the desk.（ギター）

(2) ＿＿＿＿＿＿＿＿＿＿＿＿ two chairs at the window.（いすが２脚）

(3) ＿＿＿＿＿＿＿＿＿＿＿＿＿＿＿ in the room.（本だな）

まるごと 暗記

「部屋」にあるもの
- book 「本」
- guitar 「ギター」
- chair 「いす」
- bookshelf 「本だな」
- picture 「絵」

Lesson 3

解答　p.13

確認のワーク　ステージ 1　**Lesson 3**　Every Drop Counts ②　読聞書話

教科書の 要点　動名詞　♪ a14

目的語 I like **playing** soccer.　　　　　　　私はサッカーをすることが好きです。

> 動詞の -ing 形「〜すること」

主語 **Playing** soccer is a lot of fun.　　　　サッカーをすることはとても楽しいです。

要点

● 動詞の -ing 形は，「〜すること」という意味を表し，主語や動詞の目的語になるなど，名詞と同じようなはたらきをする。この動詞の -ing 形を動名詞という。

プラス　to 不定詞(to ＋動詞の原形)の名詞用法も「〜すること」を表す。目的語に動名詞と to 不定詞のどちらを使うかは動詞による。

動名詞を使う	enjoy，stop など
to 不定詞を使う	want，hope など
動名詞と to 不定詞の両方を使う	like，start など

Words チェック　次の英語は日本語に，日本語は英語になおしなさい。

□(1)　wood　　　（　　　　　　　）　□(2)　mystery　（　　　　　　　）

□(3)　空気，大気　＿＿＿＿＿＿　□(4)　優れた,たいへんよい　＿＿＿＿＿＿

よく出る **1** 絵を見て例にならい，「…は〜することが好きです」という文を書きなさい。

例　　　Satoru / watch TV　　　(1) they / play tennis　　　(2) he / surf the Internet　　　(3) Emma / run in the park

例　Satoru likes watching TV.

(1)　They ＿＿＿＿＿＿＿＿＿＿ tennis.

(2)　He ＿＿＿＿＿＿＿＿＿＿＿＿＿＿＿ .

(3)　＿＿＿＿＿＿＿＿＿＿＿＿＿＿＿

ここがポイント

動詞の -ing 形の作り方
● 原形に ing をつける
　play → playing
● 語尾の e をとって ing をつける
　make → making
● 語尾の文字を重ねて ing をつける
　run → running
　swim → swimming

よく出る **2** 次の文の＿＿に（　）内の語を適する形にかえて書きなさい。

(1)　カレーを料理することはとても楽しいです。
　　　＿＿＿＿＿＿＿＿ curry is a lot of fun.　(cook)

(2)　音楽にあわせて踊ることはわくわくします。
　　　＿＿＿＿＿＿＿＿ to music is exciting.　(dance)

air は [éər]，excellent は [éksələnt] と発音するよ。

③ 次の（ ）内から適する語句を選んで，○で囲みなさい。

(1) 私は本を読んで楽しみました。

I enjoyed (to read / reading) books.

(2) 5時に雨が降りやみました。

It stopped (to rain / raining) at five.

(3) 彼女はスパゲティを食べたがっています。

She wants (to have / having) spaghetti.

④ 〔 〕内の語句を並べかえて，日本文に合う英文を書きなさい。

(1) 私はえり巻きを編むことが好きです。

I 〔 like / scarfs / knitting 〕.

I _____ .

(2) 彼らは部屋をそうじし始めました。

They 〔 cleaning / the room / started 〕.

They _____ .

(3) 絵をかくことは興味深いです。

〔 is / painting / pictures 〕 interesting.

_____ interesting.

(4) 星を見ることは楽しいです。

〔 at / is / looking / stars 〕 fun.

_____ fun.

⑤ 次の日本文に合うように，____に適する語を書きなさい。

(1) 私はたくさんの雑誌を持っています。

I have a _____ _____ magazines.

(2) きのう霧が出ていましたね。

There was fog yesterday, _____ ?

(3) 彼女は音楽が好きですね。

She likes music, _____ ?

⑥ 右の表を見て，例にならい「…は〜することを楽しみます」という文を書きなさい。

例 My parents enjoy swimming in the pool.

(1) I enjoy _____ .

(2) My sister enjoys _____ .

(3) My brother enjoys _____ .

(4) Alice _____ .

(5) Ken and Tom _____ .

人物	好きなこと
両親	プールで泳ぐ
私	小説を書く
姉	花を育てる
弟	カードを集める
アリス	クッキーを焼く
健とトム	手品をする

まるごと暗記

目的語に動名詞，to不定詞のどちらを使うか
● 動名詞を使う動詞 enjoy, stopなど
● to不定詞を使う動詞 want, hopeなど
● 動名詞，to不定詞の両方を使う動詞 like, startなど

ここがポイント

主語として使われる動名詞
「〜することは…です」の文で，動名詞は主語として使われる。動名詞は3人称単数扱いなので「…です」はisで表す。

ここがポイント

「〜ですね」の文
〈肯定文〜，否定の疑問形?〉の形で「〜ですね」と相手に確認したり，同意を求めたりする。
You play tennis, don't you?「あなたはテニスをしますね。」

Lesson 3

ステージ **1** **Lesson 3** Every Drop Counts ③

教科書の 要点 副詞 however / 前置詞 with の使い方 ♪ a15

I am tired. **However**, I'll run to the station.

「しかしながら」 コンマを置くこともある。

私は疲れています。しかしながら，私は駅まで走るつもりです。

要点 1

●副詞の however は「しかしながら，だが」という意味を表す。また，あとにコンマを置くこともある。

We will live **with** the animals.

「〜とともに」

私たちはその動物たちとともに生きるつもりです。

要点 2

●前置詞 with には「〔共同〕〜といっしょに，〜とともに」，「〔手段・道具・材料・内容〕〜を使って，〜で」などの意味がある。

Words チェック 次の英語は日本語に，日本語は英語になおしなさい。

- □(1) point （　　　　　　　） □(2) else （　　　　　　　）
- □(3) simple （　　　　　　　） □(4) part （　　　　　　　）
- □(5) come into 〜 （　　　　　　　） □(6) 十分な ＿＿＿＿＿＿
- □(7) 材料，原料 ＿＿＿＿＿＿ □(8) 大きい，広い ＿＿＿＿＿＿
- □(9) 建てる，造る ＿＿＿＿＿＿ □(10) hearの過去形・過去分詞 ＿＿＿＿＿＿

1 次の日本文に合うように，＿＿＿に適する語を書きなさい。

(1) 雨が降っていました。しかしながら，彼らは公園を走りました。

It was rainy. ＿＿＿＿＿＿＿, they ran in the park.

(2) 私たちは熱心にサッカーを練習しました。しかしながら，私たちは試合に勝ちませんでした。

We practiced soccer hard. ＿＿＿＿＿＿＿, we didn't win the match.

ここが ポイント

副詞 however
「しかしながら，だが」の意味を表す。あとにコンマを置くこともある。

2 次の日本文に合うように，（　）内から適する語を選んで，○で囲みなさい。

(1) 私はカレンといっしょに学校に行きます。

I go to school (in / for / with) Karen.

(2) この雑誌はいつも人々に役に立つ情報を供給します。

This magazine always provides people (from / with / without) useful information.

ここが ポイント

前置詞 with
「〔共同〕〜といっしょに，〜とともに」や「〔手段・道具・材料・内容〕〜を使って，〜で」などの意味がある。

enough は [ináf]，build は [bíld] と発音するよ。

3 次の英文はワルカ・ウォーター・プロジェクトの紹介記事です。これを読んで，あとの問いに答えなさい。

We need water for ①(drink), ②(do) the laundry, ③(cook), and many other things. ④<u>しかしながら</u>, in many parts of the world, there is not enough clean water. One project to solve this problem is the Warka Water Project.

A Warka Tower uses natural processes to provide people (⑤) 100 liters of clean water every day.

UP (1) ①〜③の( )内の語を適する形にかえなさい。

① ＿＿＿＿＿ ② ＿＿＿＿＿ ③ ＿＿＿＿＿

(2) 下線部④を１語の英語になおしなさい。 ＿＿＿＿＿

(3) ⑤の( )に適する語を下から選び，記号を○で囲みなさい。

ア from　イ with　ウ without

(4) 次の文が本文の内容と合っていれば○，異なっていれば×を書きなさい。

１．世界の多くの地域できれいな水が十分にあります。( )

２．ワルカ・ウォーター・プロジェクトは水問題を解決するための計画です。 ( )

ミス注意

前置詞のあとの動詞の形
forやat, inなどの前置詞のあとは名詞なので，動詞は動名詞の形にする。

Lesson 3

4 次の日本文に合うように，＿＿に適する語を書きなさい。

(1) この機械は電気なしで動きます。

This machine works ＿＿＿＿＿ ＿＿＿＿＿ .

(2) とても小さなしずくは，やがて集まります。

Tiny drops will ＿＿＿＿＿ ＿＿＿＿＿ soon.

(3) 夜に水は氷に変わるでしょう。

Water will ＿＿＿＿＿ ＿＿＿＿＿ ice at night.

表現メモ

● without 〜
「〜なしで，〜のない」
● come together
「集まる」
● turn into 〜
「〜に変わる」

WRITING Plus

次の各問いに，あなた自身の答えを英語で書きなさい。

(1) Are there any colleges in your town?

(2) How many students are there in your class?

(3) What do you usually enjoy when you are free?

確認のワーク ステージ **1** **GET Plus 3** 魚釣りをしてはいけません 読聞書話

解答 ▶ p.15

📖 教科書の **要点** 助動詞 must を使った文 ♪a16

must not 〜 The sign says you **must not** fish here.

〔「〜してはいけない」〕 動詞の原形

看板にここで魚釣りをしては
いけませんと書いてあります。

must It also says we **must** beware of snakes.

〔「〜しなければならない」〕 動詞の原形

ヘビに注意しなければいけま
せんとも書いてあります。

要点

● 「〜してはいけない」と言うときは〈must not ＋動詞の原形〉で表す。
● 「〜しなければならない」と言うときは〈must ＋動詞の原形〉で表す。

Words チェック 次の英語は日本語に，日本語は英語になおしなさい。

☐(1) beware （ 　　　　　 ） ☐(2) loudly （ 　　　　　 ）

☐(3) obey ＿＿＿＿＿ ☐(4) 交通 ＿＿＿＿＿

☐(5) ２人で，２倍に ＿＿＿＿＿ ☐(6) 規則，ルール ＿＿＿＿＿

1 次の日本文に合うように，＿＿＿に適する語を書きなさい。

(1) あなたはここで食べたり飲んだりしてはいけません。

You ＿＿＿＿ ＿＿＿＿ eat or drink here.

(2) 私たちは岩を持ち帰ってはいけません。

We ＿＿＿＿ ＿＿＿＿ take rocks.

(3) あなたは芝草の上を歩いてはいけません。

You ＿＿＿＿ ＿＿＿＿ walk on the grass.

ここがポイント

「禁止」を表す must not
〈must not ＋動詞の原
形〉で「〜してはいけな
い」という「禁止」を表す。

2 絵を見て例にならい，「…は〜しなければなりません」という文を書きなさい。

例 we / practice tennis

(1) we / clean the park　(2) you / wash the dishes

(3) Ken / do his homework

例 We must practice tennis.

(1) We ＿＿＿＿ ＿＿＿＿ the park.

(2) ＿＿＿＿ the dishes.

(3) ＿＿＿＿ his homework.

ここがポイント

助動詞 must
〈must ＋動詞の原形〉で
「〜しなければならない」
を表す。

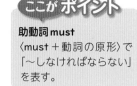

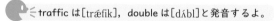
🐟 traffic は[trǽfik]，double は[dʌ́bl]と発音するよ。

解答 p.15

文法 のまとめ③　There is[are] ....

まとめ

① There is[are] ～ .

● 「(～の場所に)～があります[います]」は There is[are] ～. で表す。

● あとに続く名詞が<u>単数名詞</u>なら is を，<u>複数名詞</u>なら are を使う。聞き手がまだ知らないものについて注意を向けさせる言い方なので，the などがついた名詞には使わない。

● 疑問文は there の前に is[are] を出す。答えるときも，there を使う。

肯定文 There is a cat on the chair.　　　いすの上にネコがいます。
　　　　[There's]　単数名詞　[場所を表す語句]

　　　There are two cats on the chair.　　いすの上にネコが２ひきいます。
　　　　　　　　複数名詞

疑問文 Is there ____ a cat on the chair? — Yes, there is. / No, there is not.
　　　　is[are] を there の前に出す　　　　いすの上にネコはいますか。
　　　　　　　　　　　　　　　　　　　　　－はい，います。 / いいえ，いません。

練習

1 次の日本文に合うように，____ に適する語を書きなさい。

(1) この町に有名な神社があります。

　　_____ a famous shrine in this town.

(2) この町に大きな劇場が２つあります。

　　_____ two large theaters in this town.

(3) 木のそばに少年がいますか。－はい，います。

　　_____ a boy by the tree? — Yes, _____ is.

(4) 交番の近くには１つも店がありません。

　　There _____ any shops near the police station.

2 〔 〕内の語を並べかえて，日本文に合う英文を書きなさい。

(1) 机の上に古い置き時計があります。〔 an / there / clock / old / is 〕 on the desk.

　　_____ on the desk.

(2) ドアのそばにギターが２本あります。

　　〔 guitars / are / two / there 〕 by the door.

　　_____ by the door.

(3) あなたの部屋にコンピューターが何台かありますか。

　　〔 are / computers / there / any 〕 in your room?

　　_____ in your room?

(4) その袋の中にいくつボールがありますか。－５個です。

　　〔 are / how / there / balls / many 〕 in the bag? — Five.

　　_____ in the bag? — Five.

文法
のまとめ③ 　動名詞，前置詞

解答 ▶ p.15

読 | 聞
書 | 話

まとめ

① 動名詞

● 動名詞（動詞の –ing 形）は，「～すること」を意味し，名詞と同じはたらきをする。

● 動名詞は文中で次のようなはたらきをする。

　①動詞の目的語になる　②文の主語になる　③前置詞のあとに置く

● 動名詞も名詞用法の to 不定詞も動詞の目的語になる。動名詞，to 不定詞のどちらを目的語に使うかは，動詞によって異なる。

動名詞を使う	enjoy，stop など
to 不定詞を使う	want，hope など
動名詞と to 不定詞の両方を使う	like，start など

I enjoyed <u>talking</u> with her.
主語　動詞　　目的語

<u>Playing</u> volleyball is a lot of fun.
主語　　　　　動詞 3人称単数扱い

I use a computer for <u>studying</u> English.
　　　　　　　　　前置詞 ⌃ 前置詞のあとに置く

② 前置詞

● 前置詞は位置・方向，手段，時間などを表す。〈前置詞＋（代）名詞〉の語順で使う。

on	Look at the ball <u>on the table</u>.　（テーブルの上の） There is a picture <u>on the wall</u>.　（壁に）
in	They stayed <u>in Japan</u>.　（日本に） I visited London <u>in 2000</u>.　（2000年に）
at	We have lunch <u>at school</u>.　（学校で） My sister gets up <u>at 7:00</u>.　（7時に）
to	She will go <u>to Australia</u> tomorrow.　（オーストラリアに）
near	They live <u>near the library</u>.　（図書館の近くに）
around	We walked <u>around the lake</u>.　（湖のまわりを） My uncle traveled in Europe <u>around 1989</u>.　（1989年ごろに）
under	My cat is <u>under the table</u>.　（テーブルの下に）
for	She studies hard <u>for the future</u>.　（将来に向けて）
across	Don't walk <u>across the street</u>.　（通りを横切って）
over	<u>Over 40,000</u> people watched the game.　（40,000人より多くの人々）
between	The boy <u>between Tom and Kevin</u> is my brother.　（トムとケビンの間の）
from	The student is <u>from India</u>.　（インド出身）

練習

1 次の日本文に合うように，（ ）内から適する語句を選んで，○で囲みなさい。

(1) 机の上に３冊の本があります。

There are three books (on / in / to) the desk.

(2) 私たちはこの前の日曜日スケートをして楽しみました。

We enjoyed (skate / skating / to skate) last Sunday.

(3) ６時に私の家に来てくれませんか。

Will you come (for / at / to) my house at six?

(4) 彼らは洗濯のためにたくさんの水を使います。

They use much water for (do / doing / to do) the laundry.

(5) 私の兄はシアトルの学校で働いています。

My brother works in a school (from / in / for) Seattle.

2 次の日本文に合うように，＿＿＿に適する語を書きなさい。

(1) 私たちは川を泳いで横切ることはできません。

We cannot swim ＿＿＿＿＿＿ the river.

(2) 私の家の近くにコンビニエンスストアがあります。

There is a convenience store ＿＿＿＿＿＿ my house.

(3) 美術館はホテルと遊園地の間にあります。

The museum is ＿＿＿＿＿＿ the hotel and the amusement park.

(4) ギターをひくことはとても楽しいです。

＿＿＿＿＿＿ the guitar ＿＿＿＿＿＿ a lot of fun.

(5) 彼が入ったとき，生徒たちは話すのをやめました。

The students ＿＿＿＿＿＿＿＿＿＿ when he came in.

3 〔 〕内の語句を並べかえて，日本文に合う英文を書きなさい。

(1) あなたたちは右から左に歩きます。

You will 〔 right / walk / left / from / to 〕.

You will ＿＿＿＿＿＿＿＿＿＿.

(2) 私の母は山に登ることが好きです。

〔 likes / mountains / my mother / climbing 〕.

(3) あなたはスペイン語を学ぶことに興味がありますか。

Are you 〔 in / Spanish / interested / learning 〕?

Are you ＿＿＿＿＿＿＿＿＿＿?

(4) 公園のまわりを走ることはわくわくします。

〔 exciting / the park / running / is / around 〕.

解答　p.16

定着のワーク　ステージ2　Lesson 3 〜　文法のまとめ③　読聞書話

1 LISTENING　対話を聞いて，内容と合っていれば○，異なっていれば×を書きなさい。

♪ l05

(1)（　　）　(2)（　　）　(3)（　　）

2 次の文の（　）内から適する語句を選び，記号を○で囲みなさい。

(1)　There（ ア　am　イ　are　ウ　is ）a pen on the desk.

(2)　There（ ア　am　イ　are　ウ　is ）two balls in the box.

(3)　It stopped（ ア　snow　イ　snowing　ウ　to snow ）ten minutes ago.

3 次の日本文に合うように，　　　に適する語を書きなさい。

(1)　英語を勉強することは重要です。

　　　　　　　　　　English 　　　　　　　　　important.

(2)　テーブルの上には1枚もお皿がありません。

　　There are 　　　　　　　　　　　　　　　　　dishes on the table.

(3)　悪天候のために，生徒たちは学校にとどまりました。

　　The students stayed at school 　　　　　　　　　　

　　　　　　　　　　　　　the bad weather.

(4)　多くの人々がこの動物園を訪れます。

　　A 　　　　　　　　　　　　people visit this zoo.

4 次の文を（　）内の指示にしたがって書きかえなさい。

(1)　There is a cat on the bed.　（下線部を three にかえて）

　　　　　　　　　　　　　　　　　　　　　　　　　　　

(2)　My brother leaves home at seven.

　　（「〜しなければならない」という文に）

　　　　　　　　　　　　　　　　　　　　　　　　　　　

(3)　There are many kinds of sushi.

　　（疑問文にかえて，Yes で答える）

　　　　　　　　　　　　　　　　　　　　　　　　　　　

　　—

重要ポイント

1 There is[are] のあとの名詞，または enjoy のあとの動名詞に注意する。

2 (1)(2)

テストに◎出る！

There is[are] 〜．

●「〜」が単数 → is

●「〜」が複数 → are

3 (1)主語の動名詞は3人称単数扱い。

(2)「…に〜がありません」は There is[are] 〜 . を否定文の形にする。

得点力をUP

(3) because of 〜

「〜のために」

(4) a lot of 〜

「多くの〜」

4 (1) three のあとの名詞も複数形にし，be 動詞も複数を表すものにする。

(2)「〜しなければならない」は〈must ＋動詞の原形〉で表す。

(3) There is[are] 〜 . の疑問文は is[are]をthere の前に出す。

5 次の対話文を読んで，あとの問いに答えなさい。

Mr. Oka:　Look!　①There is a sign over there.
　　　　　②We're almost (　　　) the (　　　).

Kate:　Is there anything to see from the top?

Mr. Oka:　Yes, (　③　) is.　There are two round lakes in
　　　　　the valley.

(1)　下線部①を日本語になおしなさい。
　　（　　　　　　　　　　　　　　　　　　　　　　　　　　　　　）

(2)　下線部②が「私たちはほとんど頂上にいます」という意味にな
　　るように(　)に適する語を書きなさい。
　　_____ the _____

(3)　③の(　)に適する語を書きなさい。

(4)　本文の内容に合うように，次の問いに英語で答えなさい。
　　Are there any round lakes in the valley?
　　—

6〔　〕内の語句を並べかえて，日本文に合う英文を書きなさい。

(1)　お城の近くに病院があります。
　　〔 a hospital / the castle / is / near / there 〕.

(2)　私の姉は写真を撮ることが好きです。
　　〔 taking / my sister / pictures / likes 〕.

(3)　私たちは辞書を使ってはいけません。
　　〔 not / we / dictionaries / must / use 〕.

7　次の日本文を英語になおしなさい。

(1)　ベッドの下にいくつかのかばんがありますか。

(2)　私たちは音楽を聞いて楽しみました。

(3)　あなたたちはこの部屋をそうじしなければなりません。

(4)　早く起きることはよいです。　（動名詞を使って）

重要ポイント

5 (1) There is ~ . の文。
over there は「向こうに」
を表す。
(2)場所を表す前置詞に注
意する。
(3) Is there ~ ? に対し
て，Yes で答える文を完
成する。
(4)「谷にいくつかの円形
の湖はありますか」

6 (1)「～があります」は
There is ~ . の文で表
す。
(2)「～することが好き」
は like のあとに動名詞
を続ける。
(3)

得点力をUP

「～してはいけません」
〈must not ＋動詞の原
形〉で表す。

7 (1)「～がありますか」は
There is〔are〕~ . の疑
問文で表す。
(2)「～するのを楽しむ」
は〈enjoy ＋動詞の -ing
形〉で表す。
(4)文の主語である「早く
起きること」を動名詞を
使って表す。

Lesson 3 ～ 文法のまとめ③

ちょっとBREAK　動物園は zoo ですが，「水族館」は英語で何というでしょうか。　　➡答えは次のページ

解答 p.17

実力判定テスト ステージ**3** **Lesson 3** 〜 **文法のまとめ③** **30**分 　/100 読 聞 書 話

1 LISTENING　対話を聞いて，その内容と合うように，下の（　）に適する日本語を書きなさい。　♪ 106 2点×4（8点）

・涼は(1)(　　　　　　　　　　　)をすることが好きだ。彼のお父さんは
　(2)(　　　　　　　　　　　)をして楽しむ。
・エイミーにとって(3)(　　　　　　　　　　　)をすることは楽しい。
　エイミーの家の近くには(4)(　　　　　　　　　　　)がない。

2 次の日本文に合うように，＿＿＿＿に適する語を書きなさい。　3点×3（9点）

(1) 十分な食べ物はありません。

There is ＿＿＿＿＿＿＿＿＿＿＿＿ food.

(2) 向こうの生徒は私のチームメイトです。

The student ＿＿＿＿＿＿ ＿＿＿＿＿＿ is my teammate.

(3) カップの中の水は，いつ氷に変わるでしょうか。

When will water in the cup ＿＿＿＿＿＿ ＿＿＿＿＿＿ ice?

3 次の文を（　）内の指示にしたがって書きかえるとき，＿＿＿＿に適する語を書きなさい。

(1) Kevin washes the plate. （「〜しなければならない」という文に）　3点×3（9点）

Kevin ＿＿＿＿＿＿ ＿＿＿＿＿＿ the plate.

(2) There are two rabbits in the garden. （下線部を one にかえて）

There ＿＿＿＿＿＿ one ＿＿＿＿＿＿ in the garden.

(3) There is an aquarium in this city. （否定文に）

＿＿＿＿＿＿ ＿＿＿＿＿＿ an aquarium in the city.

4 〔　〕内の語句を並べかえて，日本文に合う英文を書きなさい。ただし，1語不要な語があります。　5点×3（15点）

(1) 私の父は台所でニンジンを切り始めました。

〔 a carrot / my father / in the kitchen / started / cut / cutting 〕.

(2) 郵便局のまわりに何軒かカフェテリアがありますか。

〔 any / is / there / the post office / cafeterias / are / around 〕?

(3) あなたたちは通りを走って渡ってはいけません。

〔 not / across / will / you / the street / run / must 〕.

ちょっとBREAKの答え　「水族館」は英語で aquarium といいます。

目標	●There is[are] ～ .の形を使えるように しましょう。●動名詞，must (not) ～の 意味と使い方を理解しましょう。	自分の得点まで色をぬろう!

自分の得点まで色をぬろう!

😣がんばろう！ 😊もう一歩 😄合格！
0　　　　　　　　　60　80　100点

5 次の対話文を読んで，あとの問いに答えなさい。 (計23点)

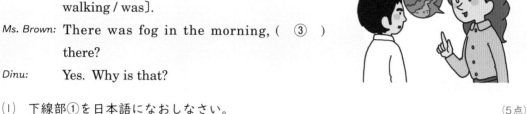

Ms. Brown: ①Did you enjoy hiking this morning?

Dinu: It was excellent. ②〔 in / fun / the woods / walking / was 〕.

Ms. Brown: There was fog in the morning, (③) there?

Dinu: Yes. Why is that?

(1) 下線部①を日本語になおしなさい。 (5点)

(　　　　　　　　　　　　　　　　　　　　　　　　　　　　　　　)

(2) 下線部②の〔 〕内の語句を並べかえて，意味の通る英文にしなさい。 (5点)

_____

(3) ③の( )内に適する語を下から選び，記号を○で囲みなさい。 (3点)

ア was　　イ wasn't　　ウ isn't

(4) 次の文が本文の内容と合っていれば○，異なっていれば×を書きなさい。 5点×2(10点)

１．There was not fog in the woods in the morning. (　　　)

２．Dinu enjoyed hiking this morning. (　　　)

6 次の各組の文がほぼ同じ内容になるように，_____に適する語を書きなさい。 4点×3(12点)

(1) { My sister likes to write essays.
　　 My sister likes _____ essays. }

レベルUP (2) { The art club has twenty students.
　　 _____ twenty students in the art club. }

レベルUP (3) { Turn off your mobile phones in the museum.
　　 _____ turn off your mobile phones in the museum. }

7 次の日本文を英語になおしなさい。 6点×4(24点)

(1) 美穂(Miho)が私に電話をかけたとき，私は新聞を読むのをやめました。

_____

よく出る (2) 私たちの学校のそばに高い塔があります。

_____

(3) 馬に乗ることはとても楽しいです。　(動名詞を使って)

_____

よく出る (4) グリーン先生(Mr. Green)の授業で私たちは日本語を話してはいけません。

_____

解答 ▶ p.18

確認のワーク　ステージ 1　Lesson 4 ▶ Uluru ①　読 聞 書 話

教科書の 要点　動詞（give など）＋ A ＋ B　♪ a17

I will give him a wallet.

主語　動詞　A（人）　B（もの）

私は彼に財布をあげるつもりです。

要点

● 「A（人）に B（もの）を〜します」と言うときは〈動詞＋ A ＋ B〉の語順で表す。

● あとに〈A ＋ B〉の 2 つの目的語をとることのできる動詞はほかに，buy（A に B を買う），show（A に B を見せる），tell（A に B を話す），make（A に B を作る）などがある。

プラス　〈動詞＋ A ＋ B〉は〈動詞＋ B ＋ to[for] ＋ A〉に書きかえられる。

① to を用いる動詞：give，show，tell など

例　I will give him a wallet.

→ I will give　a wallet to him.

② for を用いる動詞：buy，make，cook など

例　I will buy him a wallet.

→ I will buy　a wallet for him.

私は彼に財布を買うつもりです。

Words チェック　次の英語は日本語に，日本語は英語になおしなさい。

□(1)　aunt　　（　　　　　）　　　□(2)　crane　　（　　　　　）

□(3)　chart　　（　　　　　）　　　□(4)　招待する，招く　＿＿＿＿＿＿

□(5)　（時間を）過ごす　＿＿＿＿＿　□(6)　コート，上着　＿＿＿＿＿＿

よく出る **1**　絵を見て例にならい，「私は（人）に（もの）をあげるつもりです」という文を書きなさい。

Yoko / a pen

Tom / a book

him / two balls

my mother / some flowers

例　I will give Yoko a pen.

(1)　I will ＿＿＿＿＿＿＿＿ ＿＿＿＿＿＿ a book.

(2)　I will ＿＿＿＿＿＿＿＿＿＿＿＿＿＿＿＿ .

(3)　＿＿＿＿＿＿＿＿＿＿＿＿＿＿＿＿＿＿

ここが ポイント

動詞（give など）＋ A ＋ B
「A（人）に B（もの）を〜します」は〈動詞＋ A（人）＋ B（もの）〉の語順で表す。

2　次の（　）内から適する語句を選んで，〇で囲みなさい。

(1)　We will cook (you lunch / lunch you).

よく出る (2)　Mr. Sato teaches (math them / them math).

(3)　My father bought (me this bag / this bag me).

 aunt は [ǽnt]，coat は [kóut] と発音するよ。

3 次の日本文に合うように，＿＿に適する語を書きなさい。

(1) リサは私にEメールを書くでしょう。
Lisa will ＿＿＿＿＿ ＿＿＿＿＿ an e-mail.

(2) 彼女は私たちに彼女の腕時計を見せました。
She ＿＿＿＿＿ ＿＿＿＿＿ her watch.

(3) あなたは彼らにすしを作りましたか。
Did you ＿＿＿＿＿ ＿＿＿＿＿ sushi?

(4) 彼はあなたたちに古い話をしましたか。
Did he ＿＿＿＿＿ ＿＿＿＿＿ an old story?

まるごと暗記

〈動詞＋A＋B〉の意味
● write A B
「AにBを書く」
● show A B
「AにBを見せる」
● make A B
「AにBを作る」
● tell A B
「AにBを話す」
● send A B
「AにBを送る」
● lend A B
「AにBを貸す」

4 〔 〕内の語句を並べかえて，日本文に合う英文を書きなさい。

よく出る (1) 私は彼女にカップをあげました。
〔 gave / a cup / I / her 〕.
＿＿＿＿＿＿＿＿＿＿＿＿＿＿＿＿＿＿＿

(2) ジェーンはあなたにメロンを送るでしょう。
Jane 〔 you / will / a melon / send 〕.
Jane ＿＿＿＿＿＿＿＿＿＿＿＿＿＿＿ .

(3) ケビンはよく私たちにカレーを料理します。
Kevin 〔 us / often / curry / cooks 〕.
Kevin ＿＿＿＿＿＿＿＿＿＿＿＿＿＿＿ .

(4) あなたは彼にあなたのラケットを貸しましたか。
Did 〔 lend / you / your racket / him 〕?
Did ＿＿＿＿＿＿＿＿＿＿＿＿＿＿＿ ?

ミス注意

「A（人）にB（もの）を〜
します」の語順
give や lend などの動
詞のあとは，〈A（人）＋
B（もの）〉の語順にする。
B（もの）を先にする場合
は，あとに〈to[for]＋A
（人）〉を続ける。

5 次の日本文に合うように，＿＿に適する語を書きなさい。

(1) 私は5月の中頃は忙しいです。
I am busy in the ＿＿＿＿＿ ＿＿＿＿＿ May.

(2) 結衣は私を彼女の家に招待しました。
Yui ＿＿＿＿＿ me ＿＿＿＿＿ her home.

表現メモ

● middle of 〜
「〜の真ん中，〜の中頃」
● invite 〜 to ...
「〜を…に招待する[招
く]」

6 （ ）内の日本語を参考にして，＿＿に適する語を書きなさい。

(1) I'll ＿＿＿＿＿ ＿＿＿＿＿ a cake. （彼女にケーキを作る）

(2) I'll ＿＿＿＿＿ her a ＿＿＿＿＿ . （彼女に手紙を書く）

(3) I'll ＿＿＿＿＿ ＿＿＿＿＿ a ＿＿＿＿＿ . （彼女におもちゃを買う）

(4) I'll ＿＿＿＿＿ ＿＿＿＿＿ a ＿＿＿＿＿ . （彼女に歌を歌う）

(5) I'll ＿＿＿＿＿ ＿＿＿＿＿ ＿＿＿＿＿ . （彼女に国語を教える）

(6) I'll ＿＿＿＿＿＿＿＿＿＿＿＿＿＿＿ . （彼女にその公園に行く道を教える）

 Lesson 4 ▶ Uluru ②

解答 ▶ p.19

教科書の 要点　動詞（call, make など）＋ A ＋ B　♪ a18

We call him Tom.　　　　　　　　　　　　　私たちは彼をトムと呼びます。

「AをBと呼ぶ」　A　　B　A＝B

要点 1

● 「AをBと呼びます」と言うときは〈call ＋ A ＋ B〉で表す。
● AとBはイコールの関係になっている。　him ＝ Tom

It makes me happy.　　　　　　　　　　　　それは私を幸せにします。

「AをB（の状態）にする」　A　　B　A＝B

要点 2

● 「AをB（の状態）にします」と言うときは〈make ＋ A ＋ B〉で表す。
● AとBはイコールの関係になっている。　me ＝ happy

Wordsチェック　次の英語は日本語に，日本語は英語になおしなさい。

□(1)　tradition　　（　　　　　　　）　　□(2)　explorer　　（　　　　　　　　）
□(3)　native　　　（　　　　　　　）　　□(4)　（人が）うれしい　＿＿＿＿＿＿
□(5)　巨大な　　　＿＿＿＿＿＿＿　　□(6)　傷つける　　　＿＿＿＿＿＿＿

1 次の日本文に合うように，＿＿＿に適する語を書きなさい。

(1)　私たちは彼をカズと呼びます。

　　We ＿＿＿＿＿＿＿ ＿＿＿＿＿＿＿ Kazu.

(2)　母は私をナミと呼びます。

　　My mother ＿＿＿＿＿＿＿ ＿＿＿＿＿＿＿ Nami.

(3)　この本はいつも彼女を悲しませます。

　　This book always ＿＿＿＿＿＿＿ her ＿＿＿＿＿＿＿.

ここがポイント

「AをBと呼ぶ」
〈call ＋ A ＋ B〉で表す。
A＝Bの関係になる。

ここがポイント

「AをB（の状態）にする」
〈make ＋ A ＋ B〉で表す。
A＝Bの関係になる。

2 意味のちがいに注意して各組の英文を日本語になおしなさい。

(1)　① I call her Mari.

　　（　　　　　　　　　　　　　　　　　　　）

　　② I called Mari last night.

　　（　　　　　　　　　　　　　　　　　　　）

(2)　① I always make him sandwiches.

　　（　　　　　　　　　　　　　　　　　　　）

　　② Music always makes him happy.

　　（　　　　　　　　　　　　　　　　　　　）

動詞のcallの意味
「AをBと呼ぶ」と「電話をかける」という意味がある。

make A B
「AにBを作る」という意味を表す。

 hurt は［há:rt］，native は［néitiv］と発音するよ。

3 絵を見て例にならい，「それは私を〜にします」という文を書きなさい。

| glad | fine | busy | tired |

例　I like the picture. It makes me glad.

(1)　I like this action movie.

　　It _____ me _____ .

(2)　I clean the room every day.

　　It _____ me _____ .

(3)　I play soccer after school.

　　It _____ me _____ .

ここが ポイント

「…は私を〜にする」
動詞のmakeのあとに〈me＋形容詞〉を続ける。主語がitなど3人称単数で現在の文では，makesとする。

Lesson 4

4　〔　〕内の語句を並べかえて，日本文に合う英文を書きなさい。

(1)　みんなは彼をおーちゃんと呼んでいます。

　　〔 O-chan / calls / everyone / him 〕.

　　_____

(2)　その報道は多くの人を驚かせました。

　　〔 surprised / the news / many people / made 〕.

　　_____

(3)　ドラマはその俳優を人気者にしました。

　　〔 made / popular / the drama / the actor 〕.

　　_____

ミス注意

「AをBと呼ぶ」
●〈call＋A＋B〉
callの後ろがA＝Bの関係。語順は必ず「Aを」「Bと」になる。
「AをBにする」
●〈make＋A＋B〉
makeの後ろがA＝Bの状態。

5　次の日本文に合うように，＿＿に適する語を書きなさい。

(1)　私の名前は健です。　My _____ is Ken.

(2)　両親は私を美紀と名づけました。

　　My parents _____ Miki.

ことばメモ

(1)「名前」はnameで表す。
(2)「AをBと名づける」は〈name＋A＋B〉で表す。

6　（　）内の日本語を参考にして，＿＿に適する語を書きなさい。

(1)　The song made the girl _____ .（有名な）

(2)　My words made my mother _____ .（怒って）

(3)　English test always makes me _____ .（心配して）

(4)　The news will make many students _____ .（落胆した）

(5)　Traveling overseas makes my uncle and aunt _____ .（幸せな）

(6)　Talking with a girl often makes my brother _____ .（困惑した）

解答 ▶ p.20

確認 のワーク　ステージ 1　Lesson 4 ▶ Uluru ③

読 聞 書 話

教科書の 要点　接続詞 before

♪ a19

Please consider their traditions **before** you act.

「〜する前に」のまとまりを作る

あなたが行動する前に，彼らの伝統を よく考えてください。

要点

●「〜する前に」という文をつなぐときは，〈before ＋主語＋動詞〜〉で表す。

Words チェック　次の英語は日本語に，日本語は英語になおしなさい。

- □(1) itself （　　　　　　） □(2) instead （　　　　　　）
- □(3) actually （　　　　　　） □(4) site （　　　　　　）
- □(5) skill （　　　　　　） □(6) すべてのこと ＿＿＿＿＿＿
- □(7) 行動する ＿＿＿＿＿＿ □(8) 地域，地方 ＿＿＿＿＿＿
- □(9) 法律 ＿＿＿＿＿＿ □(10) 社会 ＿＿＿＿＿＿

1 〔　〕内の語句を並べかえて，日本文に合う英文を書きなさい。

(1) 寝る前に歯をみがきなさい。

Brush your teeth 〔 you / bed / before / go to 〕.

Brush your teeth ＿＿＿＿＿＿＿＿＿＿＿＿＿＿＿ .

(2) 私はテレビを見る前に宿題をしたいです。

I want to do my homework 〔 watch / I / before / TV 〕.

I want to do my homework ＿＿＿＿＿＿＿＿＿＿ .

(3) 彼は家を出る前にベッドを整えます。

He makes the bed 〔 leaves / before / home / he 〕.

He makes the bed ＿＿＿＿＿＿＿＿＿＿＿＿ .

ここが ポイント

接続詞 before
「〜する前に」を表し，文と文をつなぐ。〈before ＋主語＋動詞〜〉の形で使う。

表現メモ

〈look like ＋名詞〉
「〜のように見える」
〈look ＋形容詞〉
「〜に見える」

2 次の日本文に合うように，＿＿に適する語を書きなさい。

(1) あの少年は新入生のように見えます。

That boy ＿＿＿＿＿ ＿＿＿＿＿ a new student.

(2) その岩は赤く見えます。

The rock ＿＿＿＿＿ ＿＿＿＿＿ .

(3) 行動する前に自然について考えなさい。

Think about nature ＿＿＿＿＿ you ＿＿＿＿＿ .

(4) 私はあなたを私の家に迎えます。

I ＿＿＿＿＿ you ＿＿＿＿＿ my house.

ことばメモ

welcome には動詞で「歓迎する，迎える」のほかに形容詞で「歓迎される」などの意味がある。

welcome：歓迎する，迎える，culture：文化

❸ 香奈は自分が「行ってみたい国」についてエッセイを書くためにメモを作りました。香奈になったつもりで，＿＿＿に適する語句を書き，文章を完成させなさい。

Opening	行きたい国	アメリカ合衆国
Body	理由	・最高の選手たちとバスケットボールをしたい。 　→彼女らは私にバスケットボールの技術を教えてくれるだろう。 ・ニューヨーク (New York) で有名な場所を訪れたい。 　→劇場で音楽会を見て幸せになるだろう。
Closing	ひとこと	来年にそこに行けることを望む。

Name: Suzuki Kana

Country: the U.S.A.

　I want to go to the U.S.A.　First, ①＿＿＿＿＿＿＿＿＿＿ with the best basketball players.　They will ②＿＿＿＿＿＿＿＿＿＿.

　Second, I want to visit some famous places in New York.　Watching a music concert in the theater will ③＿＿＿＿＿＿＿＿＿.　I hope that ④＿＿＿＿＿＿＿＿＿.

❹ 次の文を（　）内の指示にしたがって書きかえなさい。

(1) Our teacher is busy.　（「～に見える」という文に）

＿＿＿＿＿＿＿＿＿＿＿＿＿＿＿＿＿＿

(2) That animal is a panda.　（「～のように見える」という文に）

＿＿＿＿＿＿＿＿＿＿＿＿＿＿＿＿＿＿

(3) You must feed the cat.　You practice soccer.
（「あなたがサッカーを練習する前に～」という文に）

＿＿＿＿＿＿＿＿＿＿＿＿＿＿＿＿＿＿

(4) Please read these books.　You write a report.
（「私が報告書を書く前に～」という文に）

＿＿＿＿＿＿＿＿＿＿＿＿＿＿＿＿＿＿

ミス注意

「～する前に」
接続詞 before を使い，〈before ＋ 主語 ＋ 動詞～〉で表す。if「もし～ならば」やwhen「～（する）とき」「～（した）とき」，because「（なぜなら）～だから」とのちがいに注意する。

WRITING Plus ✏

次のようなとき，英語でどのように言うか書きなさい。

(1) 相手にいくらかのクッキーをあげましょう，と言うとき。

＿＿＿＿＿＿＿＿＿＿＿＿＿＿＿＿＿＿

(2) 友人たちは私をヒロ(Hiro)と呼ぶ，と言うとき。

＿＿＿＿＿＿＿＿＿＿＿＿＿＿＿＿＿＿

(3) 歌を歌うことは私を幸せにする，と言うとき。

＿＿＿＿＿＿＿＿＿＿＿＿＿＿＿＿＿＿

Lesson 4

解答 p.21

確認のワーク　ステージ 1　Take Action!　Listen 3　空港のアナウンス　Talk 3　何が起きたの？

読 聞 書 話

教科書の 要点　つなぎ言葉を使う / 詳しい説明を求める　♪ a20

How was it?	詳しい説明を求める	それはどうでしたか。
Well, I liked it.	つなぎ言葉を使う	えーと，私はそれが好きでした。
What happened?	詳しい説明を止める	何が起こりましたか。
Um, my bag fell in the lake.	つなぎ言葉を使う	うーん，ぼくのかばんが湖に落ちました。

要点

● 相手に詳しい説明を求めるときは，How was it?(そうはどうでしたか)などと言う。
　How did you like it?(それはいかがでしたか)，What happened?(何が起こりましたか)，
　Tell me more.(もっと話してください)などと言ってもよい。
● つなぎ言葉には，Um,(うーん)，Well,(えーと)，Let's see. / Let me think.(えーと，そうですね)などがある。

Wordsチェック　次の英語は日本語に，日本語は英語になおしなさい。

□(1) boarding （　　　　　　　　） □(2) passenger （　　　　　　　　）

□(3) row _____ □(4) ボート，小舟 _____

□(5) 事故, 偶然の出来事 _____ □(6) 搭乗口，ゲート _____

① 次の対話文の( )に入るものを下から選び，記号を○で囲みなさい。

よく出る

(1) A: I went on a picnic with my friends.

　　B: (　①　)

　　A: (　②　), I really enjoyed it.

　　① ア What do you like?　　イ How was it?

　　　 ウ When did you go on a picnic?

　　② ア Excuse me　　　　 イ Sure　　ウ Well

(2) A: I had an accident yesterday.

　　B: (　　　)

　　　ア What happened?　　イ What's this?

　　　ウ What will you do?

ここがポイント

詳しい説明を求めるとき
How was it? と，感想を聞いたり，What happened?と，何が起こったかを聞いたりする。

② 次の日本文に合うように，____に適する語を書きなさい。

(1) もっと話してください，ジョン。

　_____ me _____, John.

よく出る

(2) 彼の演説はどうでしたか。

　_____ did you _____ his speech?

表現メモ

● Tell me more.
　「もっと話してください」
● How did you like 〜?
　「〜はいかがでしたか」

 row は[róu]，boat は[bóut]と発音するよ。

確認のワーク ステージ**1** **GET Plus 4** 宿題をしなければなりません 読聞書話

教科書の 要点　have to ～を使った文　♪a21

We **have to** write an essay.　私たちはエッセイを書かなければなりません。

「～しなければならない」　動詞の原形

We **don't have to** turn it in until Monday.

「～しなくてもよい」　動詞の原形

私たちは月曜日までにそれを提出する必要はありません。

要点

● 「～しなければならない」と言うときは〈have[has] to ＋動詞の原形〉で表す。
● 「～しなくてもよい」と言うときは〈don't[doesn't] have to ＋動詞の原形〉で表す。

Words チェック 次の英語は日本語に，日本語は英語になおしなさい。

- □(1) guest　（　　　　　）
- □(2) greet　（　　　　　）
- □(3) express　（　　　　　）
- □(4) until　（　　　　　）
- □(5) 感情，気持ち　＿＿＿＿＿
- □(6) 終わらせる,終わる　＿＿＿＿＿
- □(7) 覚書き，メモ　＿＿＿＿＿
- □(8) 上げる,持ち上げる　＿＿＿＿＿

1 次の文を（　）内の指示にしたがって書きかえるとき，＿＿＿に適する語を書きなさい。

(1) I write a report. （「～しなければならない」という文に）

　　I ＿＿＿＿＿ ＿＿＿＿＿ write a report.

(2) He greets guests. （「～しなければならない」という文に）

　　He ＿＿＿＿＿ ＿＿＿＿＿ greet guests.

(3) You raise your hand. （「～しなくてもよい」という文に）

　　You ＿＿＿＿＿ ＿＿＿＿＿ to raise your hand.

(4) She does a worksheet. （「～しなくてもよい」という文に）

　　She ＿＿＿＿＿ ＿＿＿＿＿ to do a worksheet.

ここがポイント

have to ～とdon't have to ～
〈have[has] to ＋動詞の原形〉→「～しなければならない」
〈don't[doesn't] have to ＋動詞の原形〉→「～しなくてもよい」

2 次の日本文に合うように，＿＿＿に適する語を書きなさい。

(1) あなたのノートを提出してください。

　　Please ＿＿＿＿＿ your notebook.

(2) 私たちはメモをとるつもりです。

　　We will ＿＿＿＿＿.

(3) あなたたちはほかの人たちに親切にしなければなりません。

　　You must ＿＿＿＿＿ to other people.

ミス注意

「メモをとる」
take notesで表す。「覚書き，メモ」を表すnoteを複数形にすることに注意する。

 have to は[hǽftə]，has to は[hǽstə]と発音することが多いよ。

Take Action! ～ GET Plus 4

 動詞(give)＋A＋B / 動詞(call, make)＋A＋B

読　聞
書　話

まとめ---

① 動詞(give など)＋A＋B

● 動詞が「A(人)にB(もの)を」と2つの目的語をとるときは，〈動詞＋A(人)＋B(もの)〉の語順にする。

● 〈動詞＋A(人)＋B(もの)〉は，〈動詞＋B(もの)＋to[for]＋A(人)〉に書きかえられる。

I will give you a pen.
　　　　動詞　A　　B

I will give 　　　a pen to you.
　　　　動詞　　　　B　　to＋A

〈動詞＋B＋to[for]＋A〉への書きかえ	
to を使う	give, show, teach, write など
for を使う	buy, make, cook など

② 動詞(call / make)＋A＋B

● 「AをBと呼ぶ」は〈call＋A＋B〉で表す。AとBはイコールの関係になる。

We call the girl Aya. A(the girl)＝B(Aya)
　　動詞　 A　　　B

● 「AをB(の状態)にする」は〈make＋A＋B〉で表す。AとBはイコールの関係になる。

The movie made the students happy. A(the students)＝B(happy)
　　　　　動詞　　　A　　　　　B

練習---

1 次の日本文に合うように，(　)内から適する語を選んで，○で囲みなさい。

(1) 祖母はよく私に古い話をします。

My grandmother often (says / tells / talks) me an old story.

(2) あなたは彼女にあなたの教科書を見せましたか。

Did you (show / see / watch) her your textbook?

(3) 私たちはあの女性を久美さんと呼びます。

We (speak / read / call) that woman Kumi-san.

(4) このゲームはいつも私を眠くさせます。

This game always (makes / becomes / takes) me sleepy.

2 〔　〕内の語句を並べかえて，日本文に合う英文を書きなさい。

(1) 兄は私にこのバットを買ってくれました。

〔 me / my brother / this bat / bought 〕.

(2) 生徒たちはその少年をタクと呼びます。

〔 call / Taku / the students / the boy 〕.

助動詞

解答 p.22
読聞書話

まとめ

① 助動詞

● can 「〜することができる」「〜してもよい」
She can run fast. 彼女は速く走ることができます。
You can use this pen. あなたはこのペンを使ってもよいです。

● will 「〜するつもりだ，〜しようと思う」「〜するだろう」
I will read this newspaper. 私はこの新聞を読もうと思います。
It will be rainy tomorrow. あしたは雨降りでしょう。

● may 「〜してもよい」「〜かもしれない」
You may cut the cake. あなたはケーキを切ってもよいです。
We may be late. 私たちは遅れるかもしれません。

● must 「〜しなければならない」「〜にちがいない」 must not 〜 「〜してはいけない」
I must bake bread. 私はパンを焼かなければなりません。
He must be busy. 彼は忙しいにちがいない。
You must not touch this machine. あなたはこの機械に触れてはいけません。

● have to 〜 「〜しなければならない」 don't have to 〜 「〜しなくてもよい」
We have to lock the door. 私たちはドアにかぎをかけなければなりません。
You don't have to do some shopping. あなたは買い物をしなくてもよいです。

● Can you 〜? / Will you 〜? 「〜してくれませんか」
Can[Will] you help me? 私を手伝ってくれませんか。

● May I 〜? / Can I 〜? 「〜してもいいですか」
May[Can] I listen to the radio? ラジオを聞いてもいいですか。

練習

1 次の日本文に合うように，＿＿＿に適する語を書きなさい。

(1) あの少女は絵美の妹さんかもしれません。
That girl ＿＿＿＿＿＿ Emi's sister.

(2) 私たちはバレーボールを練習しなければなりません。
We ＿＿＿＿＿＿ practice volleyball.

(3) あなたは一輪車に乗ってはいけません。
You ＿＿＿＿＿＿ ride a unicycle.

(4) ドアをあけてくれませんか。
＿＿＿＿＿＿ open the door?

(5) いすにすわってもいいですか。
＿＿＿＿＿＿ sit on the chair?

(6) 彼は体育館に行かなくてもよいです。
He ＿＿＿＿＿＿ go to the gym.

文法のまとめ④

Reading for Fun 1 A Pot of Poison

● 次の対話文を読んで，あとの問いに答えなさい。

An: The Master will return soon.

Chin: ① [clean / shall / the room / we] ?

An: ② そうしよう。 I'll wipe the floor.

Chin: What do you think about the pot?

An: What do you mean? 5

Chin: Is ③ it really full of poison?

Kan: Hmm. Give it to me, and shut the door. I'll check it out.

An: ④ Don't!

Kan: There's brown stuff in it. It smells nice. ⑤ I'll try ( ).

An: Wait! It's poison! 10

Kan: No, it's delicious! ⑥ Have ( ).

Chin: ⑦ You're right. It is delicious. It's sugar!

Question

(1) 下線部①の〔　〕内の語句を並べかえて，意味の通る英文にしなさい。

(2) 下線部②の日本語を英語になおしなさい。

(3) 下線部③が指すものを２語の英語で書きなさい。

(4) 下線部④について，省略されている語を補いなさい。

Don't ＿＿＿＿＿＿ ＿＿＿＿＿＿ ＿＿＿＿＿＿ .

(5) 下線部⑤が「私はいくらかを試すつもりです」，⑥が「いくらかを食べて」という意味になるように，それぞれの（　）に共通する語を書きなさい。

＿＿＿＿＿＿

(6) 下線部⑦の英語を日本語になおしなさい。

（ ）

(7) 次の文が本文の内容と合っていれば○，異なっていれば×を書きなさい。

１．珍は床をふくつもりです。 （ ）

２．つぼの中には茶色のものが入っています。 （ ）

３．安は，つぼの中に毒が入っていると考えています。 （ ）

(8) 本文の内容に合うように，次の問いに英語で答えなさい。

1．When will the Master return?

2．Is there sugar in the pot?

Word Box BIG

1 次の英語は日本語に，日本語は英語になおしなさい。

(1) punish （ 　　　　　　 ） (2) smell （ 　　　　　　 ）

(3) ourselves （ 　　　　　　 ） (4) stuff （ 　　　　　　 ）

(5) empty （ 　　　　　　 ） (6) 閉める 　　　　　　

(7) 壊す，割る 　　　　　　 (8) 鳴る 　　　　　　

(9) 信じる 　　　　　　 (10) とても悪い，恐ろしい 　　　　　　

2 次の日本文に合うように，　　　に適する語を書きなさい。

(1) 帰ってもいいですか。－ちょっと待ってください。

May I go home? － 　　　　　　 a 　　　　　　 .

(2) 私は試験を受けます。－心配しないで。

I'll take an exam. － 　　　　　　　　　　　 .

(3) 木の下に数人の少年がいます。

There are 　　　　　　 　　　　　　 boys under the tree.

(4) 私たちはケースを調べるつもりです。

We are going to 　　　　　　 　　　　　　 the case.

(5) あなたは疲れて見えます。いったいどうしましたか。

You look tired. What's 　　　　　　　　　　　 ?

3 〔 〕内の語句を並べかえて，日本文に合う英文を書きなさい。

(1) 冗談だろ，ピーター。〔 must / kidding / you / be 〕, Peter.

　　　　　　　　　　　　　　　　　　　　　　, Peter.

(2) その選手たちは今，トラブルに巻き込まれています。

〔 in / the players / trouble / are 〕 now.

　　　　　　　　　　　　　　　　　　　　　　 now.

(3) 私の姉は7時に戻るでしょう。

〔 at / my sister / be / seven / back / will 〕.

(4) あのレストランで夕食を食べましょうか。

〔 dinner / we / at / eat / that restaurant / shall 〕?

解答 p.23

ステージ **2** Lesson 4 〜 Reading for Fun 1　読聞書話

🎧 **1 LISTENING** 英文を聞いて，その内容に合う絵を下から選び，その記号を書きなさい。

(1) (　　) (2) (　　) (3) (　　)

重要ポイント

1 (1)(2)それぞれの動作と，話されているものについて聞き取る。
(3)女の子の行動を聞き取る。

2 次の文を（ ）内の指示にしたがって書きかえなさい。

よく出る (1) We bought a guidebook for her.
（5語でほぼ同じ内容を表す文に）

(2) He tells an interesting story to us.
（6語でほぼ同じ内容を表す文に）

レベルUP (3) I do some shopping today.
（7語で「〜しなければならない」という文に）

(4) We climb that mountain next Sunday.
（7語で「〜しましょう」という文に）

2 (1)(2)

得点力をUP

〈動詞＋A（人）＋B（もの）〉
動詞のあとに〈A（人）＋B（もの）〉を続ける。〈B（もの）＋to[for]＋A（人）〉とほぼ同じ意味を表す。

(3)

テストに出る!

「〜しなければならない」
〈must＋動詞の原形〉のほかに〈have to＋動詞の原形〉でも表せる。

(4)「〜しましょう」はLet's 〜.のほかにShall we 〜?でも表せる。

3 次の日本文に合うように，＿＿に適する語を書きなさい。
(1) 私は数日前にエイミーに会いました。
I saw Amy ＿＿＿＿＿ days ago.
よく出る (2) それはウサギのように見えます。
It ＿＿＿＿＿ a rabbit.
(3) 私は私のワークシートを提出します。
I will ＿＿＿＿＿ my worksheet.
(4) 冗談だろう，トム。
You ＿＿＿ be ＿＿＿, Tom.

3 (1)「数日」は「少数の日数」と考える。
(2)「〜のように見える」はあとがa rabbitと名詞である点に注意する。
(4)「あなたは冗談を言っているにちがいない」と考える。

④ 次の対話文を読んで，あとの問いに答えなさい。

Riku: How did you spend your time in Australia?

Kate: ①My aunt (　　　) (　　　) (　　　) her home in Sydney. We went sightseeing every day. ②〔 show / some pictures / I'll / you 〕.

Riku: Oh! You're wearing a coat and gloves. Was it cold?

(1) 下線部①が「私のおばは私をシドニーの彼女の家に招きました」という意味になるように（　）に適する語を書きなさい。

_____

(2) 下線部②が「私はあなたに数枚の写真を見せます」という意味になるように，〔 〕内の語句を並べかえなさい。

_____

(3) 次の文が本文の内容と合っていれば○，異なっていれば×を書きなさい。

　　１．ケイトとおばさんは１日だけ観光に行きました。（　　　）
　　２．写真のケイトはコートと手袋を身に着けています。（　　　）

⑤ 〔 〕内の語句を並べかえて，日本文に合う英文を書きなさい。

よく出る(1) 私たちは花に水をやらなくてもよいです。
　〔 don't / water / have / we / the flowers / to 〕.

_____

(2) 彼女はあなたに彼女の自転車を貸すでしょう。
　〔 will / you / she / her bicycle / lend 〕.

レベルUP(3) スミスさんは彼のイヌをトトと名づけました。
　〔 named / Toto / Mr. Smith / his dog 〕.

_____

⑥ 次の日本文を英語になおしなさい。

レベルUP(1) 私の弟は試験を受けなければなりません。（７語で）

(2) あなたのお父さんは私たちに昼食を料理しました。（５語で）

よく出る(3) この手紙は私を悲しませました。

(4) 私たちの先生はその生徒をノリ（Nori）と呼びます。

ちょっとBREAK 英語で「祖先，先祖」は ancestor です。では，「子孫，末裔（まつえい）」は？

➡答えは次のページ

重要ポイント

④(1)「招待する，招く」という動詞と場所を表す前置詞が入る。
(2)「…に～を見せる」は〈動詞＋Ａ（人）＋Ｂ（もの）〉の語順にする。

⑤(1)「～しなくてもよい」は have to ～の否定文の形で表す。
(2)「…に～を貸す」は動詞は lend を使う。あとには〈Ａ（人）＋Ｂ（もの）〉を続ける。
(3)

得点力をUP

「…を～と名づける」
〈name＋Ａ＋Ｂ〉で表す。「…を～と呼ぶ」の〈call＋Ａ＋Ｂ〉とのちがいに注意する。

⑥(1)語数から「～しなければならない」は have to ～を使う。ここでは主語が３人称単数。
(2)語数から〈動詞＋Ａ（人）＋Ｂ（もの）〉の形で表す。
(3)「ＡをＢ（の状態）にする」の文。〈make＋Ａ＋Ｂ〉で表す。
(4)「…を～と呼ぶ」は〈call＋Ａ＋Ｂ〉で表す。

解答　p.23

実力判定テスト　ステージ3　Lesson 4 〜 Reading for Fun 1　30分　/100

読 聞 書 話

1 LISTENING 対話を聞いて，内容と合っているものを下から2つ選び，記号を○で囲みなさい。

♪ l08 3点×2（6点）

ア　Getting up early makes Hiroto tired.

イ　Cleaning the bathroom every day makes Hiroto happy.

ウ　Cleaning the bathroom every day makes Hiroto tired.

エ　Ann cleans the bathroom every day.

オ　Ann cooks her family breakfast.

カ　Ann feels happy when she studies math.

2 次の日本文に合うように，＿＿に適する語を書きなさい。 3点×3（9点）

よく出る（1）　明日，（私たちは）スケートをしましょうか。

＿＿＿＿＿＿＿＿＿＿＿＿＿＿ skate tomorrow?

（2）　絵里香は冬の中頃に沖縄に行きました。

Erika went to Okinawa in the ＿＿＿＿＿＿＿＿＿＿ winter.

（3）　私の友人は今，トラブルに巻き込まれています。

My friend ＿＿＿＿＿＿＿＿＿＿＿＿＿＿ now.

レベルUP **3** 次の各組の文がほぼ同じ内容になるように，＿＿に適する語を書きなさい。 5点×3（15点）

（1）{ Ms. Sato is our science teacher.
　　　Ms. Sato teaches ＿＿＿＿＿＿＿＿＿＿＿＿.

（2）{ She was bored when she watched the tennis match.
　　　The tennis match ＿＿＿＿＿＿ her ＿＿＿＿＿＿.

（3）{ We gave a robot to him.
　　　We gave ＿＿＿＿＿＿＿＿＿＿＿＿＿＿＿.

よく出る **4** 〔 〕内の語句を並べかえて，日本文に合う英文を書きなさい。ただし，1語不要な語があります。

5点×3（15点）

（1）　彼らは日曜日に家にいなければなりません。

〔 have / stay / on Sunday / to / must / they / at home 〕.

（2）　人々はこの動物を何と呼びますか。

〔 what / call / name / people / this animal / do 〕?

（3）　私はメアリーにスカーフを送るつもりです。

〔 Mary / I / a scarf / will / to / send 〕.

ちょっとBREAKの答え　descendant[diséndənt] と言います。

● 2つの目的語の文や，〈call[make] ＋ A ＋ B〉の文を覚えましょう。● have to 〜 の意味と使い方を理解しましょう。

自分の得点まで色をぬろう！

😢 がんばろう！	😅 もう一歩	😊 合格！

0　　　　　　　　　　　60　　　80　　100点

⑤ 次の英文を読んで，あとの問いに答えなさい。 (計25点)

　The Anangu welcome you to Uluru. ①〔 teach / their history / they / you / will 〕. They will show you their art. They will also share their culture and society with you. Please consider their traditions ②〜する前に you act. Do not take rocks as souvenirs. Do not take pictures of the sacred places. Instead, you can walk around Uluru. You can watch the sunrise and sunset on Uluru.

　Your consideration will (　③　) the Anangu happy and (　③　) your stay in the park better.

(1)　下線部①の〔　〕内の語句を並べかえて，意味の通る英文にしなさい。 (5点)

(2)　下線部②の日本語を英語になおしなさい。 (4点)

(3)　③の（　）に適する語を下から選び，記号で答えなさい。 (4点)
　　ア　call　　イ　make　　ウ　take　　　　　　　　　　　　（　　）

(4)　本文の内容に合うように，次の問いに英語で答えなさい。 6点×2 (12点)
　　１．What will the Anangu show you?

　　２．What can you watch on Uluru?

⑥ 次の日本文を英語になおしなさい。 6点×3 (18点)
(1)　その記事はみんなを落胆させました。

(2)　涼（Ryo）は私たちに彼のバイオリンを見せました。（５語で）

(3)　あなたの妹さんは彼らを手伝わなくてもよいです。

⑦ 次の質問に，あなた自身の答えを英語で書きなさい。 6点×2 (12点)
(1)　What do your friends call you?

(2)　What makes you happy?

Lesson 4 〜 Reading for Fun 1

解答 ▶ p.25

Lesson 5 ▶ Things to Do in Japan ①

読 聞 書 話

教科書の 要点 「…よりも〜です」/「…の中で最も[いちばん]〜です」の文 ♪ a22

ふつうの文 The Amazon is long. アマゾン川は長いです。

er をつける

比較級の文 The Amazon is **longer than** the Shinano River.
比較級　　　　　　比べる相手 アマゾン川は信濃川よりも長いです。

要点 1
● 「…よりも〜です」と2つのものを比べて言うときは，〈形容詞の比較級＋ than …〉を使う。
● 形容詞の比較級は，基本は語尾に er をつけた形になる。

ふつうの文 The Amazon is long. アマゾン川は長いです。

est をつける

最上級の文 The Amazon is **the longest in** South America.
最上級の前に置く　最上級　　比べる範囲 アマゾン川は南アメリカでいちばん長いです。

要点 2
● 「…の中で最も[いちばん]〜です」と3つ以上のものを比べて言うときは，〈the ＋形容詞の最上級＋ in[of] …〉を使う。
● 形容詞の最上級は，基本は語尾に est をつけた形になる。

プラス 「…の中で」は〈in ＋場所・範囲を表す語句〉，〈of ＋複数を表す語句〉で表す。
例 The river is the longest of the three. その川は3つの中でいちばん長いです。

Words チェック 次の英語は日本語に，日本語は英語になおしなさい。

□(1) north （　　　　　） □(2) prefecture （　　　　　）
□(3) island （　　　　　） □(4) 若い，幼い ＿＿＿＿＿＿
□(5) 南(の)，南部(の) ＿＿＿＿＿ □(6) 国，国土 ＿＿＿＿＿＿

1 次の語の比較級・最上級を書きなさい。

　　　　　　　　　　比較級　　　　最上級
(1) deep(深い) ＿＿＿＿＿　＿＿＿＿＿
(2) nice(すてきな) ＿＿＿＿＿　＿＿＿＿＿
(3) big(大きな) ＿＿＿＿＿　＿＿＿＿＿
(4) heavy(重い) ＿＿＿＿＿　＿＿＿＿＿

まるごと 暗記
比較級・最上級の作り方
①er, est をつける
②eで終わる語 → r, st をつける
③語尾が〈母音字＋子音字〉→ 子音字を重ねて er, est をつける
④語尾が〈子音字＋y〉→ yをiにかえて er, est をつける

2 次の（ ）内から適する語を選んで，○で囲みなさい。

(1) This radio is (new / newer / newest) than that one.
(2) Mt. Fuji is the (high / higher / highest) in Japan.
(3) She is the strongest (in / of / than) the seven.

country は[kʌ́ntri]，young は[jʌ́ŋ]と発音するよ。ou の部分は同じ発音だね。

3 絵を見て例にならい，＿＿に適する語を書きなさい。

例
fast

(1) India Japan Australia
large

(2) Keita
tall

(3) 沖縄 28度　旭川 12度　大阪 24度
hot

例　1. The panda is faster than the turtle.

　　2. The rabbit is the fastest of the three.

(1)　1. India is ＿＿＿＿＿＿＿＿ Japan.

　　2. Australia is ＿＿＿＿＿＿＿＿ of the three.

(2)　1. Keita is ＿＿＿＿＿＿＿＿ his father.

　　2. Keita ＿＿＿＿＿＿＿＿

　　in his family.

(3)　1. Osaka is ＿＿＿＿＿＿＿＿ Asahikawa today.

　　2. Okinawa is ＿＿＿＿＿＿＿＿

　　the three today.

4 次の日本文に合うように，＿＿に適する語を書きなさい。

(1) あの少年はニュージーランドの出身です，正しいですね。

　　That boy is from New Zealand, ＿＿＿＿＿＿＿＿?

(2) 琵琶湖は日本で最も大きな湖です。

　　Lake Biwa is the ＿＿＿＿＿＿＿＿ in Japan.

(3) 信濃川と利根川では，どちらが長いですか。ー信濃川です。

　　＿＿＿＿＿＿＿＿ is longer, the Shinano River ＿＿＿＿＿＿＿＿

　　the Tone River? ー The Shinano River is.

5 次の各組の文がほぼ同じ内容を表すように，＿＿に適する語を書きなさい。

(1) My father is older than Mr. Kato.

　　Mr. Kato is ＿＿＿＿＿＿ than my father.

(2) This bus is older than that one.

　　That bus is ＿＿＿＿＿＿ than this one.

(3) Your pen is longer than mine.

　　My pen is ＿＿＿＿＿＿ than yours.

(4) This player is weaker than that player.

　　That player is ＿＿＿＿＿＿ than this player.

(5) Your shirt is larger than that one.

　　That shirt is ＿＿＿＿＿＿ than yours.

確認のワーク ステージ**1** **Lesson 5** **Things to Do in Japan ②** 読聞書話

教科書の 要点　more, most を使った比較級・最上級　♪ a23

（ふつうの文）In our class, English is ⬚⬚⬚ popular.

私たちのクラスでは, 英語は人気があります。

（比較級の文）In our class, English is **more popular than** science.

| more をつける | 比較級 | | 比べる相手 |

私たちのクラスでは, 英語は理科よりも人気があります。

（最上級の文）In our class, English is **the most popular of** all the subjects.

| 最上級の前に置く | most をつける | 最上級 | 比べる範囲 |

私たちのクラスでは, 英語はすべての教科の中で最も人気があります。

要点

● つづりの長い形容詞の比較級は〈more ＋形容詞〉の形になる。
● つづりの長い形容詞の最上級は〈most ＋形容詞〉の形になる。

プラス more, most をつけて比較級・最上級を作る語
・語尾が -ful, -ous, -ing などの語　例 beautiful, famous, interesting など
・3音節以上の語　例 popular(pop-u-lar), difficult(dif-fi-cult) など

Words チェック 次の英語は日本語に, 日本語は英語になおしなさい。

□(1) relax 　　(　　　　　　) 　□(2) valuable 　(　　　　　　)

□(3) foreign 　(　　　　　　) 　□(4) list 　　　(　　　　　　)

□(5) ままでいる 　_____ 　□(6) 高価な 　　_____

□(7) 含む, 含める 　_____ 　□(8) 比較する, 比べる 　_____

よく出る 1 次のグラフは, 美穂のクラスでの好きな科目についてのアンケート結果です。これを見て, 例にならい, ＿＿＿ に適する語を書きなさい。

好きな科目

英語						12
数学					10	
国語			6			
音楽		4				
その他			6			
0	2	4	6	8	10	12	14

例　Japanese is more popular than music.

(1)（数学と国語を比べて）

＿＿＿＿＿＿＿ is more popular than ＿＿＿＿＿＿＿.

(2) English is more ＿＿＿＿＿＿＿ math.

(3) English is the ＿＿＿＿＿＿＿ Miho's class.

ここがポイント

長い形容詞の比較級, 最上級

popular など 3 音節以上の語は, 前に more, most を置く。

◝ most は[móust], compare は[kəmpéər]と発音するよ。

2 次の文を（　）内の指示にしたがって書きかえるとき，＿＿＿に適する語を書きなさい。

(1) French is difficult. （than Chinese を加えて）

French is ＿＿＿＿＿＿＿ ＿＿＿＿＿＿＿ than Chinese.

(2) The festival is an exciting event. （in our town を加えて，最上級の文に）

The festival is ＿＿＿＿＿＿＿ ＿＿＿＿＿＿＿

＿＿＿＿＿＿＿ event in our town.

ミス注意

difficult, exciting の比較級・最上級
difficult は３音節以上の語。exciting は語尾が-ing の語。比較級・最上級は前に more・most を置く。

3 〔　〕内の語を並べかえて，日本文に合う英文を書きなさい。

(1) 彼の演説は私のものよりもすばらしいです。

His speech is 〔 wonderful / mine / more / than 〕.

His speech is ＿＿＿＿＿＿＿＿＿＿＿＿＿＿＿ .

(2) 私のシャツはあなたのよりも色彩に富んでいます。

My shirt is 〔 than / more / yours / colorful 〕.

My shirt is ＿＿＿＿＿＿＿＿＿＿＿＿＿＿＿ .

(3) 彼女の本は５冊の中で最もおもしろいです。

Her book is 〔 most / of / the / interesting 〕 the five.

Her book is ＿＿＿＿＿＿＿＿＿＿＿ the five.

(4) このケーキは店でいちばんおいしいです。

This cake is 〔 delicious / the / in / most 〕 the shop.

This cake is ＿＿＿＿＿＿＿＿＿＿＿ the shop.

ここがポイント

more, the most を使った比較の文
●「…よりも〜」
〈more ＋ 形容詞 ＋ than …〉
●「…の中で最も[いちばん]〜」
〈the most ＋形容詞＋ in[of] …〉

Lesson 5

4 次の日本文に合うように，＿＿＿に適する語を書きなさい。

(1) あなたは独力で仕事を終わらせなければなりません。

You must finish the work ＿＿＿＿＿＿＿ ＿＿＿＿＿＿＿ .

(2) 歓迎パーティーを楽しんでください。

Please enjoy the ＿＿＿＿＿＿＿＿＿＿＿ .

ことばメモ

by oneself
「独力で」を表す。oneself は，主語が「あなたは」では yourself のように，主語に応じた形にする。「私は」では myself。

5 （　）内の日本語を参考にして，＿＿＿に適する語を書きなさい。

(1) This picture is ＿＿＿＿＿＿＿＿＿＿＿ than that one. （あの絵よりも美しい）

(2) Your watch is ＿＿＿＿＿＿＿＿＿＿＿ than this one. （この時計よりも高価な）

(3) She is the ＿＿＿＿＿＿＿ ＿＿＿＿＿＿＿ player in the team. （チームの中で最も有名な）

(4) Which is ＿＿＿＿＿＿＿＿＿＿＿ , your dictionary or mine? （あなたの辞書と私のものではどちらが役に立つか）

(5) It's the ＿＿＿＿＿＿＿ ＿＿＿＿＿＿＿ of all. （最も重要な）

まるごと暗記

more や most といっしょに使われる形容詞
●語尾が-ful, -ous, -ing
beautiful「美しい」
famous 「有名な」
interesting「おもしろい」
useful 「役に立つ」
●３音節以上
expensive「高価な」
important「重要な」
popular 「人気のある」

解答 ▶ p.26

ステージ **1** Lesson 5 ▶ Things to Do in Japan ③

教科書の 要点 「…と同じくらい〜」の文 / 副詞の比較級 ♪a24

ふつうの文 My cat is   cute.   私のネコはかわいいです。

前後に as を置く

同等比較の文 My cat is **as cute as** yours.   私のネコは，あなたのネコと同じくらいかわいいです。
      形容詞   比べる相手

要点 1

● 「…と同じくらい〜」と程度が同じことを言うときは，〈as ＋形容詞［副詞］＋ as …〉を使う。

プラス as 〜 as … が否定文で使われると，「…ほど〜でない」という意味になる。
  例 My cat is **not** as cute as yours.   私のネコは，あなたのネコほどかわいくはありません。

ふつうの文 Tom walks fast.   トムは速く歩きます。

er をつける

比較級の文 Tom walks **faster than** Koji.   トムは耕司よりも速く歩きます。
     比較級   比べる相手

要点 2

● 動作の速さやうまさなどについて比べて言うときは，副詞を比較級にする。
● 副詞は動詞，形容詞，副詞を修飾することばである。
● 副詞の比較級の作り方は形容詞の比較級の作り方と同じ。

プラス 副詞も形容詞と同様に，比較級のほかに最上級で使うことができる。最上級の作り方は形容詞と同じ。形容詞の最上級の前には the をつけたが，副詞の最上級では the を省略できる。
  例 Tom walks (the) **fastest** in his family.   トムは彼の家族で最も速く歩きます。

Words チェック 次の英語は日本語に，日本語は英語になおしなさい。

□(1) fee   (   )   □(2) participate   (   )

□(3) flavor   (   )   □(4) ほんとうに，とても

□(5) 娘   □(6) 〜だけれども

1 次の文を（ ）内の指示にしたがって書きかえるとき，＿＿に適する語を書きなさい。

(1) She runs fast. （than Tom を加えて比較級の文に）
  She runs ＿＿＿＿＿＿＿ ＿＿＿＿＿ Tom.

(2) He practices *judo* hard. （of the six を加えて最上級の文に）
  He practices *judo* ＿＿＿＿＿ ＿＿＿＿＿ of the six.

(3) I like cats very much.
  （「イヌよりもネコが好き」という内容の文に）
  I like cats ＿＿＿＿＿ ＿＿＿＿＿ ＿＿＿＿＿ dogs.

ここが ポイント

動作の比較
動作について比べるときは，動詞を修飾している副詞（fast, hard など）を比較級・最上級にする。

まるごと 暗記

like を使った比較の文
「…より〜が好きだ」
like 〜 better than …

▶ quite は［kwáit］，daughter は［dɔ́ːtər］と発音するよ。

2 絵を見て例にならい，「…と同じくらい〜」という文を書きなさい。

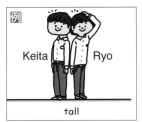
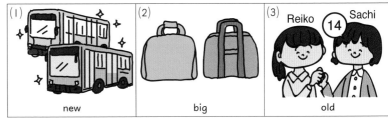

例　Keita is as tall as Ryo.

(1)　This bus is ＿＿＿＿＿ new ＿＿＿＿＿ that one.

(2)　The pink bag is ＿＿＿＿＿＿＿＿＿ the blue one.

(3)　Reiko ＿＿＿＿＿＿＿＿＿＿＿＿＿＿ .

ここが ポイント

「…と同じくらい〜」
「…と同じくらい〜」は
〈as ＋形容詞＋ as …〉
で表す。

3〔　〕内の語句を並べかえて，日本文に合う英文を書きなさい。

(1)　あなたの帽子はあの帽子と同じくらいすてきです。

Your cap is〔 that one / nice / as / as 〕.

Your cap is ＿＿＿＿＿＿＿＿＿＿ .

(2)　東京は沖縄ほど暑くありません。

Tokyo〔 as / as / is / hot / not〕Okinawa.

Tokyo ＿＿＿＿＿＿＿＿＿＿＿ Okinawa.

(3)　私は妹よりも速く泳ぎます。

I〔 faster / my sister / swim / than 〕.

I ＿＿＿＿＿＿＿＿＿＿＿ .

ミス注意

as 〜 as …の否定文
as 〜 as …の否定文で
あるnot as 〜 as …は
「…ほど〜でない」という
意味を表す。

4 次の日本文に合うように，＿＿に適する語を書きなさい。

(1)　彼らは公園で楽しむでしょう。

They will ＿＿＿＿＿＿＿＿ in the park.

(2)　私はゆかたを身に着けることが好きです。

I ＿＿＿＿＿＿＿＿ a yukata.

(3)　私たちはすべての中で音楽がいちばん好きです。

We like music ＿＿＿＿＿＿＿ of all.

表現メモ

● have fun
　「楽しむ」
● like 〜ing
　「〜することが好き」
● like 〜 the best
　「〜がいちばん好き」

5 〔Word Box〕（　）内の日本語を参考にして，＿＿に適する語を書きなさい。

(1)　I come to school ＿＿＿＿ than Ami. （より早く）

(2)　I ＿＿＿＿＿＿ than my brother.

　　（より長く眠る）

(3)　Lucy jumps the ＿＿＿＿ in her class. （最も高く）

(4)　Ken ＿＿＿＿ the ＿＿＿＿ of the five.

　　（最も大きな声で話す）

まるごと暗記

動詞と副詞
● come early（早く来る）
● sleep long （長く眠る）
● jump high （高くとぶ）
● speak loud
　（大きな声で話す）
● run fast　（速く走る）
● practice hard
　（熱心に練習する）

Lesson 5

確認のワーク

ステージ **1** | Lesson 5 ▶ Things to Do in Japan ④ | 読聞書話

解答 ▶ p.27

📖 教科書の **要点** 副詞の比較級 better，最上級 best a25

Eight of my students like the kimono activity the best.

└─ like ～ the best 「～が最も好きだ」

私の生徒の中の8人は，着物の活動が最も好きです。

要点

● like を使った文では，比較級には **better** を，最上級には **(the) best** を使う。

例 I like summer very much. 私は夏がとても好きです。

I like summer **better** than winter. 私は冬より夏が好きです。

I like summer **the best** of all the seasons. 私はすべての季節の中で夏が最も好きです。

Wordsチェック 次の英語は日本語に，日本語は英語になおしなさい。

☐(1) further （ ） ☐(2) organize （ ）

☐(3) detail （ ） ☐(4) attach （ ）

☐(5) summary （ ） ☐(6) 提供する ＿＿＿＿＿

☐(7) 機会，好機 ＿＿＿＿＿ ☐(8) ファイル ＿＿＿＿＿

☐(9) 選択，選択権 ＿＿＿＿＿ ☐(10) choose の過去形 ＿＿＿＿＿

よく出る **1** 〔 〕内の語句を並べかえて，日本文に合う英文を書きなさい。

(1) 私は音楽より美術が好きです。

I 〔 than / art / better / music / like 〕.

I ＿＿＿＿＿＿＿＿＿＿＿＿＿＿＿＿＿ .

(2) 彼女は3つの中でこの腕時計がいちばん好きです。

She 〔 best / this watch / of / likes / the 〕 the three.

She ＿＿＿＿＿＿＿＿＿＿＿＿＿ the three.

(3) あなたはリンゴとレモンではどちらが好きですか。

〔 you / better / which / like / do 〕, apples or lemons?

＿＿＿＿＿＿＿＿＿＿＿＿＿, apples or lemons?

ここがポイント

副詞の比較級 **better**，最上級 **best**

● like ～ better than …
「…より～が好きだ」

● like ～ the best
「～がいちばん好きだ」

● 〈Which do〔does〕＋
主語＋ like better, A or B?〉
「AとBではどちらが好きか」

2 次の日本文に合うように，＿＿に適する語を書きなさい。

よく出る(1) 私たちの半分がトムに賛成しました。

＿＿＿＿＿＿＿＿＿ us agreed with Tom.

よく出る(2) 私たちの2，3人がこのDVDが好きです。

A ＿＿＿＿＿＿＿＿＿ us like this DVD.

(3) 私たちの5人がこの歌を知っています。

＿＿＿＿＿＿＿＿＿ us know this song.

ことばメモ

数の表し方

● 〈数＋ of ～〉
「～の…」

● half of ～
「～の半分，半数」

● a couple of ～
「2，3つの～」

 choice は〔tʃɔ́is〕，opportunity は〔ὰpərtjúːnəti〕と発音するよ。

❸ 次の英文は，海外の姉妹校の先生から届いた歓迎会についてのメールの一部です。これを読んで，あとの問いに答えなさい。

Thank you for offering us some choices of activities at the welcome party. Everybody in my class answered your question. I will write a summary in this e-mail. I will attach a file to give you further details.

①[the kimono activity / eight of / like / best / my students / the]. They know kimonos from Japanese movies and manga. They think kimonos are the (②) beautiful thing in Japanese culture.

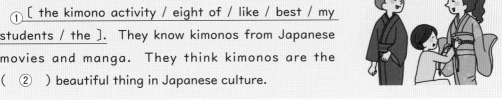

(1) 下線部①が「私の生徒の８人が着物の活動が最も好きです」という意味になるように，[ ]内の語句を並べかえなさい。

(2) ②の( )に適する語を下から選び，記号を○で囲みなさい。
    ア more   イ most   ウ best

(3) 次の文が本文の内容と合っていれば○，異なっていれば×を書きなさい。
    １．メールを書いた先生のクラスの生徒全員が質問に答えました。
    （　　）
    ２．着物の活動が好きな生徒たちは日本の映画や小説で着物を知っています。
    （　　）

長い形容詞の最上級
〈most ＋形容詞〉の形にする。
〈more ＋形容詞〉は比較級。

❹ 次の日本文に合うように，＿＿＿に適する語を書きなさい。
(1) 私たちに加わってくれてありがとう。
    ＿＿＿＿＿＿ you ＿＿＿＿＿＿ joining us.
(2) 私は英語部の一員です。
    I am a ＿＿＿＿＿＿ the English club.
(3) 私たちはあなたの演奏会を楽しみに待ちます。
    We ＿＿＿＿＿＿ ＿＿＿＿＿＿ to your concert.

表現メモ
● thank you for～
「～をありがとう」
● a member of ～
「～の一員」
● look forward to ～
「～を楽しみに待つ」

WRITING Plus
次のようなとき，英語でどのように言うか書きなさい。
(1) 私は兄よりも忙しい，と言うとき。

(2) 私は姉と同じくらい速く走ることができる，と言うとき。

(3) この映画は４つの中でいちばんおもしろい，と言うとき。

確認 のワーク | ステージ **1** | **Take Action!** | **Listen 4** イベントの紹介 | **読** **聞**
Talk 4 一緒に遊園地に行かない？ | **書** **話**

解答 ▶ p.27

教科書の **要点** 誘う / 誘いに応じる・誘いを断る ♪ a26

Why don't we go on a picnic on Sunday? 　　日曜日にピクニックに行きませんか。

誘う 「〜しませんか」

Sure. Thank you. 　　いいですとも。ありがとう。

誘いに応じる 「いいですとも」

I'm sorry, I can't. I have a test. 　　ごめんなさい，できません。私にはテストが
　　あります。

誘いを断る 「ごめんなさい，できません」

要点

● 相手を誘うときは，**Why don't we 〜?**(〜しませんか)を使う。**Let's 〜.**(〜しましょう)，
Shall we 〜?((私たちは)〜しましょうか)などと言ってもよい。

● 誘いに応じるときは，**Sure.**(いいですとも)，**Yes, let's.**(そうしよう)などと言う。

● 誘いを断るときは，**I'd like to, but 〜.**(そうしたいのですが，〜)，**Next time.**(次回に)などと
言う。

Words チェック 次の英語は日本語に，日本語は英語になおしなさい。

□(1) pumpkin 　　(　　　　　　　) 　□(2) anniversary 　　(　　　　　　　)

□(3) I would の短縮形 ＿＿＿＿＿＿＿ 　□(4) ひまな 　　＿＿＿＿＿＿＿

1 次の対話文の(　)に適するものを下から選び，記号で答えなさい。

　A: (　　　　)

　B: I'm sorry, I can't. I have many things to do.

　ア Why don't we play tennis on Sunday?

　イ Why do you play tennis on Sunday?

　ウ Where do you play tennis on Sunday?

まるごと 暗記

誘う表現
● Why don't we 〜?
「〜しませんか」
● Shall we 〜?
「(私たちは)〜しましょ
うか」

2 次の日本文に合うように，＿＿＿に適する語を書きなさい。

(1) 土曜日に遊園地を訪れませんか。

＿＿＿＿＿＿＿ ＿＿＿＿＿＿＿ ＿＿＿＿＿＿＿ visit the

amusement park on Saturday?

(2) [(1)に答えて] いいですとも。ありがとう。

＿＿＿＿＿＿＿. Thank you.

(3) [電話で] ジェーンさんをお願いできますか。

＿＿＿＿＿＿＿ I ＿＿＿＿＿＿＿ ＿＿＿＿＿＿＿ Jane?

(4) [(3)に答えて] 私です。

＿＿＿＿＿＿＿.

ことばメモ

電話の表現
● Can I speak to 〜?
「〜をお願いできます
か」
● Speaking.
「私です」

 解答 p.28

GET Plus 5 演奏の仕方を教えましょう

教科書の 要点　疑問詞＋ to 〜　♪a27

I'll show you **how to** play the Japanese drum. あなたに和太鼓の演奏の仕方を教えましょう。

「どのように〜するか」　〈疑問詞＋ to ＋動詞の原形〉

要点
● 「どのように〜するか，〜の仕方」は〈how to ＋動詞の原形〉で表す。
●〈疑問詞＋ to ＋動詞の原形〉にはほかに，what to 〜（何を〜するか），when to 〜（いつ〜するか），where to 〜（どこへ［で］〜するか）などの言い方がある。

Words チェック　次の英語は日本語に，日本語は英語になおしなさい。
□(1) arrange （　　　　　） □(2) 折りたたむ

1 次の日本文に合うように，　　に適する語を書きなさい。
(1) 私はカレーの料理の仕方を知りたいです。
I want to know ＿＿＿＿＿＿ cook curry.
(2) 彼女は次に何をしたらよいかわかっています。
She knows ＿＿＿＿＿＿ do next.
(3) 彼は私にいつ出発したらよいか伝えました。
He told me ＿＿＿＿＿＿ leave.
(4) 私はどこを訪れたらよいかわかりません。
I don't know ＿＿＿＿＿＿ visit.

ここがポイント
疑問詞＋ to 〜
● how to 〜「どのように〜するか，〜の仕方」
● what to 〜「何を〜するか」
● when to 〜「いつ〜するか」
● where to 〜「どこへ［で］〜するか」

2 〔 〕内の語句を並べかえて，日本文に合う英文を書きなさい。
(1) 私たちは何を買ったらよいかあなたに伝えましょう。
We will 〔 what / tell / buy / you / to 〕.
We will ＿＿＿＿＿＿.
(2) どこにすわったらよいか私に教えてください。
Please 〔 sit / me / to / show / where 〕.
Please ＿＿＿＿＿＿.
(3) 彼はいつケーキを切ったらよいか私たちにたずねました。
He 〔 us / cut / asked / when / a cake / to 〕.
He ＿＿＿＿＿＿.
(4) 私は彼女に着物の身に着け方を教えます。
I'll 〔 a kimono / show / how / put on / to / her 〕.
I'll ＿＿＿＿＿＿.

ミス注意
〈動詞＋A＋B〉の文での〈疑問詞＋to＋動詞の原形〉
❷はいずれも〈動詞＋A（人）＋B（もの）〉の文。「B（もの）」に〈疑問詞＋ to ＋動詞の原形〉を置くことに注意する。

表現メモ
put on「身に着ける」

arrange は［əréindʒ］，fold は［fóuld］と発音するよ。

Take Action! 〜 GET Plus 5

文法のまとめ⑤ 比較

まとめ

① 形容詞の比較級
- 「…よりも〜」は〈比較級＋ than …〉で表す。
- 比較級は基本は形容詞に er のついた形，つづりの長い単語は〈more ＋形容詞〉の形になる。

Aya is　older　than Ken.

English is more interesting than math.

② 形容詞の最上級
- 「…中で最も［いちばん］〜」は〈最上級＋ in[of] …〉で表す。
- 最上級は基本は形容詞に est のついた形，つづりの長い単語は〈most ＋形容詞〉の形になる。

Aya is the　oldest　in the volleyball team.

English is the most interesting of all the subjects.

③ 副詞の比較級・最上級
- 動作について比べて言うときは，副詞を比較級・最上級にする。

比較級の文 Aya runs　faster　than Kumi.

最上級の文 Aya runs (the) fastest in our class.

④ 同等比較
- 「…と同じくらい〜」は〈as ＋形容詞［副詞］＋ as …〉で表す。
- 否定文の not as 〜 as … は「…ほど〜ない」を表す。

Aya is　as tall as Ken.

Aya is not as tall as Ken.（＝Ken is taller than Aya.）

練習

1 次の日本文に合うように，　　に（　）内の語を必要に応じて適する形にかえて書きなさい。
ただし，答えは１語とは限りません。

(1) 私の自転車はあなたのものよりも古いです。

My bicycle is ＿＿＿＿＿＿＿＿＿ than yours. 　(old)

(2) あなたの絵は教室の中で最も美しいです。

Your picture is ＿＿＿＿＿＿＿＿＿ in the classroom. 　(beautiful)

(3) 私の家はこの木と同じくらい高いです。

My house is as ＿＿＿＿＿＿＿＿＿ as this tree. 　(tall)

(4) この町は６つの中でいちばん暑いです。

This town is ＿＿＿＿＿＿＿＿＿ of the six. 　(hot)

(5) このシャツはあのシャツよりも値段が高いです。

This shirt is ＿＿＿＿＿＿＿＿＿ than that one. 　(expensive)

(6) ジーンは彼女のお姉さんよりも熱心に働きます。

Jean works ＿＿＿＿＿＿＿＿＿ than her sister. 　(hard)

文法 のまとめ⑤ 　疑問詞＋ to ...

読 聞
書 話

まとめ --

① 疑問詞（how など）＋ to 〜

● 〈疑問詞＋ to ＋動詞の原形〉で使い、「どのように〜するか」「何を〜するか」などを表し、次のような表現がある。

〈how to ＋動詞の原形〉「どのように〜するか」　〈what to ＋動詞の原形〉「何を〜するか」

〈when to ＋動詞の原形〉「いつ〜するか」　〈where to ＋動詞の原形〉「どこへ[で]〜するか」

● 〈疑問詞＋ to ＋動詞の原形〉は文中で動詞の目的語になる。

I know **how to play** the piano. ← how to 〜は know の目的語
　動詞　　　目的語

I showed her **how to play** the piano. ← 目的語が2つの文
　動詞　　人　　もの　　　　　　　how to 〜は「もの」の位置に置く

練習 --

よく出る

1 （　）内の日本語を参考にして、＿＿＿に適する語を書きなさい。

(1) Kevin doesn't know ＿＿＿＿＿＿＿ to go. （どこへ行ったらよいか）

(2) I know ＿＿＿＿＿＿＿ to use the machine. （その機械の使い方）

(3) Do you know ＿＿＿＿＿＿＿ to visit him? （いつ彼を訪れたらよいか）

(4) We know ＿＿＿＿＿＿＿ to make for her. （何を作ったらよいか）

2 次の英文を日本語になおしなさい。

(1) She showed me how to arrange flowers.

　（　　　　　　　　　　　　　　　　　　　　　　　　　　　　　）

(2) My father doesn't know what to cook for dinner.

　（　　　　　　　　　　　　　　　　　　　　　　　　　　　　　）

3 〔　〕内の語句を並べかえて、日本文に合う英文を書きなさい。

よく出る

(1) 私は駅までの行き方を知りたいです。

I want 〔 how / know / get to / to / to 〕 the station.

I want ＿＿＿＿＿＿＿＿＿＿＿＿＿＿＿＿＿＿＿ the station.

(2) いつリサに電話をかけたらよいのか私に話してください。

Please 〔 call /me / to / tell / when 〕 Lisa.

Please ＿＿＿＿＿＿＿＿＿＿＿＿＿＿＿＿＿＿＿ Lisa.

(3) どこにかばんを置いたらよいのか彼に教えてくれませんか。

Will you 〔 him / put / where / show / to 〕 his bag?

Will you ＿＿＿＿＿＿＿＿＿＿＿＿＿＿＿＿＿＿＿ his bag?

文法のまとめ⑤

解答 p.29

確認のワーク　ステージ1　Project 2 ▶ 修学旅行のプランを提案しよう　読 聞 書 話

教科書の 要点　修学旅行のプランを紹介する　 ♪ a28

Himeji in Hyogo is famous for a beautiful castle.
「〜で有名だ」
兵庫県の姫路は美しい城で有名です。

You must visit the castle.
「〜を訪れなければならない」
あなたはその城を訪れなければなりません。

要点
- 修学旅行のプランを紹介するときは，「〜で有名だ」などの文で，旅行先の長所などを述べ，そのあとで「〜を訪問しなければならない」などと続けるとよい。
- We recommend 〜.(私たちは〜を推薦します)などで始めてもよい。
- 本文では，They show you 〜.(それらはあなたたちに〜を見せます[教えます])などで，その旅行先で得られることなどを述べるのもよい。

Wordsチェック　次の英語は日本語に，日本語は英語になおしなさい。

- □(1)　landscape　（　　　　　　　）
- □(2)　snowboarding　（　　　　　　　）
- □(3)　調査　＿＿＿＿＿＿＿＿
- □(4)　結果，成果　＿＿＿＿＿＿＿＿

1 次の日本文に合うように，＿＿＿に適する語を書きなさい。

(1) 北海道の旭川は動物園で有名です。
Asahikawa in Hokkaido ＿＿＿＿＿＿＿＿＿＿＿＿＿ a zoo.

(2) [(1)に続けて]あなたはその動物園を訪れなければなりません。
You ＿＿＿＿＿＿＿＿＿＿＿＿＿ the zoo.

(3) その場所は北海道で最もよい景色のうちの1つです。
That place is ＿＿＿＿＿＿＿ of the ＿＿＿＿＿＿＿ in Hokkaido.

まるごと暗記
名所・施設を表すことば
castle	「お城」
temple	「寺院」
shrine	「神社」
zoo	「動物園」
aquarium	「水族館」
museum	「博物館,美術館」

2 絵里香は修学旅行のプランについて企画書を書きます。
メモを参考に，企画書を完成させなさい。

(1) Hakone in Kanagawa ＿＿＿＿＿＿＿＿＿＿＿＿＿.
(2) You ＿＿＿＿＿＿＿ Hakone. There is a famous lake in Hakone. A lot of people visit it every year. There is an old shrine there, too.
(3) It ＿＿＿＿＿＿＿＿＿＿＿＿＿＿＿.

メモ
・神奈川の箱根は温泉で有名。
・あなたは箱根を訪れないといけない。
・箱根には人気のある湖があり，毎年多くの人々がそこを訪れる。
・古い神社もあって，あなたに日本の歴史を教えてくれる。

 result は[rizʌ́lt]と発音するよ。

形容詞・副詞の比較変化

 形容詞，副詞のいろいろな比較変化の形を学習したね。
まとめて復習しようね。

1 -er，-est をつける単語

原級	比較級	最上級
fast(速い)	faster	fastest
high(高い)	higher	highest
long(長い，長く)	longer	longest
old(古い)	older	oldest
short(短い)	shorter	shortest
small(小さい，狭い)	smaller	smallest
tall(背の高い)	taller	tallest
warm(暖かい)	warmer	warmest
large(大きい，広い)	larger	largest
busy(忙しい)	busier	busiest
happy(幸福な，楽しい)	happier	happiest
hot(熱い，暑い)	hotter	hottest

-er，-est のつけ
方はきまりを覚え
れば，簡単だよ！

→語尾が -e の語は -r，-st をつける

}語尾が〈子音字 + y〉の語は y を i にかえて，
-er，-est をつける

→最後の文字を重ねて -er，-est をつける

2 more，most をつける単語

原級	比較級	最上級
beautiful(美しい)	more beautiful	most beautiful
difficult(難しい)	more difficult	most difficult
easily(たやすく)	more easily	most easily
exciting(わくわくさせるような)	more exciting	most exciting
expensive(高価な，高い)	more expensive	most expensive
famous(有名な)	more famous	most famous
important(重要な)	more important	most important
interesting(おもしろい)	more interesting	most interesting
popular(人気のある)	more popular	most popular
useful(役に立つ)	more useful	most useful

3 不規則に変化する単語

原級	比較級	最上級
good(よい)，well(上手に)	better	best
many([数]たくさんの) much([量]たくさんの)	more	most

Project 2 ～ プラスワーク

定着のワーク　ステージ2　**Lesson 5 〜 Project 2**　読聞書話

解答 ▶ p.29

1 LISTENING 英文を聞いて，その内容に合う絵を下から選び，その記号を書きなさい。

♪109

(1)

(2)

(1) (　　　)　(2) (　　　)

2 次の文の(　)内から適する語を選び，○で囲みなさい。

(1) My unicycle is as (new / newer / newest) as yours.

(2) The lake is the (deep / deeper / deepest) in Japan.

(3) I think curry is (better / more / most) delicious than pizza.

3 次の日本文に合うように，＿＿に適する語を書きなさい。

(1) 私はギターの演奏の仕方を知っています。

I know ＿＿＿＿＿＿＿ ＿＿＿＿＿＿＿ play the guitar.

(2) トーマスは青色よりも赤色が好きです。

Thomas likes red ＿＿＿＿＿＿＿＿＿＿＿ blue.

(3) パーティーで楽しみましょう。

Let's ＿＿＿＿＿＿＿＿＿＿＿ at the party.

(4) 私たちの半分がそのとき写真を撮りました。

＿＿＿＿＿＿＿ ＿＿＿＿＿＿＿ us took pictures then.

4 次の各組の文がほぼ同じ内容になるように，＿＿に適する語を書きなさい。

(1) { Your umbrella is longer than mine.
　　 My umbrella is ＿＿＿＿＿＿＿＿＿＿＿ yours.

(2) { Math is easier than art for me.
　　 Art is ＿＿＿＿＿＿＿＿＿ than math for me.

(3) { My bag is heavier than yours.
　　 Your bag is not as ＿＿＿＿＿＿＿＿＿ mine.

重要ポイント

1 (1)(2)比較級や最上級の内容，また主語の人物がだれか，そして比べる対象の人物名などを聞き取る。

2 (1)前後の as に注目。
(2)前の the，後ろの in に注目。
(3)後ろの than に注目。

テストに出る！

比較の文

● 〈比較級 ＋ than …〉「…よりも〜」

● 〈the ＋最上級 ＋ in [of] …〉「…の中で最も[いちばん〜]」

● 〈as ＋形容詞[副詞] ＋ as …〉「…と同じくらい〜」

3 (1)「〜の仕方」は〈疑問詞 ＋ to ＋動詞の原形〉で表す。
(2) better は「…よりも〜が好き」という文でも使われる。
(4)「半分」は half で表す。

4 (1)(2)反対の意味のことばを使う。

反対の意味のことば
long ↔ short
easy ↔ difficult
new, young ↔ old
large, big ↔ small

⑤ 次の対話文を読んで，あとの問いに答えなさい。

Mr. Oka: ①〔 smaller / Japan / it's / than 〕.

Jing: I see. Where are the students from?

Mr. Oka: Auckland on the North Island.

It's the ② (large) city in New Zealand.

(1) 下線部①が「それは日本よりも小さいです」という意味になる
ように，〔 〕内の語を並べかえなさい。

(2) ②の（ ）内の語を適する形にしなさい。

(3) 本文の内容と合うように，（ ）に適する日本語を書きなさい。
生徒たちは③（ ）にある④（ ）という都
市からやって来ます。

⑥〔 〕内の語句を並べかえて，日本文に合う英文を書きなさい。

_{よく出る}(1) 浅間山はあの山よりも高いです。
〔 than / is / that mountain / higher / Mt. Asama 〕.

(2) 私は兄よりも速くスケートですべります。
〔 my brother / skate / than / I / faster 〕.

_{レベルUP}(3) すべての中で何がいちばん大切ですか。
〔 of / the / important / what / most / is 〕 all?

all?

(4) 私たちはエマに何を勉強したらよいか伝えました。
〔 what / we / to / told / study / Emma 〕.

⑦ 次の日本文を英語になおしなさい。

(1) 森先生(Ms. Mori)はあなたのお父さんと同じくらい有名です。

_{よく出る}(2) あのドレスはその店でいちばんかわいいです。

(3) 私にとってバスケットボールは野球よりもわくわくします。

(4) ［電話で］ ジェニー(Jenny)さんをお願いできますか。

重要ポイント

⑤ (1)〈比較級＋than …〉
の語順にする。
(2)前の the，あとの in
に注目する。

⑥ (1)形容詞の比較級の
文。
(2)副詞の比較級の文。動
詞のあとに〈比較級＋
than …〉を続ける。
(3)「大切な」は important。
3音節以上の語なので最
上級は前に most を置く。

テストに出る!

疑問詞＋to ～
●〈how to ＋動詞の原
形〉
「どのように～するか，
～の仕方」
●〈what to ＋動詞の
原形〉「何を～するか」
●〈when to ＋動詞の
原形〉「いつ～するか」
●〈where to ＋動詞の
原形〉「どこへ［で］～
するか」

⑦ (1)同等比較の文。
(2)最上級の文。「かわい
い」は pretty。
(3)比較級の文。「わくわ
くする」は exciting。

Lesson 5 ～ Project 2

_{ちょっと} **BREAK** happy の反対の意味の単語は sad だね。では early の反対は何でしょう。 ➡答えは次のページ

解答 ▶ p.30

実力判定テスト　ステージ3　Lesson 5 〜 Project 2

30分　　/100　読聞書話

1 LISTENING 対話を聞いて，その内容と合っているものを下から選び，記号を○で囲みなさい。

♪ l10　3点×2（6点）

(1)　ア　Bob often has tea and cookies for breakfast.

　　イ　Eri likes coffee better than tea.

　　ウ　Eri often enjoys having coffee and cookies after dinner.

(2)　ア　Takeshi's bag was more expensive than Jenny's.

　　イ　Takeshi's bag was as expensive as Jenny's.

　　ウ　Takeshi's bag was not as expensive as Jenny's.

2 次の日本文に合うように，＿＿に適する語を書きなさい。　3点×3（9点）

(1)　私はいつテストを受けたらよいのかわかりません。

　　I don't know ＿＿＿＿＿＿＿＿＿＿＿＿ take a test.

(2)　彼らは2，3日前にその塔を訪れました。

　　They visited the tower a ＿＿＿＿＿＿＿＿ days ago.

(3)　私たちの学校に来てくれてありがとう。

　　＿＿＿＿＿＿＿＿＿＿＿＿ coming to our school.

3 次の文を（　）内の指示にしたがって書きかえなさい。　4点×3（12点）

(1)　The girl is happy.　（「あなたたちと同じくらい幸せです」という文に）

　　＿＿＿＿＿＿＿＿＿＿＿＿＿＿＿＿＿

(2)　The picture is valuable.　（「8つの中でいちばん貴重です」という文に）

　　＿＿＿＿＿＿＿＿＿＿＿＿＿＿＿＿＿

(3)　This island is larger than that one.

　　（That island で始めて比較級を使ってほぼ同じ内容の文に）

4 〔　〕内の語句を並べかえて，日本文に合う英文を書きなさい。ただし，下線部の語を適する形（1語とは限らない）になおすこと。　5点×3（15点）

(1)　トムはボブよりも早く起きます。　〔 early / Bob / Tom / than / gets up 〕.

　　＿＿＿＿＿＿＿＿＿＿＿＿＿＿＿＿＿

(2)　この象は動物園で最も大きいです。　〔 in / is / the zoo / the / this elephant / big 〕.

　　＿＿＿＿＿＿＿＿＿＿＿＿＿＿＿＿＿

(3)　私のコンピューターはこのコンピューターよりも役に立ちます。

　　〔 than / is / this one / useful / my computer 〕.

　　＿＿＿＿＿＿＿＿＿＿＿＿＿＿＿＿＿

ちょっとBREAKの答え　early は「早く」だから，反対の意味の単語は「遅く」を表す late だね。

自分の得点まで色をぬろう!
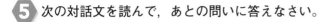
😣がんばろう　😐もう一歩　😊合格!
0　　　　　　　　60　　80　100点

5 次の対話文を読んで，あとの問いに答えなさい。 (計22点)

Riku: This table compares some popular activities for foreign tourists.

Jing: ① わかりました。 ② Sightseeing is the most popular activity on the list.

Riku: ③ Yes, and 〔 popular / cultural activities / more / than / are 〕 shopping.

(1) 下線部①を2語の英語になおしなさい。 (3点)

_____ .

(2) 下線部②を日本語になおしなさい。 (4点)

(　　　　　　　　　　　　　　　　　　　　)

(3) 下線部③の〔　〕内の語句を並べかえて，意味の通る英文にしなさい。 (5点)

Yes, and _____ shopping.

(4) 次の文が本文の内容と合っていれば○，異なっていれば×を書きなさい。 5点×2(10点)

1. You can see some popular activities for Japanese tourists if you see the list.

(　)

2. Sightseeing is more popular than cultural activities.

(　)

6 次の日本文を英語になおしなさい。 6点×4(24点)

(1) 美紀(Miki)は耕司(Koji)よりも熱心に英語を勉強します。

(2) 私は彼らにそば(soba)の作り方を教えました。

(3) その選手は私たちの先生と同じくらい強いです。

(4) 私たちはまたあなたに会うのを楽しみに待ちます。

7 次の質問に，あなた自身の答えを英語で書きなさい。 6点×2(12点)

(1) Who is the youngest in your family?

(2) What subject do you like the best?

Lesson 5 ～ Project 2

解答 ▶ p.31

ステージ **1** Lesson 6 ▶ Tea from China ①

読 聞
書 話

教科書の 要点 「ずっと〜しています」(現在完了形 継続用法) ♪ a29

I **have lived** in this town for many years.

have ＋過去分詞

for ＋期間を表す語句

私はこの町に何年もの間ずっと住んでいます。

Miki **has lived** in this town since 2016.

主語が3人称単数のとき

since ＋スタートの時点を表す語句

美紀はこの町に2016年からずっと住んでいます。

要点

● 〈have[has] ＋動詞の過去分詞〉の形を現在完了形という。過去分詞は動詞の変化形の1つで、規則動詞は過去形と同じ形。
● 「(ずっと)〜しています」という意味は現在完了形で表す。これを継続用法という。
● 現在完了形の継続用法は、過去に始まったことが今も続いていることを表す。
● 主語が3人称単数のときは have のかわりに has を使う。

プラス 現在完了形の継続用法では for や since をよく使う。
　・for ＋期間を表す語句→「〜の間」　　　　　例 for many years　何年もの間
　・since ＋スタートの時点を表す語句→「〜から、〜以来」　例 since 2016　2016年から

Words チェック 次の英語は日本語に、日本語は英語になおしなさい。

□(1) dragon （　　　　　　） □(2) plenty （　　　　　　）

□(3) nearly （　　　　　　） □(4) I have の短縮形 ＿＿＿＿＿＿

□(5) keep の過去分詞 ＿＿＿＿＿＿ □(6) know の過去分詞 ＿＿＿＿＿＿

1 次の日本文に合うように、＿＿＿に適する語を書きなさい。

よく出る (1) 私はこの市に3年間ずっと住んでいます。

I ＿＿＿＿＿＿＿＿＿＿＿ in this city ＿＿＿＿＿＿

three years.

(2) 私の弟は2019年からサッカーをしています。

My brother ＿＿＿＿＿＿＿ ＿＿＿＿＿＿＿ soccer

＿＿＿＿＿＿＿ 2019.

(3) 彼らは約2年間、英語を勉強しています。

They ＿＿＿＿＿＿＿ ＿＿＿＿＿＿＿ English

＿＿＿＿＿＿＿ about two years.

2 次の（　）内から適する語句を選んで、○で囲みなさい。

(1) He (worked / has worked) in the U.K. six years ago.

(2) We (live / lived / have lived) in this house since 2017.

(3) She has stayed in Seattle (for / since) two weeks.

(4) I have learned Spanish (for / since) I was ten.

ミス注意

現在完了形(継続用法)
● 〈主語 ＋ have[has] ＋動詞の過去分詞〜.〉
「(ずっと)〜しています」
● 主語によって have と has と使い分けること、動詞の過去分詞に注意する。

ここが ポイント

過去形と現在完了形
(1)〜ago(〜前)のように明らかに過去を表す語句がある場合は過去形を使う。ただし、since yesterday のように since を伴う場合は現在完了形を使う。

くふ kept は[képt]、known は[nóun]と発音するよ。

よく出る **3** 絵を見て，「…は２年間ずっと～しています」という文を書きなさい。

(1)	(2)	(3)	(4)
play the piano	study Japanese	use this computer	practice *judo*

(2) 私は寿司が　好きです

(1) My sister ＿＿＿＿＿＿＿＿＿＿＿ the piano
＿＿＿＿＿＿ two years.

(2) Mr. Green ＿＿＿＿＿＿＿＿＿＿＿＿＿＿＿ .

(3) I ＿＿＿＿＿＿＿＿＿＿＿＿＿＿＿＿＿＿＿ .

(4) They ＿＿＿＿＿＿＿＿＿＿＿＿＿＿＿＿＿ .

ミス注意

have と has の使い分け
主語が３人称単数のとき
は has を使い，それ以外
では have を使う。

よく出る **4** 〔　〕内の語句を並べかえて，日本文に合う英文を書きなさい。

(1) 私たちは30年間その物語がずっと大好きです。
We 〔 for / loved / thirty years / have / the story 〕.
We ＿＿＿＿＿＿＿＿＿＿＿＿＿＿＿＿＿ .

(2) 彩は１か月ずっと中国に滞在しています。
Aya 〔 stayed / a month / in China / has / for 〕.
Aya ＿＿＿＿＿＿＿＿＿＿＿＿＿＿＿＿ .

(3) 彼らは先週からずっと福岡にいます。
They 〔 last week / in Fukuoka / have / since / been 〕.
They ＿＿＿＿＿＿＿＿＿＿＿＿＿＿＿ .

ここが ポイント

現在完了形の文
継続用法は「（ずっと）～
している」を表す。主語
のあとに〈have[has]＋
動詞の過去分詞〉を続け
る。「～の間」というと
きは for ～を，「～から，
～以来」というときは
since ～を使う。

Lesson 6

5 次の日本文に合うように，＿＿＿に適する語を書きなさい。

(1) 健はたくさんの写真を撮りました。
Ken took ＿＿＿＿＿＿＿＿＿＿＿＿ pictures.

(2) 私の兄は17歳です。
My brother is seventeen ＿＿＿＿＿＿＿＿＿＿＿ .

表現メモ

● plenty of ～
「たくさんの～」
● ～ year(s) old
「～歳」

6 Word Box （　）内の日本語を参考に，＿＿＿に適する語を書きなさい。

(1) I have ＿＿＿＿＿＿ the letter for a year. （持ち続ける）

(2) He has ＿＿＿＿＿＿ a dog since last summer. （ほしい）

(3) We ＿＿＿＿＿＿＿＿＿＿ to the history club since
last year. （昨年から歴史部に所属している）

(4) He ＿＿＿＿＿＿＿＿＿ a baseball fan for two
years. （２年間ずっと野球ファンである）

まるごと 暗記

**現在完了形の継続用法で
よく使われる動詞 (1)**
● keep 「持ち続ける」
● want 「ほしい」
● belong 「所属する」
● live 「住んでいる」
● study 「勉強する」

解答 p.32

Lesson 6 Tea from China ②   読 聞 書 話

教科書の 要点 「ずっと～していますか」／「どれくらい（長く）～していますか」 ♪ a30

I have lived in this town for a long time.

Have you ☐☐☐ lived in this town for a long time?

← Have を主語の前に置く

あなたはこの町に長い間住んでいますか。

— Yes, I have. / No, I have not.

—はい，住んでいます。／いいえ，住んでいません。

要点1

● 「（ずっと）～していますか」という疑問文は have[has] を主語の前に出す。

● 答えるときは Yes, ～ have[has]. か No, ～ have[has] not. を使う。

プラス 現在完了形で使われる否定の短縮形。have not → haven't　has not → hasn't

How long have you lived in this town?

疑問文の語順

あなたはこの町にどれくらい長く住んでいますか。

— For five years. / Since I was ten.

for ＋期間　　since ＋スタートの時点

—5年間住んでいます。／
　10歳の時から住んでいます。

要点2

● 「どれくらい（長く）～していますか」と継続の期間をたずねるときは〈How long ＋ have[has] ＋主語＋動詞の過去分詞～?〉で表す。

● 期間を答えるときは for ～（～の間），スタートの時点を答えるときは since ～（～から）を使う。

Wordsチェック 次の英語は日本語に，日本語は英語になおしなさい。

□(1) coach （　　　　　）　□(2) leader （　　　　　）

□(3) flowering （　　　　　）　□(4) 管理する人 ＿＿＿＿＿

□(5) 主要な ＿＿＿＿＿　□(6) 用意ができて ＿＿＿＿＿

よく出る 1 絵を見て例にならい，「…は長い間～していますか」という文を書きなさい。

例　you / play basketball

(1) he / want a toy

(2) they / live in Sydney

(3) Mr. Kato / be a teacher

例　Have you played basketball for a long time?

(1) ＿＿＿＿＿ he ＿＿＿＿＿ a toy for a long time?

(2) ＿＿＿＿＿＿＿＿＿＿＿ for a long time?

(3) ＿＿＿＿＿＿＿＿＿＿＿

ここがポイント

現在完了形の疑問文
〈Have[Has] ＋主語＋動詞の過去分詞～?〉

lead は [líːd]，ready は [rédi] と発音するよ。ea の部分の発音のちがいに注意しよう。

2 次の対話が成り立つように，＿＿＿に適する語を書きなさい。

(1) A: Have you enjoyed swimming for a year?
　　B: Yes, I ＿＿＿＿＿＿＿＿ .

(2) A: Has your sister used this cup since then?
　　B: No, she ＿＿＿＿＿＿ ＿＿＿＿＿＿ .

(3) A: How long have they learned Spanish?
　　B: ＿＿＿＿＿＿ five years.

(4) A: How long has he worked at that store?
　　B: ＿＿＿＿＿＿ last year.

ここが ポイント

〈Have[Has]＋主語＋動詞の過去分詞〜?〉への答え方
●「はい」のとき
　Yes, 〜 have[has].
●「いいえ」のとき
　No, 〜 have[has] not.

3 〔 〕内の語句を並べかえて，日本文に合う英文を書きなさい。

(1) あなたは先月からこのホテルに滞在していますか。
〔 stayed / since / have / at this hotel / you 〕 last month?
＿＿＿＿＿＿＿＿＿＿＿＿ last month?

(2) 彼女は1週間ずっと忙しいですか。
〔 busy / she / for / been / has 〕 a week?
＿＿＿＿＿＿＿＿＿＿＿＿ a week?

(3) あなたはどれくらい長く剣道を練習していますか。
〔 you / long / practiced / have / how 〕 kendo?
＿＿＿＿＿＿＿＿＿＿＿＿ kendo?

(4) [(3)に答えて] 私が8歳のときからです。
〔 I / eight / since / was 〕.
＿＿＿＿＿＿＿＿＿＿＿＿ .

ここが ポイント

〈How long have[Has]＋主語＋動詞の過去分詞〜?〉への答え方
●期間を答えるとき
　for 〜 「〜の間」
●スタートの時点を答えるとき
　since 〜
　「〜から，〜以来」。「〜」には，I was ten のような〈主語＋動詞〜〉の文を続けてもよい。

Lesson 6

4 次の日本文に合うように，＿＿＿に適する語を書きなさい。

(1) あなたは長い間ここに住んでいますか。
Have you lived here for a ＿＿＿＿＿＿ ＿＿＿＿＿＿ ?

(2) [(1)に答えて] いいえ，住んでいません。
No, ＿＿＿＿＿＿＿＿＿＿ .

表現メモ

●for a long time 「長い間」
●haven't
　have not の短縮形

5 ( )内の日本語を参考に，＿＿＿に適する語を書きなさい。

(1) Have you ＿＿＿＿＿＿ the radio for a year? （使う）

(2) Has he ＿＿＿＿＿＿ in Kobe since last week? （滞在する）

(3) ＿＿＿＿＿＿ you ＿＿＿＿＿＿ Tom for four years?
（トムを4年間，知っている）

(4) ＿＿＿＿＿＿ she ＿＿＿＿＿＿ in Kyoto since last Sunday? （この前の日曜日から京都にいる）

まるごと暗記

現在完了形の継続用法でよく使われる動詞(2)
use 「使う」
stay 「滞在する」
know 「知っている」
learn 「習う」
practice 「練習する」

確認のワーク **ステージ1** Lesson 6 Tea from China ③ 読聞書話

📖 教科書の **要点** 記事の概要をつかむ ♪a31

Generally, there are six types of tea. 　　一般に，6つの種類のお茶があります。

一般に ┗━[概要を述べるときなどに使う]

要点 ‥‥‥‥‥‥‥‥‥‥‥‥‥‥‥‥‥‥‥‥‥‥‥‥‥‥‥‥‥‥‥‥‥‥‥‥

● 記事では，generally(一般に)のあとには概要が示される。
● 具体例は for example(たとえば)などのあとに，記事のまとめは in this way(このようにして〜)などのあとに書かれていることが多い。

Words チェック 次の英語は日本語に，日本語は英語になおしなさい。

- □(1) sincerely （　　　　　　　） □(2) wrap （　　　　　　　）
- □(3) gift （　　　　　　　） □(4) rich （　　　　　　　）
- □(5) active （　　　　　　　） □(6) 型，種類 ＿＿＿＿＿＿＿
- □(7) 食事 ＿＿＿＿＿＿＿ □(8) 準備する，作る ＿＿＿＿＿＿＿
- □(9) 薬 ＿＿＿＿＿＿＿ □(10) leaf の複数形 ＿＿＿＿＿＿＿

❶ 次の英文を日本語になおしなさい。

(1) Generally, rice is popular in our prefecture.
（　　　　　　　　　　　　　　　　　　　　　　　　　　　　）

(2) For example, my grandparents grow rice.
（　　　　　　　　　　　　　　　　　　　　　　　　　　　　）

(3) In this way, we can eat delicious rice.
（　　　　　　　　　　　　　　　　　　　　　　　　　　　　）

ここがポイント

概要をとらえるときに注意する表現
● Generally, 〜.
「一般に，〜」
● For example, 〜.
「たとえば，〜」
● In this way, 〜.
「このようにして，〜」

❷ 次の日本文に合うように，＿＿＿に適する語を書きなさい。

よく出る (1) 私の庭には7つの種類の花があります。
There are seven ＿＿＿＿＿＿＿ ＿＿＿＿＿＿＿ flowers in my garden.

(2) 私たちはほかのどのお茶よりも緑茶をたくさん飲みます。
We drink ＿＿＿＿＿＿＿ green tea ＿＿＿＿＿＿＿ ＿＿＿＿＿＿＿ other tea.

よく出る (3) この飲み物はその国では1800年代から人気があります。
This drink ＿＿＿＿＿＿＿ ＿＿＿＿＿＿＿ popular ＿＿＿＿＿＿＿ 1800s in the country.

ここがポイント

比較級
(2)〈比較級＋than any other＋単数名詞〉
「ほかのどの…よりも〜」という意味。
比較級を使って最上級の内容を表している。

🐸 type は[táip]，prepare は[pripéər]と発音するよ。

3 次の英文を読んで，あとの問いに答えなさい。

Tea has its roots in China. We Chinese have ① (enjoy) tea (②) thousands of years. We drink it with every meal.

Experts think that Chinese people first used tea as a kind of medicine. They soon learned that tea also made people active and realized that it was delicious. It became a popular drink during the 700s, almost 1,300 years ago.

(1) ①の( )内の語を適する形にかえなさい。

(2) ②の( )に適する語を下から選び，記号を○で囲みなさい。

　　ア　for　　イ　since　　ウ　from

(3) 本文の内容と合うように，( )に適する日本語を書きなさい。

　１．お茶はその(　　　　　　　　)が中国にあります。

　２．中国の人たちは最初お茶を(　　　　)の一種として使用しました。

(4) 本文の内容に合うように，次の問いに英語で答えなさい。

　１．What do Chinese people drink with every meal?

　２．Did tea become a popular drink during the 700s?

「～の間」と「～から，以来」

「～の間」と期間を示すときはforを，「～から，～以来」とスタートの時点を示すときはsinceを使う。

4 〔 〕内の語句を並べかえて，日本文に合う英文を書きなさい。

(1) コーヒーは世界への最も偉大な贈り物の１つです。

　〔 one of / greatest / coffee / the / gifts / is 〕 to the world.

　　　　　　　　　　　　　　　　　　　　　　to the world.

(2) 秋は私たちのクラスで２番目に人気のある季節です。

　〔 most / is / second / season / the / fall / popular 〕 in my class.

　　　　　　　　　　　　　　　　　　　　　in my class.

まるごと暗記

比較に関するさまざまな表現
〈one of the ＋最上級＋複数形〉
「最も…な～のうちの１つ」
〈the ＋序数＋最上級〉
「…番目に～な」

Lesson 6

WRITING Plus

次の各問いに，あなた自身の答えを英語で書きなさい。

(1) Have you lived in your town for a long time?

(2) Have you played basketball for a year?

(3) How long have you studied English?

解答 p.33

確認のワーク ステージ1 Take Action! Listen 5 ラジオニュース / Talk 5 お手伝いしましょうか 読 聞 書 話

教科書の 要点 申し出る / 困っていることを伝える ♪ a32

Can I help you?
申し出る

お手伝いしましょうか。

I have a problem. I can't find my wallet.
困っていることを伝える

（私には）問題があります。
私は私の財布を見つけられません。

要点

● 申し出るときは, Can I help you? のほかに, Do you need some help? (あなたは助けを必要としていますか), What's the matter with you? (いったいどうしたの?), Shall I 〜? ((私は)〜しましょうか)などを使ってもよい。

● 困っていることを伝えるときは, I am in trouble.(私はトラブルに巻き込まれています), I have a problem. などを使う。

Words チェック 次の英語は日本語に, 日本語は英語になおしなさい。

□(1) missing （　　　　　　） □(2) escape （　　　　　　）

□(3) 困った事 the ＿＿＿＿＿ □(4) 列車，電車

1 次の対話文の( )に入るものを下から選び, 記号を○で囲みなさい。

A: (①)

B: Yes, please. (②) I can't find my bag. I think it fell out on the street.

A: Oh, no. (③)

B: Thank you very much.

① ア Can you help me? イ Can I help you?

② ア I have a problem. イ I have a test.

③ ア Shall I ask a police officer for help?

　 イ Do you ask a police officer for help?

2 次の日本文に合うように, ＿＿＿ に適する語を書きなさい。

(1) あなたを駅まで連れて行きましょうか。

＿＿＿＿＿＿＿＿＿＿＿＿ take you to the station?

(2) [(1)に答えて]本当に感謝します。

I really ＿＿＿＿＿ it.

(3) 私はあの男性に助けを求めるつもりです。

I will ＿＿＿＿＿ that man ＿＿＿＿＿ help.

 under：〜の下に，〜の下の[を，で]

まるごと暗記

申し出る表現

● Can I help you?
「お手伝いしましょうか」

● Shall I 〜?
「(私は)〜しましょうか」

● Do you need some help?
(あなたは助けを必要としていますか)

問題を伝える表現

● I have a problem.
「私には問題があります」

● I am in trouble.
「私はトラブルに巻き込まれています」

表現メモ

● I appreciate it.
「感謝します」

● ask for 〜
「〜を求める」

確認のワーク ステージ**1** **GET Plus 6** 大きい声で話していただけますか 読聞書話

教科書の 要点 「〜していただけますか」 ♪ a33

Could you speak louder, please?　もっと大きい声で話していただけますか。

「〜していただけますか」

— Yes, of course.　－もちろん。

要点

●「〜していただけますか」とていねいに依頼するときは Could you 〜? を使う。Can[Will] you 〜? よりもていねいな表現。また，文末に〈, please〉を置くと，よりていねいになる。

プラス 相手に依頼する言い方のまとめ

□〜(命令文), please.　　　　　どうぞ〜してください。
□Can you 〜? / Will you 〜?　〜してくれませんか。(Could you 〜? よりもくだけた表現)
□Could you 〜?　　　　　　　〜していただけますか。(ていねいな依頼)

Wordsチェック 次の英語は日本語に，日本語は英語になおしなさい。

□(1) handout　（　　　　　）　□(2) volume　（　　　　　）

□(3) コピー，複製 _____　□(4) ゆっくりと _____

1 次の日本文に合うように，_____ に適する語を書きなさい。

よく出る (1) もう一度言っていただけますか。－もちろん。

_____ say that again?

－ _____ , of course.

(2) プリントを私にいただけますか。－もちろん。

_____ give me a handout,

_____ ? － Yes, _____ _____ .

(3) 問題を解決していただけますか。－残念ですが，できません。

_____ solve the problem?

－ _____ I can't.

ここがポイント

「〜していただけますか」の言い方
Could you 〜? は「〜していただけますか」とていねいな依頼を表す。「もちろん」と承諾するときは，Yes, of course. などと答える。
「残念ですが，できません」は I'm afraid I can't. と言う。

2 [ ]内の語句や符号を並べかえて，日本文に合う英文を書きなさい。

よく出る (1) 音量を大きくしていただけますか。

[turn up / could / the volume / you]?

_____

(2) 私の勉強を確認していただけますか。

[you / please / check / could / my work / ,]?

_____

表現メモ

Could you 〜, please?
「〜していただけますか」という文で，文末に〈, please〉をつけるとよりていねいになる。please は「どうぞ，すみませんが」を表す。

slowly は [slóuli]，copy は [kápi] と発音するよ。

定着のワーク　ステージ**2**　**Lesson 6 〜 GET Plus 6**

解答 ▶ p.34

読｜聞
書｜話

🎧 **1** LISTENING　対話を聞いて，内容と合っていれば○，異なっていれば×を書きなさい。

♪ l11

(1) (　　　) (2) (　　　) (3) (　　　)

重要ポイント

1 (3)職業や施設を表す名詞の聞き取りに注意する。

---

2 次の文の（　）内から適する語を選び，○で囲みなさい。

(1) I have (play / played / playing) tennis for two years.

(2) He has (was / be / been) a teacher since 2012.

(3) How long have you enjoyed camping?
　　−(From / For / Since) 2019.

(4) How long has your sister worked there?
　　−(For / Since / In) four years.

2 (3)(4)

テストに◎出る！
〈How long + have [has]＋主語＋動詞の過去分詞 〜?〉の答え方
●「〜の間」（期間）
　〈for＋期間〉
●「〜から，〜以来」（スタートの時点）
　〈since＋スタートの時点〉

---

3 次の日本文に合うように，＿＿に適する語を書きなさい。

(1) 先週からずっと雨が降っています。
　　It ＿＿＿＿＿＿＿＿＿＿ rainy since last week.

(2) 私たちは10年間ずっと中国語を学んでいます。
　　We ＿＿＿＿＿＿＿＿＿＿ Chinese for ten years.

(3) 私にヒントをいただけますか。
　　＿＿＿＿＿＿＿＿＿＿ give me a hint?

(4) お手伝いしましょうか。
　　＿＿＿＿＿＿＿＿＿＿ help you?

3 (1)(2)「（ずっと）〜しています」は現在完了形で表す。

(3)
得点力をUP
ていねいに依頼する文
Could you 〜 (, please)？で「〜していただけますか」を表す。Can you 〜？よりもていねいな言い方。

(4)申し出るときの表現。

---

4 次の文を（　）内の指示にしたがって書きかえなさい。

(1) I play the drums.
　　（for seven years を加えて現在完了形の文に）

(2) My sister is at home.
　　（since last week を加えて現在完了形の文に）

(3) They have loved the park for forty years. （疑問文に）

4 (1)「〜を演奏する」の部分を現在完了形にする。

(2)be 動詞の is を過去分詞にする。

(3)現在完了形の疑問文の形にする。

5 次の英文を読んで，あとの問いに答えなさい。

I'm Mei. I'm from Beijing. ①〔 stayed / I / Jing's house / have / at 〕for nearly a week. ②(　　　　)(　　　　) some presents for you. These paper cutouts of lions, dragons, and plants express happiness. I have plenty of them.

(1) 下線部①の〔　〕内の語句を並べかえて，意味の通る英文にしなさい。

　　_____ for nearly a week.

(2) 下線部②が「ここにあなたたちへのプレゼントがあります」という意味になるように(　)に適する語を書きなさい。

　　_____

(3) 植物などの切り抜きは何を表しますか。日本語で答えなさい。

　　(　　　　　　　　　　　　　　)

(4) 本文の内容と合うように，　　に適する語を書きなさい。

　　１．Mei is from _____ .

　　２．Mei has plenty of _____ _____ .

6 次の対話が成り立つように，　　に適する語を書きなさい。

よく出る (1) *A:* Have you been a singer for ten years?

　　B: No, I _____ .

(2) *A:* How long have you stayed in Hawaii?

　　B: _____ last Sunday.

(3) *A:* How long has Jane belonged to the music club?

　　B: _____ eight months.

レベルUP (4) *A:* Shall I take you to the restaurant?

　　B: I really _____ it.

7 次の日本文を英語になおしなさい。

よく出る (1) 私たちの先生はきのうから病気です。

　　_____

(2) あなたは長い間，ケビン(Kevin)を知っていますか。

　　_____

(3) 彼女は2018年からサッカーを練習していますか。

　　－はい，練習しています。

　　_____

　　－_____

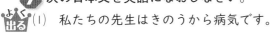
ちょっと **BREAK** 「担任の先生」は英語で何と言うでしょう？

→答えは次のページ

重要ポイント

5 (1) have や動詞の過去分詞があるので，現在完了形の文とわかる。

(2)「ここに～があります」は Here is[are] ～ . で表す。「～」の名詞が単数か複数かによって is と are を使い分ける。

6 (1)現在完了形の疑問文に No で答える。短縮形を使う。

(2)あとに last Sunday とスタートの時点を表す語句が続いている。

(3)あとに eight months と期間を表す語句が続いている。

(4)相手の申し出に対して感謝の言葉を述べている。

7

テストに◎出る!

現在完了形（継続用法）の文

●〈have[has]＋動詞の過去分詞〉で「(ずっと)～している」を表す。

●疑問文は have[has]を主語の前に出し，答えの文でも have[has]を使う。

Lesson 6 ～ GET Plus 6

解答　p.35

実力判定テスト　ステージ3　Lesson 6 〜 GET Plus 6　30分　/100　読 聞 書 話

1 LISTENING　対話を聞いて，その内容と合うように，下の（　　）に適する日本語を書きなさい。　♪ l12　2点×4（8点）

> ・ベスは長い間，(1)（　　　　　　　　　　）に興味を持っています。きのうベスは両親と
> 　彼らの市にある有名な(2)（　　　　　　　　　　）に行きました。
> ・純はきのう彼のお父さんと(3)（　　　　　　　　　　）に行きました。純のお父さん
> 　は美術が大好きです。彼は(4)（　　　　　　　　　　）のときから絵をかいています。

2 次の日本文に合うように，＿＿に適する語を書きなさい。　3点×3（9点）

(1) グリーン先生の部屋にはたくさんのワークブックがあります。

There are ＿＿＿＿＿＿ ＿＿＿＿＿＿ workbooks in Mr. Green's room.

(2) 美穂は20歳のときにロンドンを訪れました。

Miho visited London when she was twenty ＿＿＿＿＿ ＿＿＿＿＿.

(3) あちらの職員に助けを求めましょうか。

Shall we ＿＿＿＿＿ that staff ＿＿＿＿＿ help?

3 次の各組の文がほぼ同じ内容になるように，＿＿に適する語を書きなさい。　4点×3（12点）

(1) {
They came to this town five years ago. They still live in this town.
They ＿＿＿＿＿ ＿＿＿＿＿ in this town for five years.
}

(2) {
Ms. Kato became a nurse last year. She is still a nurse.
Ms. Kato ＿＿＿＿＿ a nurse since last year.
}

(3) {
I am fourteen years old now. I started playing tennis when I was eight.
I ＿＿＿＿＿ played tennis ＿＿＿＿＿ about six years.
}

4 〔　〕内の語句を並べかえて，日本文に合う英文を書きなさい。ただし，下線部の語を適する形になおすこと。　5点×3（15点）

(1) 私は20歳のときからスペイン語を勉強しています。

〔 study / I / I / have / was twenty / since / Spanish 〕.

(2) 彼らは1週間ずっとオーストラリアにいますか。

〔 they / a week / be / in Australia / have / for 〕?

(3) あなたのお兄さんはどれくらい長くジャックを知っていますか。

〔 your brother / Jack / how / has / know / long 〕?

ちょっとBREAKの答え　homeroom teacher と言います。

目標	●現在完了形（継続用法）の文を表現できるようにしましょう。●ていねいに依頼する言い方を覚えましょう。

自分の得点まで色をぬろう!

	がんばろう!		もう一歩	合格!
0		60	80	100点

5 次の対話文を読んで、あとの問いに答えなさい。 (計22点)

Riku: ①〔 have / worked / long / you / how 〕there?

Mei: （ ② ）2016. I want to be a Chinese tea master. I have a test next week.

Riku: ③Have you studied hard for it?

Mei: Yes, I have. For two years. I'm almost ready.

(1) 下線部①の〔 〕内の語を並べかえて、意味の通る英文にしなさい。 (4点)

_____ there?

(2) ②の（ ）に適する語を書きなさい。 (3点) _____

(3) 下線部③を、it の内容を明らかにして日本語になおしなさい。 (4点)

（ ）

(4) 次の文が本文の内容と合っていれば○、異なっていれば×を書きなさい。 (3点)
メイはテストに向けての準備がまだ整っていません。 （ ）

(5) 本文の内容に合うように、次の問いに英語で答えなさい。 4点×2(8点)

1. What does Mei want to be?

_____

2. When does Mei have a test?

_____

6 次の日本文を英語になおしなさい。 6点×4(24点)

(1) 私はこのカードを昨年から持ち続けています。

(2) 私のおじは長い間あのレストランで働いています。

(3) あなたのお姉さんは1か月間ずっと忙しいですか。－はい、忙しいです。
－

(4) あなたはどれくらい長くそのかばんを使っていますか。－先月からです。
－

7 次のようなとき、英語でどのように言うか書きなさい。 5点×2(10点)

(1) 先週からずっと暑いです、と言うとき。

(2) 私にあなたの辞書を貸していただけますか、とていねいに依頼するとき。

Lesson 6 〜 GET Plus 6

解答 p.36

確認のワーク ステージ **1** ｜Lesson 7｜ *Rakugo* Goes Overseas ① 読 聞 書 話

教科書の 要点 「〜したところです」（現在完了形 完了用法） ♪ a34

肯定文 I have just finished lunch. 私はちょうど昼食を終えたところです。
「〜したところです」 ちょうど
〔have ＋動詞の過去分詞〕

疑問文 Have you ☐ finished lunch yet? あなたはもう昼食を終えましたか。
「〜しましたか」 もう
〔主語の前に have〕

— Yes, I have. / No, I have not. −はい，終えました。／
短縮形は haven't いいえ，終えていません。

否定文 I have not finished lunch yet. 私はまだ昼食を終えていません。
「まだ〜していません」 まだ
〔have のあとに not〕

要点

● 「〜したところです」「（もうすでに）〜しました」と過去に始まった動作や状態が完了したことを言うときも，現在完了形を使う。これを完了用法という。just（ちょうど）や already（すでに，もう）がよく使われる。
● 疑問文は〈Have[Has] ＋主語＋動詞の過去分詞〜?〉，否定文は〈have[has] not ＋動詞の過去分詞〉で表す。
● yet は疑問文で「もう」，否定文で「まだ」の意味。どちらの場合もふつう文末に置く。

Wordsチェック 次の英語は日本語に，日本語は英語になおしなさい。

☐(1) hall （　　　　　） ☐(2) stretch （　　　　　）
☐(3) arrive （　　　　　） ☐(4) だれか，ある人 ＿＿＿＿＿
☐(5) 前(の)，前方(の) ＿＿＿＿＿ ☐(6) do の過去分詞 ＿＿＿＿＿

1 次の文の＿＿＿に，（　）内の語を適する形にかえて書きなさい。

(1) I have just ＿＿＿＿＿ breakfast. （ cook ）
(2) Judy has not ＿＿＿＿＿ sandwiches yet. （ make ）
(3) Koji has already ＿＿＿＿＿ his homework. （ do ）

まるごと暗記

不規則動詞の変化
現在形　過去形　過去分詞
make – made – made
leave – left – left
hear – heard – heard
send – sent – sent
do – did – done

2 次の文を「ちょうど〜したところです」という文に書きかえなさい。

(1) I paint a picture.

＿＿＿＿＿＿＿＿＿＿＿＿＿

(2) My brother washes the dishes.

＿＿＿＿＿＿＿＿＿＿＿＿＿

(3) Jean gets the birthday card.

＿＿＿＿＿＿＿＿＿＿＿＿＿

ミス注意

just の位置
have[has]と動詞の過去分詞の間に置く。

 slow：遅い，ゆっくりとした

3 絵を見て，「もう〜しましたか」という文と，その答えの文を書きなさい。

(1)	(2)	(3)	(4)
eat / Yes	finish / No	clean / No	read / Yes

(1) ＿＿＿＿＿ you ＿＿＿＿＿ lunch yet?

　　— Yes, I ＿＿＿＿＿ .

(2) ＿＿＿＿＿ he ＿＿＿＿＿ the report yet?

　　— No, he ＿＿＿＿＿ .

(3) ＿＿＿＿＿ they ＿＿＿＿＿ their classroom

　　＿＿＿＿＿ ?

　　— No, they ＿＿＿＿＿ .

(4) Has she ＿＿＿＿＿ the book ＿＿＿＿＿ ?

　　— Yes, she ＿＿＿＿＿ .

ここが ポイント

現在完了形(完了用法)の
疑問文
「もう〜しましたか」は，
〈Have[Has]＋主語＋動
詞の過去分詞〜＋yet?〉
で表す。答えの文でも
have[has]を使う。

ミス注意

alreadyやyetの位置
already(すでに，もう)
は have[has]と動詞の
過去分詞の間に置く。
疑問文で「もう」，否定文
で「まだ」という意味の
yetはふつう文末に置く。

4 次の日本文に合うように， ＿＿＿ に適する語を書きなさい。

(1) 私の父はもう家を出てしまいました。

　　My father ＿＿＿＿＿＿＿＿＿＿

　　home.

(2) 私たちはまだ数学クラブに加わっていません。

　　We ＿＿＿＿＿ joined the math club ＿＿＿＿＿ .

(3) ちょっといいですか。

　　Do you ＿＿＿＿＿ a ＿＿＿＿＿ ?

(4) あなたは本当に運がいいね。

　　＿＿＿＿＿＿＿＿＿＿ .

(5) 私たちのパーティーに来てはどうですか。—喜んで。

　　＿＿＿＿＿＿＿＿＿＿ you come to our party?

　　— I'd ＿＿＿＿＿＿＿＿＿＿ .

表現メモ

● Do you have a
minute?
「ちょっといいですか」
● Lucky you.
「あなたって本当に運
がいいね」
● Why don't you ～?
「〜してはどうですか」
● I'd love to.
「喜んで」

5 ( )内の日本語を参考に， ＿＿＿ に適する語を書きなさい。

(1) They have just ＿＿＿＿＿ at the station. （着く）

(2) She has already ＿＿＿＿＿ the news. （聞く）

(3) ＿＿＿＿＿ you ＿＿＿＿＿ your homework yet?

　　（もう宿題をしましたか）

(4) I ＿＿＿＿＿ not ＿＿＿＿＿ an e-mail yet.

　　（まだEメールを送っていません）

まるごと 暗記

現在完了形の完了用法で
よく使われる動詞
● arrive 「着く」
● hear 「聞く」
● do 「する」
● leave 「去る，離れる」
● send 「送る」

ステージ **1**　**Lesson 7** *Rakugo* Goes Overseas ②　

教科書の 要点　「〜したことがあります」（現在完了形 経験用法）　a35

肯定文　Amy **has** **visited** Nara twice.
「〜したことがあります」　　has ＋動詞の過去分詞　　回数を表す

エイミーは二度，奈良を訪れたことが
あります。

疑問文　**Has** Amy　　　**ever visited** Nara?
「〜したことが　　　　　「今までに」
ありますか」

エイミーは今までに奈良を訪れたこと
はありますか。

　　　　— Yes, she **has**. / No, she **has not**.
　　　　　　　　　　　　　　　　短縮形は hasn't

ーはい，あります。／
　いいえ，ありません。

否定文　Amy **has never** visited Nara.
「〜したことがありません」　「まだ一度も〜ない」

エイミーは一度も奈良を訪れたことは
ありません。

要点
- 「〜したことがあります」 という意味も現在完了形で表す。これを経験用法という。
- 疑問文では **ever**(今までに)，否定文では **never**(まだ一度も〜ない)がよく使われる。
- 経験用法の文では，回数などを表す語句がよく使われる。
　□**once** 一度　　□**twice** 二度　　□**〜 times** 〜度

プラス　「〜に行ったことがあります」は have[has] been to 〜で表す。

Words チェック　次の英語は日本語に，日本語は英語になおしなさい。
- □(1) balance （　　　　　　）
- □(2) represent （　　　　　　）
- □(3) single （　　　　　　）
- □(4) conversation （　　　　　　）
- □(5) 始める，始まる ＿＿＿＿＿＿
- □(6) たった，ほんの ＿＿＿＿＿＿
- □(7) see の過去分詞 ＿＿＿＿＿＿
- □(8) wear の過去分詞 ＿＿＿＿＿＿

よく出る 1 次の(　)内から適する語を選んで，○で囲みなさい。
(1) She has (stays / stayed / staying) in Hawaii once.
(2) Have you ever (talk / talked / talking) with Lucy?
(3) Tom has never (has / had / having) sushi.

2 次の文を「(人物)は二度〜したことがあります」という文に書きか
えなさい。
(1) We bake cookies.

＿＿＿＿＿＿＿＿＿＿＿＿＿＿＿＿＿＿＿＿

(2) She travels in Europe.

＿＿＿＿＿＿＿＿＿＿＿＿＿＿＿＿＿＿＿＿

(3) Ken reads the fiction.

＿＿＿＿＿＿＿＿＿＿＿＿＿＿＿＿＿＿＿＿

ここがポイント
現在完了形（経験用法）で
よく使われる語句
- **once**
　「一度」
- **ever**
　「今までに」
- **never**
　「まだ一度も〜ない」

twice の位置
「二度」を表す twice は文
の終わりに置く。

begin は[bigín]，only は[óunli]と発音するよ。

3 絵を見て，「(人物) は今までに〜したことがありますか」という文と，その答えの文を書きなさい。

(1)	(2)	(3)	(4)
you / play	he / cook	you / climb	he / watch

(1) _____ you ever _____ the piano?

　　— Yes, I _____ .

(2) Has _____ cooked curry?

　　— Yes, _____ .

(3) _____ climbed

Mt. Fuji?

　　— No, I _____ .

(4) _____ watched

the movie?

　　— No, he _____ .

ここが ポイント

現在完了形（経験用法）の疑問文

「今までに〜したことがありますか」は，〈Have[Has] ＋ 主語 ＋ ever ＋動詞の過去分詞〜?〉で表す。答えの文でもhave[has]を使う。

4 次の日本文に合うように， に適する語を書きなさい。

(1) 私たちはオーストラリアに3回行ったことがあります。

We _____

Australia three times.

(2) 彼は一度もギターを演奏したことがありません。

He _____ played the guitar.

(3) 私たちの町へようこそ。

_____ our town.

(4) 彼らはその古い物語を演じることになっています。

They will _____ the old story.

(5) 彼女はトラを恐れています。

She is _____ tigers.

ミス注意

「〜に行ったことがある」の文

have[has] been to 〜で表す。「行く」を表すgoは使わないことに注意する。

表現メモ

● Welcome to 〜.「〜へようこそ」
● act out「演じる」
● be afraid of 〜「〜を恐れる」

5 ( )内の日本語を参考に， に適する語を書きなさい。

(1) I have _____ surfing once.（試す）

(2) She has _____ a kimono twice.（身に着ける）

(3) Have you _____ your wallet?

（今までに財布をなくしたことがありますか）

(4) I have _____ a marathon.

（マラソンを走ったことがありません）

まるごと 暗記

現在完了形の経験用法でよく使われる動詞

● climb「登る」
● try「試す」
● wear「身に着ける」
● see「見る」
● lose「失う，なくす」
● run「走る」

Lesson 7

確認のワーク ステージ **1** Lesson 7 *Rakugo* Goes Overseas ③ 読聞書話

解答 ▶ p.37

教科書の 要点 「どれくらい(長く)〜していますか」(復習) ♪ a36

How long have you been a singer? あなたはどれくらい長く歌手をしていますか。

「どれくらい(長く)〜」 疑問文の語順

— For about fifteen years. 約15年間です。

「〜の間」

要点

● 継続の期間をたずねる「どれくらい(長く)〜していますか」は How long のあとに現在完了形の疑問文の形を続ける。

●「〜の間」の〈for ＋期間〉,「〜から,〜以来」の〈since ＋スタートの時点〉で答える。

Wordsチェック 次の英語は日本語に, 日本語は英語になおしなさい。

□(1) laugh （   ） □(2) annual （   ）
□(3) custom （   ） □(4) My pleasure. （   ）
□(5) in common （   ） □(6) 続ける, 続く ＿＿＿＿＿＿
□(7) 〜の間に[で] ＿＿＿＿＿＿ □(8) 違い, 相違(点) ＿＿＿＿＿＿
□(9) わかる心, 感覚 ＿＿＿＿＿＿ □(10) 説明する ＿＿＿＿＿＿

1 〔 〕内の語句を並べかえて, 日本文に合う英文を書きなさい。

(1) あなたはどれくらい長く東京に住んでいますか。

〔 have / Tokyo / how / you / long / lived in 〕?

＿＿＿＿＿＿＿＿＿＿＿＿＿＿＿＿＿＿＿＿＿＿＿

(2) 彼女はどれくらい長く先生をしていますか。

〔 been / long / she / a teacher / has / how 〕?

＿＿＿＿＿＿＿＿＿＿＿＿＿＿＿＿＿＿＿＿＿＿＿

> **ここがポイント**
> 「どれくらい(長く)〜していますか」の文
> 現在完了形の継続用法で,〈How long ＋ have[has]＋主語＋動詞の過去分詞〜?〉で表す。how long は「どれくらい長く」という意味。

2 次の日本文に合うように, ＿＿ に適する語を書きなさい。

(1) あなたはどれくらい長く獣医をしていますか。— 5 年間です。

＿＿＿＿＿＿＿＿＿＿＿＿ have you been a vet?

— ＿＿＿＿＿＿＿ five years.

(2) 彼はどれくらい長くピアノをひいていますか。—2012年からです。

＿＿＿＿＿＿＿ long ＿＿＿＿＿＿＿ he played the

piano? — ＿＿＿＿＿＿＿ 2012.

(3) あなたはどれくらい長く農業従事者をしていますか。

How ＿＿＿＿＿＿＿ have you ＿＿＿＿＿＿＿ a farmer?

> **ミス注意**
> 「どれくらい(長く)〜していますか」の答え方
>「〜の間」は〈for ＋期間〉,「〜から,〜以来」は〈since ＋スタートの時点〉を使う。

 between は[bitwíːn], continue は[kəntínjuː]と発音するよ。

3 次のインタビューを読んで，あとの問いに答えなさい。(*I*: interviewer *K*: Kimie-san)

> *I:* ① How long have you been a performer?
> *K:* For about twenty-five years. I've been to many countries to give *rakugo* shows. These tours have been very exciting.
> *I:* Have you had any difficulty with your *rakugo* performances in English?
> *K:* Yes, I (②). Sometimes there are cultural differences between Japan and other countries. For example, we ③ 音を立てる when we eat noodles. In other cultures, this is bad manners. So I have to explain Japanese customs like this. Then everyone can enjoy the show.

(1) 下線部①を日本語になおしなさい。

(　　　　　　　　　　　　　　　　　　　)

(2) ②の(　)に適する語を書きなさい。

(3) 下線部③を2語の英語になおしなさい。

ミス注意

〈Have[Has]＋主語＋動詞の過去分詞〜?〉の答え方
Yes, 〜 have[has]. か No, 〜 have[has] not. で答える。do[does, did]，または is[was] などを使わないように注意する。

(4) 次の文が本文の内容と合っていれば○，異なっていれば×を書きなさい。

1．Kimie-san visited a lot of countries to give English *rakugo* shows. (　　　)

2．Kimie-san has never had any difficulty with her English *rakugo* performances. (　　　)

4 次の日本文に合うように，＿＿＿に適する語を書きなさい。

(1) 私の意見では，彼はよい生徒です。

＿＿＿＿＿＿＿ my ＿＿＿＿＿＿＿, he is a good student.

(2) そのエンジニアは世界中で有名です。

The engineer is famous ＿＿＿＿＿＿＿ the ＿＿＿＿＿＿＿.

表現メモ

● in my opinion 「私の意見では」
● all over the world 「世界中で[の]」

WRITING Plus

次のようなとき，英語でどのように言うか書きなさい。

(1) 私はもう夕食を終えてしまったと言うとき。

＿＿＿＿＿＿＿＿＿＿＿＿＿＿

(2) 相手にもう宿題をしたか聞くとき。

＿＿＿＿＿＿＿＿＿＿＿＿＿＿

(3) 相手にロンドンに行ったことがあるか聞くとき。

＿＿＿＿＿＿＿＿＿＿＿＿＿＿

Lesson 7

確認のワーク ステージ 1 Take Action! Listen 6 / Talk 6 プレゼントの相談 それもいい案だと思うけど 読聞書話

解答 ▶ p.38

📖 教科書の 要点 意見を言う / 反対する ♪ a37

I have an idea. How about a cake?　私には考えがあります。ケーキはどうですか。

意見を言う

That's not a bad idea, but flowers might be better.

反対する

それは悪い意見ではないですが,花はもっとよい
かもしれません。

要点

● 意見を言うときは,I have an idea. のあとに How about 〜?(〜はどうですか)などを続ける。I think 〜.(私は〜と考えます)で具体的に述べてもよい。

● 反対するときは,That's not bad, but 〜.(それは悪くはないですが,〜),You have a point, but 〜.(あなたはいい点をついていますが,〜),That's a good idea, but 〜.(それはよい考えですが,〜)などで相手を尊重し,それから〜 might be better.(〜はもっとよいかもしれません)などの婉曲表現で自分の意見を述べるとよい。

Words チェック 次の英語は日本語に,日本語は英語になおしなさい。

□(1) plus （　　　　　　　） □(2) connection （　　　　　　　）

□(3) 質,品質 ＿＿＿＿＿＿＿ □(4) 両方,両方とも ＿＿＿＿＿＿＿

1 次の対話文の(　)に入るものを下から選び,記号で答えなさい。

A: Our cousin Jane will be fifteen next week. What shall we send to her?

B: (　①　). How about a wallet?

A: Well, (　②　), but a bag might be better. She has wanted a new bag for a month.

① ア　I have an idea　　イ　That's a good idea （　　　）

② ア　That's not a good idea

　　イ　That's not a bad idea （　　　）

ここがポイント

意見を言う表現
● I have an idea.
「私には考えがあります」
● I think 〜.
「私は〜と考えます」

反対する表現
● That's not a bad idea, but 〜.
「それは悪い意見ではないですが〜」

2 次の日本文に合うように,＿＿＿に適する語を書きなさい。

(1) 私は台所で彼女を手伝うことを約束しました。

I ＿＿＿＿＿＿＿＿＿ help her in the kitchen.

よく出る (2) あなたのピザがよりよいかもしれません。

Your pizza ＿＿＿＿＿＿＿＿＿ better.

よく出る (3) 私たちは彼の記事を読むべきです。

＿＿＿＿＿＿＿＿＿ read his article.

表現メモ

● might 〜
「〜かもしれない」(可能性)
● should 〜
「〜すべきである,〜するほうがいい」(義務,当然)

🐛 plus は[plʌ́s],both は[bóuθ]と発音するよ。

文法のまとめ⑥　現在完了形（継続用法）

解答 ▶ p.38

読 聞
書 話

まとめ

① 現在完了形（継続用法）
- ●「(ずっと) ～しています」と、過去から現在まで、動作や状態が続いていることを表すときは、現在完了形〈have[has] ＋動詞の過去分詞〉を使う。（has は主語が３人称単数のときに使う）

肯定文　　I have lived here for ten years.
　　　　　〈have[has]＋動詞の過去分詞〉　　「～の間」

疑問文　Have you ⬜ lived here for ten years?
　　　　　　　　have[has] を主語の前に出す

　　　　　— Yes, I have. / No, I have not.
　　　　　　　　　　　　　　短縮形は haven't

疑問文　How long have you lived here?
　　　　　「どれくらい長く」

　　　　　— For six years. / Since I was eight.

How long ～？への答え方
〈for ＋期間〉 「～の間」
〈since ＋スタートの時点〉 「～から、～以来」

練習

1 次の日本文に合うように、＿＿＿に適する語を書きなさい。

(1) 私は３年間、私の自転車を使っています。

I ＿＿＿＿＿＿＿ ＿＿＿＿＿＿＿ my bicycle ＿＿＿＿＿＿＿ three years.

よく出る (2) アリスは先週から北海道に滞在しています。

Alice ＿＿＿＿＿＿＿ ＿＿＿＿＿＿＿ in Hokkaido ＿＿＿＿＿＿＿ last week.

(3) あなたは５年間スキーヤーですか。

＿＿＿＿＿＿＿ you ＿＿＿＿＿＿＿ a skier ＿＿＿＿＿＿＿ five years?

よく出る (4) 彼はどれくらい長くバレーボールをしていますか。－彼が１１歳の時からです。

＿＿＿＿＿＿＿ ＿＿＿＿＿＿＿ ＿＿＿＿＿＿＿ he played volleyball?

　　— ＿＿＿＿＿＿＿ he was eleven.

よく出る **2 〔 〕内の語句を並べかえて、日本文に合う英文を書きなさい。**

(1) 私の姉は昨年からコンピューターをほしがっています。

〔 wanted / last year / my sister / since / has / a computer 〕.

(2) 私たちは長い間、加藤先生を知っています。

〔 for / we / known / a long time / Ms. Kato / have 〕.

(3) リサのお兄さんは４日間ずっとこの町にいますか。

〔 in this town / has / four days / Lisa's brother / for / been 〕?

Take Action! ～ 文法のまとめ⑥

文法のまとめ⑥ 現在完了形（完了用法・経験用法）

解答 ▶ p.39

読 聞
書 話

まとめ

① 現在完了形（完了用法）

● 「～したところです」「（もうすでに）～しました」と過去に始まった動作や状態が完了したことを表すときも，現在完了形〈have[has] ＋動詞の過去分詞〉を使う。

肯定文 We have just finished dinner.

疑問文 Have you ちょうど finished dinner yet?
　　　　　－ Yes, we have. / No, we have not. もう

否定文 We have not finished dinner yet. まだ

完了用法でよく使われる表現
・just　ちょうど
・already　すでに，もう
・yet　〔疑問文で〕もう，〔否定文で〕まだ

② 現在完了形（経験用法）

● 「～したことがあります」とこれまでに経験したことを表すときも，現在完了形を使う。

肯定文 He has visited Tokyo once.

疑問文 Has he ever visited Tokyo? これまでに

　　　　　－ Yes, he has. / No, he has not.

否定文 He has never visited Tokyo.

経験用法でよく使われる表現
・once　一度　・twice　二度
・～times　～度
・ever　〔疑問文で〕今までに，かつて
・never　〔否定文で〕まだ一度も～ない

練習

1 次の日本文に合うように，＿＿に適する語を書きなさい。

よく出る(1) 私はちょうどこの問題を解いたところです。

I ＿＿＿＿＿＿ ＿＿＿＿＿＿ this problem.

(2) メアリーは二度，その有名な俳優を見たことがあります。

Mary ＿＿＿＿＿＿ the famous actor ＿＿＿＿＿＿.

(3) ピーターはもうワークシートを終えてしまいました。

Peter ＿＿＿＿＿＿ a worksheet.

よく出る(4) 私たちは一度ニュージーランドに行ったことがあります。

We ＿＿＿＿＿＿ New Zealand once.

2 次の文を（ ）内の指示にしたがって書きかえるとき，＿＿に適する語を書きなさい。

(1) We have already arrived at City Hall. （否定文に）

We ＿＿＿＿ ＿＿＿＿ arrived at City Hall ＿＿＿＿.

(2) They have traveled to India. （「今までに～したことがありますか」という文に）

＿＿＿＿ they ＿＿＿＿ to India?

よく出る(3) My uncle has visited the aquarium. （「まだ一度も～ない」という文に）

My uncle ＿＿＿＿ ＿＿＿＿ the aquarium.

よく出る(4) She has already washed the dishes. （疑問文にして No で答える）

＿＿＿＿ she ＿＿＿＿ the dishes ＿＿＿＿?

— No, she ＿＿＿＿.

ステージ **1** Project 3 ディスカッションをしよう

解答 p.39 読聞書話

教科書の 要点　ディスカッションでの発言の表現 ♪a38

I am sure (that) the event will make us happy.
「〜を確信している」

私はそのイベントは私たちを楽しませると確信しています。

I used to live in a different town.
「以前は〜であった」

私は以前は別の町に住んでいました。

要点

● be sure (that) 〜は「〜を確信している」，「私は〜を確信している」はI'm sure (that) 〜.と言う。
● used to 〜は「以前は〜だった」を表す。「私は以前は〜だった」は，I used to 〜.と言う。

Wordsチェック　次の英語は日本語に，日本語は英語になおしなさい。

□(1)　several　　　　　（　　　　　　　　）　　□(2)　international　（　　　　　　　　）

□(3)　decrease　　　　（　　　　　　　　）　　□(4)　adult　　　　　（　　　　　　　　）

□(5)　産物，製品　　_____　　□(6)　貧乏な　　　_____

□(7)　機会，チャンス　_____　　□(8)　bring の過去形　_____

1 次の日本文に合うように，_____に適する語を書きなさい。

(1)　私はあなたがこのネクタイを気に入ると確信しています。

　　I _____ that you like this tie.

(2)　私は以前は中国に住んでいました。

　　I _____ live in China.

(3)　ここ数年彼はずっと人気があります。

　　He has been popular in the _____ few years.

📝 **表現メモ**

● be sure (that) 〜
「〜を確信している」
● used to 〜
「以前は〜だった」
● past few years
「ここ数年」

2 和也は「あおばフェスティバル」のテーマについて市に意見を寄せます。メモを参考に意見を完成させなさい。

I think we (1) (　　　). (2) (　　　) a different town. It had a yearly art festival. A lot of people in the town had fun at the festival. (3) (　　　) will make a lot of people happy.

(1)　I think we _____.

(2)　_____ a different town.

(3)　_____ will make a lot of people happy.

メモ
・私たちは美術イベントを開催するべきだ。
・自分は以前別の町に住んでいた。
・そこでは年1回の美術祭りが開催されていた。
・町の多くの人々がその祭りで楽しんだ。
・美術イベントは多くの人々を楽しませると自分は確信している。

💡 chance は[tʃǽns]，past は[pǽst]と発音するよ。a の部分は同じ発音だね。

文法のまとめ⑥ 〜 Project 3

Reading for Fun 2　The Little Prince

読｜聞
書｜話

●次の英文を読んで，あとの問いに答えなさい。

　The Little Prince lived alone on a very small planet.　He wanted to know more about space, so he went on a trip to other planets.

　①On the first planet lived a businessman.

　He was adding numbers.　②He〔 so / that / did not / busy / was / he / notice 〕the Little Prince.　　　　5

　"Three plus five makes eight.　Twelve plus four makes sixteen.　③合計で, that makes ④one million."

　"One million what?" asked the Little Prince.

　"Stars," said the businessman.　"Look!　Those stars over there are all mine."　　10

　"What do you do with so many stars?"

　The businessman said, "Nothing.　I simply own ⑤them because I want to be rich."

　"Why do you want to be rich?" asked the Little Prince.

　"So I can buy more stars if somebody discovers them."　　15

　"And what will you do with more stars?"

　"I'll count them and then count them again."

　"Is that all?"

　"That's enough!"

Question

⑴　下線部①を次のように書きかえるとき，＿＿＿に適する語を書きなさい。

　　　　　　　　　　　　　　　　lived on the first planet.

⑵　下線部②の〔　〕内の語を並べかえて，意味の通る英文にしなさい。

　　He ＿＿＿＿＿＿＿＿＿＿＿＿＿＿＿＿＿＿＿＿ the Little Prince.

⑶　下線部③を２語の英語になおしなさい。　　　　＿＿＿＿＿＿

⑷　下線部④は何の数を表しますか。本文中の１語で書きなさい。

　　＿＿＿＿＿＿

⑸　下線部⑤の them が指すものを本文中の４語で書きなさい。

　　＿＿＿＿＿＿＿＿＿＿＿＿＿＿＿＿＿＿＿＿＿＿

(6) 次の文が本文の内容と合っていれば◯，異なっていれば×を書きなさい。

１．王子さまは星について知りたかったので，ほかの惑星へ旅行に行きました。（　　　）

２．だれかが星を発見したらさらに星を買えるので，実業家は金持ちになりたいです。

（　　　）

(7) 本文の内容に合うように，次の問いに英語で答えなさい。

１．Did the Little Prince live with his family?

２．What was the businessman on the first planet doing?

ᴴ ord Box BIG

1 次の英語は日本語に，日本語は英語になおしなさい。

(1) somebody （　　　　　　　）　(2) alone （　　　　　　　）

(3) either （　　　　　　　）　(4) add （　　　　　　　）

(5) nothing （　　　　　　　）　(6) 素早い，速く

(7) 気がつく,注目する　　　　　　　　(8) 正確に,そのとおりです

(9) 命じる，命令　　　　　　　　(10) ただ単に

2 次の日本文に合うように，　　　に適する語を書きなさい。

(1) ここで大きな声で話してはいけません。 You _____ speak loud here.

(2) なんとおもしろいのでしょう！ _____ _____ !

(3) あなたの意見を書き留めていただけますか。

Could you _____ _____ your opinion?

(4) 私たちは合計で3,000円必要としています。

We need 3,000 yen _____ _____ .

(5) 私たちは「こんにちは」と言いました。

We said, " _____ ."

(6) 香奈はいっしょうけんめいに勉強します。彼女の妹さんはどうですか。

Kana studies hard. _____ her sister?

3 〔 〕内の語句を並べかえて，日本文に合う英文を書きなさい。

(1) 明日，外出しましょう。〔 go / tomorrow / let's / out 〕.

(2) 彼らは行ってしまいましたか。〔 go / did / away / they 〕?

(3) 私の弟はとても空腹なので，速く歩けません。

〔 hungry / is / cannot / so / that / my brother / he 〕 walk fast.

_____ walk fast.

定着のワーク　ステージ2　Lesson 7 〜 Reading for Fun 2　読聞書話

1 LISTENING　対話を聞いて，その内容に合う絵を下から選び，その記号を書きなさい。

♪ l13

(1)　ア　　　　イ　　　　ウ

(2)　ア　　　　イ　　　　ウ

(1) (　　　)　　(2) (　　　)

2 次の日本文に合うように，＿＿＿に適する語を書きなさい。

よく出る (1)　彼はちょうど彼の宿題をしたところです。

He ＿＿＿＿＿＿ just ＿＿＿＿＿＿ his homework.

よく出る (2)　私は2度その体育館を訪れたことがあります。

I ＿＿＿＿＿＿＿＿＿＿ the gym ＿＿＿＿＿＿.

(3)　結衣は速く走ります。美紀はどうですか。

Yui runs fast. ＿＿＿＿＿＿＿＿＿＿ Miki?

(4)　私たちは彼の名前を書き留めておくべきです。

We ＿＿＿＿ write ＿＿＿＿ his name.

3 〔　〕内の語句を並べかえて，日本文に合う英文を書きなさい。

(1)　私たちはもう壁にペンキを塗ってしまいました。

〔 painted / we / already / the wall / have 〕.

よく出る (2)　あなたは今までにメキシコに行ったことがありますか。

〔 ever / to / have / been / Mexico / you 〕?

(3)　エマはもうプリントを入手しましたか。

〔 Emma / a handout / has / yet / got 〕?

レベルUP (4)　ボブは一度もマラソンを走ったことがありません。

〔 never / a marathon / has / run / Bob 〕.

解答 ▶ p.40

重要ポイント

1 現在完了形の文の聞き取りに注意する。

2 (1)(2)

得点力をUP

完了用法でよく使う語
just(ちょうど)
already(すでに，もう)
yet((疑問文で)もう，(否定文で)まだ)

経験用法でよく使う語
once(一度)
twice(2度)
〜 times(〜度)
ever((疑問文で)今までに)
never((否定文で)まだ一度も〜ない)

(3)疑問詞は what を使う。

(4)「〜すべきである」は助動詞の should で表す。

3 (1) already（もう）は have[has] と動詞の過去分詞の間に置く。

(2) ever は動詞の過去分詞の前に置く。

(3) yet は文末に置く。

(4) never は have[has] と動詞の過去分詞の間に置く。

テストに出る!

「〜に行ったことがある」
(2)現在完了形の経験用法で have[has] been to 〜で表す。

4 次の対話文を読んで，あとの問いに答えなさい。

Hana: ①Do you (　　　　) a (　　　　)?
Mark: Yes. ②〔 just / my homework / I've / finished 〕.
Hana: Look! I got two tickets for an English *rakugo* show.
Mark: Front row seats! ③あなたは本当に運がいいね。
Hana: I'm looking for someone to go with.

(1) 下線部①が「ちょっといいですか」という意味になるように（　）に適する語を書きなさい。

Do you ＿＿＿＿＿＿＿ a ＿＿＿＿＿＿＿ ?

(2) 下線部②の〔　〕内の語句を並べかえて，意味の通る英文にしなさい。

＿＿＿＿＿＿＿＿＿＿＿＿＿＿＿＿＿＿

(3) 下線部③を英語になおしなさい。

＿＿＿＿＿＿＿＿＿＿＿＿＿＿＿＿＿＿

(4) 次の文が本文の内容と合っていれば○，異なっていれば×を書きなさい。

１．Hana has tickets for an English *rakugo* show. （　　　）
２．Hana will go to the show with her mother. （　　　）

5 次の対話が成り立つように，＿＿＿に適する語を書きなさい。

(1) *A:* ＿＿＿＿＿＿ they washed the bus ＿＿＿＿＿＿ ?
B: Yes, they ＿＿＿＿＿ just washed it.

（よく出る）(2) *A:* ＿＿＿＿＿＿ you ever listened to Kumi's song?
B: No. I've ＿＿＿＿＿ listened to her song.

（よく出る）(3) *A:* ＿＿＿＿＿＿ your cousin had lunch ＿＿＿＿＿＿ ?
B: No, he ＿＿＿＿＿ had lunch ＿＿＿＿＿ .

（レベルUP）(4) *A:* Thank you for your time.
B: My ＿＿＿＿＿＿ .

6 次の日本文を英語になおしなさい。

(1) 私たちはちょうど彼の話を聞いたところです。

＿＿＿＿＿＿＿＿＿＿＿＿＿＿＿＿＿＿

(2) 私の姉は一度そのホテルに滞在したことがあります。

＿＿＿＿＿＿＿＿＿＿＿＿＿＿＿＿＿＿

(3) 彼らはまだ美術館に到着していません。

＿＿＿＿＿＿＿＿＿＿＿＿＿＿＿＿＿＿

（レベルUP）(4) 彼女はとても疲れていたので，外出しませんでした。

＿＿＿＿＿＿＿＿＿＿＿＿＿＿＿＿＿＿

重要ポイント

4 (1)「ちょっとの間」は a minute で表す。
(2) I've は I have の短縮形。現在完了形の文にする。
(3)「運のよい，幸運な」を表す lucky を使う。

5 (1)「彼らはもうバスを洗いましたか」
(2)「あなたは今までに久美の歌を聞いたことがありますか」
(3)「あなたのいとこはもう昼食を食べましたか」

得点力をUP

yet の意味
疑問文で「もう」
否定文で「まだ」
(4)「お時間をありがとう」に対して「どういたしまして」と応じる。

6 (1)「聞く」は hear。不規則動詞。
(2)「～に滞在する」は stay at[in] ～ を使う。
(4)「とても～なので…」は so ～ that ... で表す。「外出する」は go out。

解答 ▶ p.41

実力判定テスト ステージ3 **Lesson 7 〜 Reading for Fun 2** 30分 /100 読聞書話

1 LISTENING　対話を聞いて，その内容と合っているものを下から選び，記号を○で囲みなさい。

♪ l14 3点×2(6点)

(1)　ア　Mika has never climbed Mt. Fuji.
　　イ　Mika has climbed Mt. Fuji once.
　　ウ　Mika has climbed Mt. Fuji twice.

(2)　ア　Kenta has already finished a report, but Jenny hasn't.
　　イ　Jenny has already finished a report, but Kenta hasn't.
　　ウ　Jenny and Kenta have not finished a report yet.

2 次の日本文に合うように，＿＿に適する語を書きなさい。　3点×3(9点)

(1)　「なんと美しいのでしょう！」と彼女は言いました。
　　" ＿＿＿＿＿＿ ＿＿＿＿＿＿ !" she said.

(2)　サッカーは世界中で人気があります。
　　Soccer is popular ＿＿＿＿＿＿ ＿＿＿＿＿＿ the ＿＿＿＿＿＿.

(3)　[「いっしょに遊園地に行こう」という誘いに応じて]　喜んで。
　　I'd ＿＿＿＿＿＿ ＿＿＿＿＿＿.

3 次の文を( )内の指示にしたがって書きかえるとき，＿＿に適する語を書きなさい。

(1)　Peter saw the movie. （「2度〜したことがあります」という文に）　4点×3(12点)
　　Peter ＿＿＿＿＿＿ ＿＿＿＿＿＿ the movie ＿＿＿＿＿＿.

(2)　You made a copy. （「もう〜しましたか」という文に）
　　＿＿＿＿＿＿ you ＿＿＿＿＿＿ a copy ＿＿＿＿＿＿ ?

よく出る (3)　She tried camping. （「まだ一度も〜したことがありません」という文に）
　　She ＿＿＿＿＿＿ ＿＿＿＿＿＿ ＿＿＿＿＿＿ camping.

4 〔 〕内の語句を並べかえて，日本文に合う英文を書きなさい。ただし，下線部の語を適する形になおすこと。　5点×3(15点)

(1)　彼はちょうどパンを焼いたところです。〔 has / bread / just / he / bake 〕.

レベルUP (2)　ジェーンはもう彼女の友人にEメールを送ってしまいましたか。
　　〔 send / to her friend / has / an e-mail / yet / Jane 〕?

(3)　私はゆかたを3回，着たことがあります。
　　〔 have / times / wear / I / a yukata / three 〕.

ちょっとBREAKの答え　electronic の略で，「電子の，電子による」という意味です。

| | | ☺がんばろう！ | ☺もう一歩 | ☺合格！ |
| | | 0　　　　　　　　　60　　80　100点 | | |

5 希巳江さんの説明を読んで，あとの問いに答えなさい。 　　　　　　(計18点)

　①〔 ever / rakugo / have / seen / you 〕? ②If you have (　　　) (　　　) it, here are some points to remember. A single performer tells a story and acts (③) the conversations among all the characters.

(1) 下線部①の〔　〕内の語を並べかえて，意味の通る英文にしなさい。　　　(5点)

(2) 下線部②が「もしあなたがまだ一度もそれを見たことがないなら」という意味になるように( )に適する語を書きなさい。　　　(4点)

(3) ③の( )に適する語を下から選び，記号を○で囲みなさい。　　　(4点)
　　ア　in　　イ　out　　ウ　without　　　　　　　　　　　　　　(　　)

(4) 本文の内容に合うように，次の問いに英語で答えなさい。　　　(5点)
　　Who tells a story in rakugo?

6 次の日本文を英語になおしなさい。　　　5点×4(20点)

(1) 彼らはすでに日本を去ってしまいました。

(2) 私は2度，私の腕時計をなくしたことがあります。

(3) 彼はまだ図書室をそうじしていません。

(4) 私のおばは一度もあなたの国に行ったことがありません。

7 次のようなとき，英語でどのように言うか書きなさい。　　　5点×4(20点)

(1) 相手に今までにギターをひいたことがあるか聞くとき。

(2) 相手にもう新しいペンを買ったか聞くとき。

(3) 自分の家に来てはどうかと相手を誘うとき。

(4) 家に来た相手に，私の家にようこそ，と言うとき。

定期テスト対策　予想問題 第7回 p.134〜136

Lesson 7 〜 Reading for Fun 2

不規則動詞変化表

⭐ 動詞の形の変化をおさえましょう。　　　　　　　　　　　［　］は発音記号。

		原形	意味	現在形	過去形	過去分詞
A・B・C型	□	be	～である	am, is / are	was / were	been [bín]
	□	begin	始める	begin(s)	began	begun
	□	do	する	do, does	did	done [dʌ́n]
	□	drink	飲む	drink(s)	drank	drunk
	□	eat	食べる	eat(s)	ate	eaten
	□	give	与える	give(s)	gave	given
	□	go	行く	go(es)	went	gone [gɔ́ːn, gɑ́ːn]
	□	know	知っている	know(s)	knew	known
	□	see	見る	see(s)	saw	seen
	□	sing	歌う	sing(s)	sang	sung
	□	speak	話す	speak(s)	spoke	spoken
	□	swim	泳ぐ	swim(s)	swam	swum
	□	take	持って行く	take(s)	took	taken
	□	write	書く	write(s)	wrote	written
A・B・B型	□	bring	持ってくる	bring(s)	brought	brought
	□	build	建てる	build(s)	built	built
	□	buy	買う	buy(s)	bought	bought
	□	feel	感じる	feel(s)	felt	felt
	□	find	見つける	find(s)	found	found
	□	get	手に入れる	get(s)	got	got, gotten
	□	have	持っている	have, has	had	had
	□	hear	聞こえる	hear(s)	heard	heard
	□	keep	ままでいる	keep(s)	kept	kept
	□	make	作る	make(s)	made	made
	□	say	言う	say(s)	said [séd]	said [séd]
	□	stand	立つ	stand(s)	stood	stood
	□	teach	教える	teach(es)	taught	taught
	□	think	考える	think(s)	thought	thought
A・B・A型	□	become	～になる	become(s)	became	become
	□	come	来る	come(s)	came	come
	□	run	走る	run(s)	ran	run
A・A・A型	□	hurt	傷つける	hurt(s)	hurt	hurt
	□	read	読む	read(s)	read [réd]	read [réd]
	□	set	置く	set(s)	set	set

アプリで学習！
Challenge! SPEAKING

●この章は，付録のスマートフォンアプリ『文理のはつおん上達アプリ　おん達 Plus』を使用して学習します。

●右の QR コードより特設サイトにアクセスし，アプリをダウンロードしてください。

●アプリをダウンロードしたら，アクセスコードを入力してご利用ください。

おん達 Plus
特設サイト

アプリアイコン

> **アプリ用アクセスコード** ▶ B064330
> ※アクセスコード入力時から 15 か月間ご利用になれます。

アプリの特長

●アプリでお手本を聞いて，自分の英語をふきこむと，AI が採点します。

●点数は「流暢度」「発音」「完成度」の 3 つと，総合得点が出ます。

●会話の役ごとに練習ができます。

●付録「ポケットスタディ」の発音練習もできます。

アプリの使い方

①ホーム画面の「かいわ」を選びます。

②学習したいタイトルをタップします。

 トレーニング

　① 🔊 をタップしてお手本の音声を聞きます。

　② 🎤 をおして英語をふきこみます。

③点数を確認します。

　・点数が高くなるように何度もくりかえし練習しましょう。

　・ ⏱ をタップするとふきこんだ音声を聞くことができます。

 チャレンジ

①カウントダウンのあと，会話が始まります。

② 🎤 が光ったら英語をふきこみます。

③ふきこんだら 🎤 をタップします。

④ "Role Change!" と出たら役をかわります。

> 利用規約・お問い合わせ) https://www.kyokashowork.jp/ontatsuplus/terms_contact.html

 **Challenge! SPEAKING❶**

日常生活

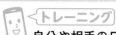 アプリで学習

 ●付録アプリを使って，発音の練習をしましょう。 読 聞 書 話

📱 ─トレーニング─ 🎵 s01

自分や相手の日常生活について英語で言えるようになりましょう。

☐ What time do you <u>get up</u> on weekdays?
└ go to bed / have dinner / do your homework

あなたは平日は何時に起きますか。
weekday：平日

☐ I usually <u>get up</u> at <u>seven</u> on weekdays.
└ go to bed / have dinner / do my homework
└ ten / seven / six

私は平日はふつう7時に起きます。
usually：ふつう

☐ I see.

なるほど。

☐ What do you enjoy doing in your free time?

あなたはひまなとき何をして楽しみますか。 free：ひまな

☐ I enjoy <u>reading books</u> in my free time.
└ playing video games / playing the piano / watching movies on TV

私はひまなとき本を読んで楽しみます。

☐ That's nice.

それはいいですね。

📱 ─チャレンジ─ 🎵 s02

自分や相手の日常生活についての英語を会話で身につけましょう。 ☐ に言葉を入れて言いましょう。

A: What time do you ☐ on weekdays?

B: I usually ☐ at ☐ on weekdays.

A: I see.
  What do you enjoy doing in your free time?

B: I enjoy ☐ in my free time.

A: That's nice.

Challenge! SPEAKING❷

ていねいなお願い

アプリで学習

 ●付録アプリを使って，発音の練習をしましょう。

読 聞 書 話

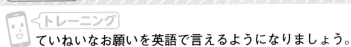

トレーニング　♪ s03

ていねいなお願いを英語で言えるようになりましょう。

☐ Excuse me.	すみません。
☐ May I ask you a favor?	1つお願いしてもよろしいですか。
☐ No, problem.	かまいませんよ。
☐ Could you pass me the salt?	塩を取ってくださいませんか。

open the window /
close the door /
take my picture

Could you 〜？：〜してくださいませんか

☐ Sure.	もちろんです。
☐ Thank you very much.	どうもありがとうございます。
☐ My pleasure.	どういたしまして。

チャレンジ　♪ s04

ていねいなお願いの英語を会話で身につけましょう。□□に言葉を入れて言いましょう。

A: **Excuse me.**
　 May I ask you a favor?
B: **No, problem.**
A: **Could you** ☐☐☐☐ **?**
B: **Sure.**
A: **Thank you very much.**
B: **My pleasure.**

Challenge! SPEAKING❸

買い物

アプリで学習

 ●付録アプリを使って，発音
の練習をしましょう。 読 聞 / 書 話

 トレーニング　　　　　　　　　　　　　　　　　　　🎵 s05

買い物での英語を言えるようになりましょう。

☐ May I help you?	お手伝いしましょうか。
☐ Yes, please.	はい，お願いします。
☐ I'm looking for a shirt. ⌐ a sweater / a cap / a T-shirt	シャツをさがしています。 look for 〜：〜をさがす
☐ How about this one?	こちらはいかがですか。
☐ This looks nice, but I don't like the color.	これはよさそうに見えますが，色が好きではありません。 look 〜：〜のように見える
☐ Would you like to see a white one? ⌐ brown / black / yellow	白いのをお見せしましょうか。
☐ Yes, please.	はい，お願いします。
☐ Here it is.	こちらがそれです。
☐ I like it. I'll take it.	気に入りました。これをいただきます。

チャレンジ　　　　　　　　　　　　　　　　　　　🎵 s06

買い物での英語を会話で身につけましょう。 ☐ に言葉を入れて言いましょう。

A: May I help you?
B: Yes, please.
　 I'm looking for ☐ .
A: How about this one?
B: This looks nice, but I don't
　 like the color.
A: Would you like to see a ☐ one?
B: Yes, please.
A: Here it is.
B: I like it. I'll take it.

Challenge! SPEAKING❹

電話

 アプリで学習

 ●付録アプリを使って，発音の練習をしましょう。 読 聞 書 話

📱 トレーニング 🎵 s07

電話での英語を言えるようになりましょう。

☐ Hello. This is Mike.
　　　　　　└ Cathy / Tom / Emma

もしもし。マイクです。

☐ May I speak to Emily, please?
　　　　　　└ Alex / Beth / Nick

エミリーをお願いします。

☐ This is Emily speaking. What's up?
　　└ Alex / Beth / Nick

こちらはエミリーです。どうしたのですか。

☐ I'm planning to visit Bob's house next Sunday.
　　　　└ go fishing / go to a movie /
　　　　　 go to a curry restaurant

今度の日曜日にボブの家を訪れることを計画してます。
plan to ～：～することを計画する

☐ Can you come with me?

いっしょに来ませんか。

☐ Yes, of course.

はい，もちろんです。

☐ Sounds fun.

楽しそうですね。
sounds ～：～のように聞こえる

📱 チャレンジ 🎵 s08

電話での英語を会話で身につけましょう。 ☐ に言葉を入れて言いましょう。

A: Hello. This is ☐ .
　 May I speak to ☐ , please?
B: This is ☐ speaking.
　 What's up?
A: I'm planning to ☐ next
　 Sunday.
　 Can you come with me?
B: Yes, of course.
　 Sounds fun.

Challenge! SPEAKING⑤

電車の乗りかえ

 ●付録アプリを使って，発音の練習をしましょう。 読書 聞話

 アプリで学習

📱😊 ◁トレーニング▷ ♪ s09

電車の乗りかえを英語で言えるようになりましょう。

☐ Excuse me.　　すみません。

☐ Could you tell me how to get to Central Museum?　Rainbow Zoo / Green Park / Sun Tower

セントラルミュージアムへの行き方を教えてくださいませんか。
Could you 〜？：〜してくださいませんか

☐ Let's see. Take the South North Line.
└ the East West Line

ええと。南北線に乗ってください。

☐ Change trains at Green Hill.
└ Blue River / Red Mountain / Chinatown

グリーンヒルで電車を乗りかえてください。
change trains：電車を乗りかえる

☐ Take the East West Line and get off at
└ the South North Line
Chinatown.
└ Red Mountain / Blue River / Green Hill

東西線に乗って，チャイナタウンで降りてください。
get off：降りる

☐ How long does it take?　どれくらい時間がかかりますか。

☐ It'll take about fifteen minutes.
└ thirty / twenty / forty

約15分かかります。

☐ Thank you very much.　どうもありがとうございます。

📱😊 ◁チャレンジ▷ ♪ s10

電車の乗りかえの英語を会話で身につけましょう。□に言葉を入れて言いましょう。

A: Excuse me. Could you tell me how to get to ☐ ?
B: Let's see. Take ☐ .
　 Change trains at ☐ .
　 Take ☐ and get off
　 at ☐ .
A: How long does it take?
B: It'll take about ☐ minutes.
A: Thank you very much.

Challenge! SPEAKING❻

ホテルでのトラブル

アプリで学習

 ●付録アプリを使って，発音の練習をしましょう。 読 聞 書 話

 ♪ s11

ホテルでのトラブルで使う英語を言えるようになりましょう。

☐ Excuse me.	すみません。
☐ Yes. Can I help you?	はい。ご用でしょうか。
☐ I have a problem with the light.	電灯に問題があります。

the TV / the shower / the air conditioner

☐ It doesn't work.	壊れています。
☐ I apologize for the trouble.	問題をお詫びいたします。
	apologize：謝る，わびる
☐ I'll check it right away.	すぐに調査します。
☐ Thank you.	ありがとう。

チャレンジ ♪ s12

ホテルでのトラブルで使う英語を会話で身につけましょう。 ☐ に言葉を入れて言いましょう。

A: **Excuse me.**
B: **Yes. Can I help you?**
A: **I have a problem with ☐ .**
   It doesn't work.
B: **I apologize for the trouble.**
   I'll check it right away.
A: **Thank you.**

 **Challenge! SPEAKING ❼**

誘う

 アプリで学習

 ●付録アプリを使って，発音 の練習をしましょう。

 読 聞 書 話

📱◁ トレーニング ♪ s13

相手を誘う英語を言えるようになりましょう。

☐ Let's make a plan for this weekend.	今週末の計画をしましょう。 make a plan：計画する
☐ OK．Do you have any ideas?	いいですよ。何か考えはありますか。
☐ How about going to the park? └ the zoo / the library / the department store	公園へ行きませんか。 department store：デパート
☐ I want to run there. └ see pandas there / borrow some books / buy a new bag	私はそこで走りたいです。 borrow：借りる
☐ That's nice.	それはいいですね。
☐ Why don't we have lunch there? └ draw them / do our homework there / visit the museum near it	そこで昼食を食べませんか。
☐ I agree with you.	あなたに賛成です。

📱◁ チャレンジ ♪ s14

相手を誘う英語を会話で身につけましょう。☐に言葉を入れて言いましょう。

A: Let's make a plan for this weekend.
B: OK．Do you have any ideas?
A: How about going to ☐ ?
　 I want to ☐ .
B: That's nice.
　 Why don't we ☐ ?
A: I agree with you.

● There is[are] 〜 . の文

肯	There is[are]＋主語＋場所を表す語句.
否	There is[are] not＋主語＋場所を表す語句.
疑	Is[Are] there＋主語＋場所を表す語句? — Yes, there is[are]. / No there is[are] not.

⚠️ the や my などがついた特定のものが主語のときには使わない。
- × There is **my** cat under the chair.
- ○ **My cat is** under the cat.
- イスの下に私のネコがいます。

● 未来の文

・will は意志や未来を表し，be going to 〜は予定や現在から予測される未来を表す。

肯	主語＋will＋動詞の原形 〜 .	主語＋be動詞＋going to＋動詞の原形 〜 .
否	主語＋will not[won't]＋動詞の原形 〜 .	主語＋be動詞＋not＋going to＋動詞の原形 〜 .
疑	Will＋主語＋動詞の原形 〜 ? — Yes, 主語＋will. / No, 主語＋won't.	be動詞＋主語＋going to＋動詞の原形 〜 ? — Yes, 主語＋be動詞. / No, 主語＋be動詞＋not.

● いろいろな文の形

・英語の文は動詞とそれに続く語句のはたらきによって5つの形にわけることができる。

1	主語＋動詞	Spring came.　春が来ました。
2	主語＋動詞＋補語[形容詞 / 名詞]	Ken looked happy.　ケンは幸せそうでした。
3	主語＋動詞＋目的語	Eri likes tennis.　エリはテニスが好きです。
4	主語＋動詞＋目的語[人]＋目的語[もの]	Taku gave Mai the book.　タクはマイにその本をあげました。
5	主語＋動詞＋目的語＋補語[名詞 / 形容詞]	We call the cat Momo.　私たちはそのネコをモモと呼びます。

● 助動詞

can…「〜することができる」という意味以外に，①依頼するとき，②許可を求めるとき，に使う。
① **Can you** help me?　手伝ってくれますか。　② **Can I** use the bike?　その自転車を使ってもいいですか。

⚠️ can の過去形は **could**。Could you 〜 ? はていねいな依頼の表現。

must…①「〜しなければならない」(≒have[has] to 〜)　②「〜にちがいない」

肯	主語＋must＋動詞の原形 〜 .	主語＋have[has] to＋動詞の原形 〜 .
否	主語＋must not[mustn't]＋動詞の原形 〜 . 「〜してはいけない」	主語＋don't[doesn't] have to＋動詞の原形 〜 . 「〜する必要はない」
疑	Must＋主語＋動詞の原形 〜 ? — Yes, 主語＋must. / No, 主語＋don't[doesn't] (have to).	Do[Does]＋主語＋have to＋動詞の原形 〜 ? — Yes, 主語＋do. / No, 主語＋don't[doesn't] (have to).

⚠️ must には過去形がないので，過去の文では〈**had to**＋動詞の原形〉を使う。

助動詞の重要表現

Will you＋動詞の原形 〜 ?	〜してくれませんか　〈依頼〉
Shall I＋動詞の原形 〜 ?	〜しましょうか　〈申し出〉
Shall we＋動詞の原形 〜 ?	(いっしょに)〜しましょうか　〈勧誘〉
May I＋動詞の原形 〜 ?	〜してもいいですか　〈許可を求める〉

● その他の助動詞

should 〜 「〜すべきだ」
may 〜 ①「〜してもよい」
　　　　②「〜かもしれない」

● 不定詞・動名詞

不定詞〈to＋動詞の原形〉には3つの基本的な用法がある。

名詞的用法	〜すること	主語・目的語・補語
形容詞的用法	〜する[ための]…，〜すべき…	名詞を修飾
副詞的用法　①目的　②原因	①〜するために　②〜して	①動詞を修飾　②形容詞を修飾

〈疑問詞＋to＋動詞の原形〉の形で know や tell，show などの動詞の目的語になる。
I know **how to use** it.　私はその使い方を知っています。 / Tell me **what to do**.　何をすべきか私に教えて。

〈**It is**＋形容詞＋(**for ...**)＋動詞の原形 .〉の形で「(…にとって)〜することは−だ」を表す。
It is easy **for** me **to** use a computer.　私にとってコンピューターを使うことは簡単です。

⚠️ この形でよく使われる形容詞　difficult(難しい)，important(重要な)，necessary(必要な)　など

■ 動名詞〈動詞の -ing 形〉

「～すること」の意味で主語や目的語などになる。
不定詞と異なり，前置詞のあとに置くこともできる。

Thank you <u>for</u> **calling** me. 　電話をかけてくれてありがとう。

●〈前置詞＋動名詞〉の重要表現
・be good at ～ing 「～するのが得意だ」
・without ～ing 「～しないで」
・Thank you for ～ing. 「～してくれてありがとう」

■ 目的語になる不定詞・動名詞の使い分け

不定詞のみを目的語とする動詞	want(欲する)，hope(望む)，decide(決心する)　など
動名詞のみを目的語とする動詞	enjoy(楽しむ)，finish(終える)，stop(止める)　など
不定詞と動名詞の両方を目的語とする動詞	like(好む)，start[begin](始める)，continue(続ける)　など

● 接続詞

■ when, if…文と文をつなぐはたらき。文の前半に置く場合はカンマが必要。

My brother was watching TV **when** I got home. 　私が家に着いたとき，
= **When** I got home, my brother was watching TV. 　弟はテレビを見ていました。

⚠ 時や条件を表す when や if のあとの動詞は，未来のことでも現在形で表す。

If it <u>is</u> fine tomorrow, let's go to the zoo. 　もし明日晴れたら，動物園へ行きましょう。

●その他の接続詞の例
because(～なので)
before(～する前に)
after(～したあとで)　など

■ that…「～ということ」という意味を表し，あとに〈主語＋動詞〉が続く。この that はよく省略される。

I think (**that**) Yuki lives in Tokyo. 私はユキは東京に住んでいると思います。
I'm sure (**that**) Eito will win the game. 私はエイトは試合に勝つと思います。 　⚠〈主語＋be 動詞＋形容詞＋that〉
└─ 感情や心理を表す形容詞 　の形。

● 比較の文

比較級＋than ...	…よりも～	Ken is taller than Mike. 　ケンはマイクより背が高い。
the＋最上級	もっとも[いちばん]～	This pen is the longest of the three. 　このペンは3つの中でもっとも長い。
as＋原級＋as ...	…と同じくらい～	Yumi is as old as Jane. 　ユミはジェーンと同じ年齢です。
not as＋原級＋as ...	…ほど～ない	My bag isn't as big as yours. 　私のバッグはあなたのほど大きくない。

●比較級・最上級
①er, estをつける　tall — taller - tallest
②more, mostをつける
　famous — more famous — most famous
③不規則に変化するもの
　good / well — better — best
　many / much — more — most

●比較級・最上級のer, estのつけ方
①語尾にer, estをつける　small — smaller - smallest
②語尾がe → r, stをつける　large — larger - largest
③語尾が〈子音字＋y〉→ yをiにかえてer, estをつける
　happy — happier — happiest
④語尾が〈短母音＋子音字〉→ 子音字を重ねてer, estをつける
　big — bigger - biggest

● 受け身(受動態)の文

・「～される，～されている」は〈be 動詞＋過去分詞〉で表す。この形を受け身(受動態)という。

肯 主語＋be動詞＋過去分詞 ～ .
否 主語＋be動詞＋not＋過去分詞 ～ .
疑 be動詞＋主語＋過去分詞 ～ ?
— Yes, 主語＋be動詞. / No, 主語＋be動詞＋not.

⚠「～によって」と動作をした人をいうときは，<u>by</u> ～を使う。
The book was written <u>by</u> my aunt.
その本は私のおばによって書かれました。

■ by 以外の前置詞を使う受け身の文

The top of the mountain is covered **with** snow. 　山頂は雪で覆われています。
The woman is known **as** a poet. 　その女性は詩人<u>として</u>知られています。

■ 目的語が２つある受け身の文

Emi gave me the book. → I was given **the book** by Emi. / **The book** was given (to) me by Emi.
　　　　　　　　　　　　　　　　　　　　　　　　　　　　┌ 省略できる
Kazu made me the cake. → **The cake** was made for me by Kazu.

⚠「人」を主語にできない。
<u>前置詞 for が必要。</u>

■ 助動詞を含む受け身の文　〈助動詞＋be＋過去分詞〉で表す。

The room **will be cleaned** next week. 　その部屋は来週そうじされるでしょう。
A lot of stars **can be seen** from here. 　多くの星をここから見ることができます。

定期テスト対策
得点アップ！ 予想問題

1 この「**予想問題**」で
実力を確かめよう！

時間も
はかろう

2 「**解答と解説**」で
答え合わせをしよう！

3 わからなかった問題は
戻って復習しよう！

この本での
学習ページ

スキマ時間でポイントを確認！
別冊「**スピードチェック**」も使おう

●予想問題の構成

回数	教科書ページ	教科書の内容	この本での 学習ページ
第1回	5〜20	Starter，Lesson 1 〜 文法のまとめ①	4〜19
第2回	21〜36	Lesson 2 〜 文法のまとめ②	20〜35
第3回	39〜50	Lesson 3 〜 文法のまとめ③	36〜49
第4回	51〜69	Lesson 4 〜 Reading for Fun 1	50〜65
第5回	71〜90	Lesson 5 〜 Project 2	66〜83
第6回	91〜103	Lesson 6 〜 GET Plus 6	84〜95
第7回	105〜125	Lesson 7 〜 Reading for Fun 2	96〜111

英語2年　三省堂版

第**1**回
予想問題

Starter, Lesson 1 〜 文法のまとめ① 読聞書話 **30**分

解答 ▶ p.43

/100

1 **LISTENING** リサと涼の対話を聞いて，その内容に合うように（　）に適する日本語を書きなさい。

♪ t01　5点×3（15点）

```
・リサは日曜日に（　(1)　），馬に乗るつもりです。
・涼は（　(2)　），幸せを感じます。
・涼は日曜日は（　(3)　）つもりです。
```

(1)		(2)	
(3)			

2 次の日本文に合うように，＿＿に適する語を書きなさい。　　　　　4点×4（16点）

(1) 彼はやっかいな事態になりました。　He ＿＿＿＿＿＿ ＿＿＿＿＿＿ trouble.

(2) ドレスを試着してください。　Please ＿＿＿＿＿＿ ＿＿＿＿＿＿ the dress.

(3) あなたの弟さんは試合でうまくいくでしょう。

Your brother will ＿＿＿＿＿＿ ＿＿＿＿＿＿ in a match.

(4) ［許可を求められて］　残念ですがしてはいけないと思います。

＿＿＿＿＿＿ ＿＿＿＿＿＿ you may not.

(1)		(2)	
(3)		(4)	

3 〔　〕内の語句を並べかえて，日本文に合う英文を書きなさい。　　　4点×4（16点）

(1) 子どもだったとき，私はよくピアノをひきました。

〔 I / a child / when / was 〕, I often played the piano.

(2) もしあなたが疲れているならば，私が洗濯をします。

〔 are / if / tired / you 〕, I will do the laundry.

(3) 彼は空腹なので走れません。　He cannot run 〔 he / hungry / because / is 〕.

(4) 私は奈良に行けることを希望します。　〔 I / can / hope / I / that 〕 go to Nara.

(1)	
(2)	
(3)	
(4)	

4 次の英文を読んで，あとの問いに答えなさい。　(計23点)

　Then Peter ① (hide) in a watering can. He thought ② (ア if　イ that　ウ when) he was safe. ③He was not. Mr. McGregor found him. Peter jumped out and ran some more.

　④ついに Peter got home. ⑤He didn't say anything because he was too tired. His mother wondered, "What happened?" She didn't ask. She just put Peter to bed and made chamomile tea for him.

　"Good night, Peter."

(1)　①の（　）内の語を適する形にかえなさい。　(4点)
(2)　②の（　）内から適する語を選び，記号で答えなさい。　(4点)
(3)　下線部③の not のあとに省略されている語を書きなさい。　(5点)
(4)　下線部④の日本語を英語になおしなさい。　(5点)
(5)　下線部⑤の理由は何ですか。具体的に日本語で答えなさい。　(5点)

(1)		(2)		(3)		(4)	
(5)							

5 次の日本文を英語になおしなさい。　5点×4(20点)
(1)　私の祖母はいくつかの物語を書きました。
(2)　佐藤先生(Ms. Sato)は親切なので，その生徒たちは彼女が好きです。
(3)　もし暖かければ，湖を訪れましょう。
(4)　父が私に話しかけたとき，私は英語を勉強していました。

(1)	
(2)	
(3)	
(4)	

6 次のようなとき，英語でどのように言うか書きなさい。　5点×2(10点)
(1)　私はこの映画はすばらしいと思うと言うとき。
(2)　相手のペンを使ってもいいか許可を求めるとき。

(1)	
(2)	

第2回 予想問題 Lesson 2 〜 文法のまとめ②

読 聞 書 話 30分 /100

解答 ▶ p.43

1 LISTENING 英語を聞いて，内容と合っていれば○，異なっていれば×を書きなさい。

♪ t02 5点×3(15点)

(1) Hello.

(2)

(3)

(1)		(2)		(3)	

2 次の日本文に合うように，＿＿＿に適する語を書きなさい。   4点×3(12点)

(1) 彼女は新入生です。－そのとおり。

She is a new student. － ＿＿＿＿＿＿＿ ＿＿＿＿＿＿＿.

(2) 夏祭りがまもなくきます。

The summer festival ＿＿＿＿＿＿＿ ＿＿＿＿＿＿＿ soon.

(3) 彼はジャガイモのような野菜が好きです。

He likes vegetables, ＿＿＿＿＿＿＿ ＿＿＿＿＿＿＿ potatoes.

(1)		(2)	
(3)			

3 次の各組の文がほぼ同じ内容になるように，＿＿＿に適する語を書きなさい。   5点×4(20点)

(1) { She went to the shop and bought a T-shirt.
She went to the shop ＿＿＿＿＿＿＿ ＿＿＿＿＿＿＿ a T-shirt.

(2) { I want to drink something.
I want something ＿＿＿＿＿＿＿ ＿＿＿＿＿＿＿.

(3) { He is a guitarist.
His job is ＿＿＿＿＿＿＿ ＿＿＿＿＿＿＿ the guitar.

(4) { To walk my dog is a lot of fun.
＿＿＿＿＿＿＿ is a lot of fun ＿＿＿＿＿＿＿ walk my dog.

(1)		(2)	
(3)		(4)	

4 次は農場で働く彩さんの話です。これを読んで，あとの問いに答えなさい。　5点×4(20点)

> I want to grow better vegetables and bring more happiness to people. ①(　　　　)
> (　　　) my goals as a farmer, I still ②〔 things / have / learn / many / to 〕.

(1) 下線部①が「農業をする人として目標を達成するために」という意味になるように，(　) に適する語を書きなさい。

(2) 下線部②の〔　〕内の語を並べかえて，意味の通る英文にしなさい。

(3) 次の文が本文の内容に合うように，＿＿に適する語を書きなさい。

Aya wants to bring ＿＿＿＿＿＿ ＿＿＿＿＿＿ to people.

(4) 本文の内容に合うように次の質問に英語で答えるとき，＿＿に適する語を書きなさい。

What does Aya want to grow? － She wants to grow ＿＿＿＿＿ ＿＿＿＿＿.

(1)		(2)	
(3)		(4)	

5 〔　〕内の語句を並べかえて，日本文に合う英文を書きなさい。　5点×3(15点)

(1) 英語を話すことは彼には難しいです。

〔 is / for him / speak / it / difficult / to 〕 English.

(2) 彼女は自分の部屋をそうじするために早く帰宅しました。

She 〔 to / her room / came home / clean / early 〕.

(3) あなたは今，何かすることがありますか。

〔 anything / to / you / do / have / do 〕 now?

(1)	
(2)	
(3)	

6 次の日本文を英語になおしなさい。　6点×3(18点)

(1) 私のおばは手紙を書くことが好きです。

(2) 彼はその試験に合格するために毎日勉強しました。

(3) 私には読むべき雑誌がいくつかあります。

(1)	
(2)	
(3)	

第3回 予想問題　Lesson 3 〜 文法のまとめ③　読聞書話　30分　　/100

解答 ▶ p.44

1 LISTENING 英語を聞いて，その内容と合っているものを下から選び，記号で答えなさい。

♪ t03 5点×2（10点）

(1)　ア　There aren't any girls and boys in the park.

　　イ　There are three girls and two boys in the park.

　　ウ　There are two girls and three boys in the park.

(2)　ア　Ami enjoys painting pictures and collecting cards.

　　イ　Ami and Bob enjoy visiting famous places.

　　ウ　Bob likes taking pictures and collecting stamps.

(1)		(2)	

2 次の日本文に合うように，＿＿に適する語を書きなさい。　4点×4（16点）

(1)　彼は先生ですね。　　He is a teacher, ＿＿＿＿＿＿ ＿＿＿＿＿＿?

(2)　毎年たくさんの人々がその寺を訪れます。

　　A ＿＿＿＿＿＿ ＿＿＿＿＿＿ people visit the temple every year.

(3)　霧のためにバスが止まりました。

　　The bus stopped ＿＿＿＿＿＿ ＿＿＿＿＿＿ the fog.

(4)　私たちはこの部屋で大声で話してはいけません。

　　We ＿＿＿＿＿＿ ＿＿＿＿＿＿ speak loudly in this room.

(1)		(2)	
(3)		(4)	

3 次の文を（ ）内の指示にしたがって書きかえなさい。　5点×4（20点）

(1)　There is a box on the desk.　（下線部を two にかえて）

(2)　She enjoyed the DVD.　（「その DVD を見て楽しみました」という文に）

(3)　There is a restaurant in the zoo.　（疑問文にかえて，No で答える）

(4)　I return books today.　（「〜しなければならない」という文に）

(1)	
(2)	
(3)	
(4)	

4 次の英文を読んで，あとの問いに答えなさい。 (計24点)

The tower has many good points. It has a very simple design. A small team of people can build it in just one day. To build the tower, ①they use ②eco-friendly materials such as bamboo and natural fiber ropes. The tower works without electricity, so you can build it in many places.

③〔 in / there / problems / all communities / are 〕, including the lack of water.

(1)　下線部①が指すものを本文中の5語の英語で書きなさい。 (4点)

(2)　下線部②はどのような素材ですか。日本語で答えなさい。 (5点)

(3)　下線部③が「すべての社会に問題があります」という意味になるように，〔　〕内の語句を並べかえなさい。 (5点)

(4)　次の文が本文の内容に合っていれば○，異なっていれば×を書きなさい。 5点×2(10点)

　１．The tower needs electricity when it works.

　２．People can built a tower in many places.

(1)					
(2)					
(3)			(4)	１	２

5 次の日本文を英語になおしなさい。 5点×4(20点)

(1)　ドアの近くに大きなかばんがあります。

(2)　その木の下に何匹かイヌがいますか。

(3)　その少女たちはサッカーをすることが好きです。　（5語で）

(4)　この問題を解くことは難しいです。　（5語で）

(1)	
(2)	
(3)	
(4)	

6 次の質問に，あなた自身の答えを英語で書きなさい。 5点×2(10点)

(1)　What did you enjoy last Sunday?

(2)　How many books are there in your room?

(1)	
(2)	

第**4**回
予想問題

Lesson 4 〜 Reading for Fun1

読 聞
書 話

30分

解答 p.45

/100

1 LISTENING 次の絵についてそれぞれア〜ウの英語を聞いて，絵の内容を最も適切に表しているものを1つ選び，記号で答えなさい。

 t04　5点×3（15点）

(1) | (2) | (3)

| (1) | | (2) | | (3) | |

2 次の日本文に合うように，＿＿に適する語を書きなさい。　4点×4（16点）

(1) 私は明日，私の宿題を提出します。

I will ＿＿＿＿＿＿ ＿＿＿＿＿＿ my homework tomorrow.

(2) このウサギはイヌのように見えます。

This rabbit ＿＿＿＿＿＿ ＿＿＿＿＿＿ a dog.

(3) 冗談だろ，健太。

You ＿＿＿＿＿＿ ＿＿＿＿＿＿ kidding, Kenta.

(4) あした野球をしましょうか。

＿＿＿＿＿＿ ＿＿＿＿＿＿ play baseball tomorrow?

(1)		(2)	
(3)		(4)	

3 次の各組の文がほぼ同じ内容になるように，＿＿に適する語を書きなさい。　5点×3（15点）

(1) { I was surprised when I read the article.
    The article ＿＿＿＿＿＿ me ＿＿＿＿＿＿ .

(2) { My aunt cooks dinner for them on Sundays.
    My aunt cooks ＿＿＿＿＿＿ ＿＿＿＿＿＿ on Sundays.

(3) { She is our math teacher.
    She teaches ＿＿＿＿＿＿ ＿＿＿＿＿＿ .

(1)		(2)	
(3)			

4 次のウルルについてのケイトの話を読んで，あとの問いに答えなさい。 (計24点)

Look at this picture. This giant rock is very special to ①the Anangu, the native people. They called it Uluru. When British explorers saw it in 1873, ②they (　　　) it Ayers Rock. This hurt the Anangu and made ③them sad.

(1) 下線部①を本文中の３語で言いかえなさい。 (4点)

(2) 下線部②が「彼らはそれをエアーズロックと名づけました」という意味になるように，（　）に適する語を書きなさい。 (5点)

(3) 下線部③の them が指すものを本文中の２語で書きなさい。 (5点)

(4) 次の文が本文の内容に合うように，＿＿＿に適する語を書きなさい。

The Anangu call this ＿＿＿＿＿＿＿ ＿＿＿＿＿＿＿ Uluru. (5点)

(5) 本文の内容に合うように，次の質問に英語で答えなさい。

When did British explorers see Uluru? (5点)

(1)		(2)	
(3)		(4)	
(5)			

5 次の文を（　）内の指示にしたがって書きかえなさい。 5点×3(15点)

(1) He showed his racket to me. （５語でほぼ同じ内容を表す文に）

(2) I finish the exercise today. （７語で「～しなければならない」という文に）

(3) You buy a new umbrella. （「～しなくてもよい」という文に）

(1)	
(2)	
(3)	

6 次の日本文を英語になおしなさい。 5点×3(15点)

(1) 私たちは彼女たちにこの歌を歌います。 （５語で）

(2) 私の兄たちは私をカコ(Kako)と呼びます。

(3) その演奏会はみんなを幸せにしました。

(1)	
(2)	
(3)	

第 **5** 回
予想問題
Lesson 5 〜 Project 2

読聞
書話

30
分

/100

 1 LISTENING　英語を聞いて，その内容に合うように（　）に適する日本語を書きなさい。

t05　5点×3（15点）

- 絵里香にとって数学はいちばん（　（1）　）教科です。
- ジャックにとって理科はいちばん（　（2）　）教科です。
- 絵里香とジャックでは（　（3）　）のほうが長く家で勉強します。

(1)		(2)	
(3)			

2 次の日本文に合うように，＿＿に適する語を書きなさい。　4点×4（16点）

(1)　私はお祭りを楽しみに待ちます。

　　I ＿＿＿＿＿＿＿ ＿＿＿＿＿＿＿ to the festival.

(2)　［電話で］トマスくんをお願いできますか。

　　Can I ＿＿＿＿＿＿＿ ＿＿＿＿＿＿＿ Thomas?

(3)　このケースはその店でいちばん重いです。

　　This case is ＿＿＿＿＿＿＿ ＿＿＿＿＿＿＿ in the shop.

(4)　彼はイヌよりもネコが好きです。

　　He likes cats ＿＿＿＿＿＿＿ ＿＿＿＿＿＿＿ dogs.

(1)		(2)	
(3)		(4)	

3 次の各組の文がほぼ同じ内容になるように，＿＿に適する語を書きなさい。　5点×3（15点）

(1) { This island is larger than that one.
　　　That island is ＿＿＿＿＿＿＿ ＿＿＿＿＿＿＿ this one.

(2) { My uncle is older than my aunt.
　　　My aunt is ＿＿＿＿＿＿＿ ＿＿＿＿＿＿＿ my uncle.

(3) { This site is more valuable than that one.
　　　That site is not as ＿＿＿＿＿＿＿ ＿＿＿＿＿＿＿ this one.

(1)		(2)	
(3)			

4 次の姉妹校から届いたメールの一部を読んで，あとの問いに答えなさい。 (計24点)

Karate is as ① (popular) as wearing a kimono. Another eight students chose this activity. ②Half of them are (　　　)(　　　) a karate *dojo* in Auckland. They think karate practice in Japan is ③ (hard) than in New Zealand, so they want to practice karate with Japanese students.

　④ 2，3 の ～ my students chose *shodo*. ⑤〔 interested / are / languages / in / students / these 〕

(1) ①，③の(　)内の語を必要に応じて適する形にかえなさい。 4点×2(8点)

(2) 下線部②が「彼らの半分がオークランドの空手道場の一員です」という意味になるように，(　)に適する語を書きなさい。 (5点)

(3) 下線部④を３語の英語になおしなさい。 (5点)

(4) 下線部⑤の〔　〕内の語を並べかえて，意味の通る英文にしなさい。 (6点)

(1)①	③	(2)
(3)		
(4)		

5 次の文を(　)内の指示にしたがって書きかえなさい。 5点×3(15点)

(1) This robot is expensive. (「あのロボットよりも高価です」という文に)

(2) She likes melons. (「すべての果物の中でいちばん好きです」という文に)

(3) My dictionary is thick. (「あなたのものと同じくらい厚いです」という文に)

(1)
(2)
(3)

6 次の日本文を英語になおしなさい。 5点×3(15点)

(1) 彼の写真は10枚の中でいちばん美しいです。

(2) ジェニー(Jenny)は彼女のお母さんよりも早く家を出ます。

(3) 私は私の弟にギターのひき方を教えました。

(1)
(2)
(3)

第6回 予想問題　Lesson 6 〜 GET Plus 6

読書 聞話　30分　解答 p.47　/100

1 LISTENING 英語を聞いて，それぞれの内容に合う絵を下から選び，記号を答えなさい。

5点×3（15点） t06

ア	イ	ウ
エ	オ	カ

(1)	
(2)	
(3)	

2 次の日本文に合うように，＿＿に適する語を書きなさい。　4点×4（16点）

(1) 私は14歳です。　I am fourteen ＿＿＿＿＿＿ ＿＿＿＿＿＿.

(2) トムは私に助けを求めました。　Tom ＿＿＿＿＿＿ me ＿＿＿＿＿＿ help.

(3) この箱をあけていただけますか。

＿＿＿＿＿＿ ＿＿＿＿＿＿ open this box, please?

(4) このラジオをあなたに貸しましょうか。－本当に感謝します。

Shall I lend you this radio? － I really ＿＿＿＿＿＿ ＿＿＿＿＿＿.

(1)		(2)	
(3)		(4)	

3 次の文を（　）内の指示にしたがって書きかえなさい。　4点×4（16点）

(1) We learn Chinese. （「3年の間」を加えて現在完了形の文に）

(2) It is cold. （「先週から」を加えて現在完了形の文に）

(3) They have worked at the zoo for ten months. （疑問文にかえて，No で答える）

(4) How long have you played the piano? （「私が8歳の時からです」と答える）

(1)	
(2)	
(3)	（疑問文）
	（答えの文）
(4)	（答えの文）

4 次の英文を読んで，あとの問いに答えなさい。 (計23点)

Now people around the world enjoy tea every day. People drink (much) black tea than any other tea. Black tea has been popular in Europe since the 1750s. Green tea is the second most popular tea in the world. People in East Asia often drink it. Japanese have enjoyed green tea since the ninth century.

Remember this when you buy and drink our shop's tea. Tea is one of China's greatest gifts to the world.

(1) （　）内の語を適する形にかえなさい。 (5点)

(2) 次の文が本文の内容に合っていれば○，異なっていれば×を書きなさい。 4点×2(8点)

　　1．東アジアの人々はたびたび紅茶を飲みます。

　　2．茶は中国から世界への最も偉大な贈り物の1つです。

(3) 本文の内容に合うように，次の質問に英語で答えなさい。 5点×2(10点)

　　1．How long has black tea been popular in Europe?

　　2．Which is more popular, black tea or green tea?

(1)		(2)	1		2	
(3)	1			2		

5 次の日本文を英語になおしなさい。 5点×4(20点)

(1) 私たちは昨年からベス(Beth)を知っています。

(2) 私の妹は先月からそのバレーボール部に所属しています。

(3) 彼は長い間その本を持ち続けていますか。－はい，持ち続けています。

(4) あなたはどれくらい長く日本に滞在していますか。－2か月間です。

(1)	
(2)	
(3)	
(4)	

6 次の質問に，あなた自身の答えを英語で書きなさい。 5点×2(10点)

(1) Have you wanted a new bag for a month?

(2) How long have you lived in this area?

(1)	
(2)	

解答　p.47

第7回 予想問題　Lesson 7 〜 Reading for Fun 2　読 聞 書 話　45分　/100

1 LISTENING 対話と質問を聞いて，その答えとして適するものを下から選び，記号で答えなさい。

♪ t07　3点×2(6点)

(1)　ア　He has lost his wallet three times.

　　イ　Yes, he has.　He lost his favorite wallet last summer.

　　ウ　No.　But he has lost his watch.　He was sad then.

(2)　ア　Yes, he has.　He bought a small tea cup.

　　イ　No, he hasn't.　But he will get a cap tomorrow.

　　ウ　No, he hasn't.　But he will get a white cup tomorrow.

(1)	
(2)	

2 次の日本文に合うように，＿＿に適する語を書きなさい。

3点×4(12点)

(1)　「なんと興味深いのだろう」とその生徒は言いました。

　　"＿＿＿＿＿＿ ＿＿＿＿＿＿!" the student said.

(2)　私たちのカフェテリアにようこそ。

　　＿＿＿＿＿＿ ＿＿＿＿＿＿ our cafeteria.

(3)　ちょっといいですか，グリーン先生。

　　Do you ＿＿＿＿＿＿ a ＿＿＿＿＿＿, Ms. Green?

(4)　あなたはマイケルの意見を書き留めましたか。

　　Did you ＿＿＿＿＿＿ ＿＿＿＿＿＿ Michael's idea?

(1)		(2)	
(3)		(4)	

3 次の対話が成り立つように，＿＿に適する語を書きなさい。

3点×3(9点)

(1)　A: ＿＿＿＿＿＿ you ever walked your dog in that park?

　　B: No, I've ＿＿＿＿＿＿ walked my dog there.

(2)　A: ＿＿＿＿＿＿ they cleaned the classroom ＿＿＿＿＿＿?

　　B: Yes, they ＿＿＿＿＿＿ just cleaned it.

(3)　A: ＿＿＿＿＿＿ your sister baked cookies ＿＿＿＿＿＿?

　　B: No, she ＿＿＿＿＿＿ baked them ＿＿＿＿＿＿.

(1)		
(2)		
(3)		

4 次のインタビューを読んで，あとの問いに答えなさい。(*I:* interviewer　*K:* Kimie-san)

(計21点)

> *I:*　What have you learned from your performances around the world?
>
> *K:*　Well, ①私の意見では, we're different, but we also have things ②共通して, like laughter. We can laugh together during a *rakugo* performance.
>
> *I:*　I see. What's your future plan?
>
> *K:*　To continue spreading laughter. I think ③this will make a more peaceful world.
>
> *I:*　Thank you for your time. ④[with / enjoyed / you / I've / talking].
>
> *K:*　⑤My pleasure.

(1)　下線部①，②の日本語を英語になおしなさい。　　　　　　　　　　3点×2(6点)

(2)　下線部③が指す具体的な内容を日本語で書きなさい。　　　　　　　　(4点)

(3)　下線部④の〔　〕内の語を並べかえて，意味の通る英文にしなさい。　(4点)

(4)　下線部⑤を日本語になおしなさい。　　　　　　　　　　　　　　　(3点)

(5)　本文の内容に合うように次の質問に英語で答えるとき，＿＿に適する語を書きなさい。

　　　When can we laugh together?　　　　　　　　　　　　　　　　(4点)

　　　－ We can laugh together ＿＿＿＿＿ ＿＿＿＿＿ ＿＿＿＿＿ ＿＿＿＿＿.

(1)	①		②	
(2)				
(3)				
(4)				
(5)				

5 次の文を（　）内の指示にしたがって書きかえなさい。　　　3点×4(12点)

(1)　I have already finished my report. （否定文に）

(2)　We travel to China. （文末に「2度」を加えて現在完了形の文に）

(3)　She has already solved the problem. （疑問文にかえて，Yes で答える）

(4)　Bob wears a yukata. （文末に「3度」を加えて現在完了形の文に）

(1)		
(2)		
(3)		
(4)		

6　〔　〕内の語句を並べかえて，日本文に合う英文を書きなさい。　　　3点×4（12点）

(1)　その音楽家は世界中で有名です。

　　〔 famous / over / the musician / all / the world / is 〕.

(2)　私といっしょに美術館を訪れてはどうですか。

　　〔 don't / the museum / you / with me / visit / why 〕?

(3)　バスはまだ駅に着いていません。

　　〔 arrived at / the bus / yet / not / the station / has 〕.

(4)　私はとても忙しかったので，友人に電話をかけませんでした。

　　I was 〔 didn't / that / my friend / busy / I / call / so 〕.

(1)	
(2)	
(3)	
(4)	

7　次の日本文を英語になおしなさい。　　　4点×4（16点）

(1)　私はちょうどあなたに E メールを送ったところです。

(2)　耕司(Koji)はもうその報道を聞いてしまいました。

(3)　私の両親は一度もその動物を見たことがありません。

(4)　美穂(Miho)は今までにマラソンを走ったことがありますか。

(1)	
(2)	
(3)	
(4)	

8　次のようなとき，英語でどのように言うか書きなさい。　　　4点×3（12点）

(1)　私は一度もサーフィンをやってみたことがない，と言うとき。

(2)　相手にもう宿題をしたかたずねるとき。

(3)　相手に今までにオーストラリアに行ったことがあるかたずねるとき。

(1)	
(2)	
(3)	

＊　＊　＊

教科書ワーク 英語 特別ふろく

無料アプリ 英1 英2 英3
どこでもワーク

こちらにアクセスして，ご利用ください。
https://portal.bunri.jp/app.html

単語特訓▶

重要語句の
暗記に便利

音声つき

▼文法特訓

文法事項を
三択問題で
確認！

間違えた問題だけを何度も確認できる！

無料ダウンロード
ホームページテスト

無料でダウンロードできます。
表紙カバーに掲載のアクセス
コードを入力してご利用くだ
さい。
https://www.bunri.co.jp/infosrv/top.html

文法問題▶

テスト対策や
復習に使おう！

リスニング試験対策に
バッチリ！

▼リスニング問題

中学教科書ワーク
解答と解説

この「解答と解説」は，**取りはずして** 使えます。

三省堂版「ニュークラウン」
英語2年

Starter, Lesson 1 ～ 文法のまとめ①

p.4～5　ステージ1

Wordsチェック　(1)心配(事)，やっかいな事態
(2)(大人の)男性，男の人　(3)だれでも
(4)利口な，頭のいい　(5)job　(6)sick
(7)middle　(8)men

1 (1)danced　(2)studied Japanese
(3)made sandwiches

2 (1)cleaned　(2)lived　(3)washed

3 (1)visited　(2)cooked　(3)bought

4 (1)saw, yesterday　(2)Did, eat / she did
(3)didn't go

5 (1)wrote, story　(2)comes from
(3)In fact　(4)get into

6 (1)He listened to the radio
(2)I did my homework
(3)Did you walk in the park
(4)She didn't practice tennis

解説

1 「―はこの前の土曜日に～しました」は〈主語＋動詞の過去形～ last Saturday.〉で表す。(1)，(2)は規則動詞。e で終わる語は d をつける。〈子音字＋y〉で終わる語は y を i にかえて ed をつける。

2 (1)last ～(この前の～)があるので過去の文。過去形を選ぶ。「私はこの前の月曜日にその部屋をそうじしました」
(2)～ago((今から)～前に)があるので過去の文。過去形を選ぶ。「私たちは10年前にオーストラリアに住んでいました」
(3)yesterday(昨日)があるので過去の文。過去形を選ぶ。「トムは昨日，彼のくつを洗いました」

3 (1)yesterday から過去の文。visit は規則動詞で ed をつけて過去形にする。「私たちは昨日グリーン先生を訪ねました」

(2)last ～から過去の文。cook は規則動詞。「彼はこの前の火曜日にカレーを料理しました」
(3)～ ago から過去の文。buy は不規則動詞で過去形は bought。「久美は3日前にリンゴを買いました」

4 (1)yesterday を加えるので過去の文にする。see の過去形は saw。「私は昨日，公園であなたのお姉[妹]さんと会いました」
(2)**ミス注意** 過去の疑問文は〈Did＋主語＋動詞の原形～?〉で表す。答えるときも did を使う。ate の原形は eat(食べる)。「彼女は先週ピザを食べましたか」「はい，食べました」
(3)**ミス注意** 過去の否定文は〈主語＋didn't[did not]＋動詞の原形～.〉で表す。went の原形は go。「スミス先生はその劇場に行きませんでした」

5 (1)**ミス注意** 「書く」は write。過去の文なので過去形の wrote にする。「物語」story
(2)「～から生じる」come from ～
(3)「実は」in fact
(4)「～になる」get into ～

6 (1)「ラジオを聞く」は listen to the radio。listen は規則動詞。
(2)「(私の)宿題をする」は do my homework。do は不規則動詞で，過去形は did。
(3)一般動詞の過去の疑問文は Did ～? の形にする。「散歩する」は walk。
(4)一般動詞の過去の否定文は主語のあとに〈did not[didn't]＋動詞の原形〉を続ける。「練習する」は practice。

ポイント①　一般動詞の過去形
・規則動詞は(e)d をつける。
・不規則動詞は不規則に変化する。

ポイント②　一般動詞の過去の疑問文・否定文
【疑問文】〈Did＋主語＋動詞の原形～?〉
【答え方】Yes, ～ did. / No, ～ did not[didn't].
【否定文】〈主語＋did not[didn't]＋動詞の原形～.〉

2

p.6〜7 ステージ1

vordsチェック (1)近ごろ，最近
(2)貸す，貸し出す (3)ここちよい (4)おびえた
(5)不満を持っている (6) test (7) worried
(8) clear (9) spoke (10) came

1 (1) When (2) When Kana visited
(3) when Tom called me

2 (1) If it is clear (2) If it is warm

3 (1) When Amy came home
(2) If you like music

4 (1) do well
(2) feel comfortable, wonderful

5 (1) I will stay at home (2) I will go to a park
(3) I will go to a gym

━━━━━ 解 説 ━━━━━

1 「〜したとき」は〈when＋主語＋動詞〜〉で表す。

2 ミ**ス注意!** 接続詞 if は「もし〜ならば」を表し，あとに〈主語＋動詞〜〉を続ける。
(1)「もし晴れならば，私たちは公園を走るつもりです」
(2)「もし暖かければ，私は私のイヌを散歩させます」

3 (1)「〜するとき」は〈when＋主語＋動詞〜〉で表す。
(2)「もし〜ならば」は〈if＋主語＋動詞〜〉で表す。

4 (1)「うまくいく，成功する」do well
(2)「気持ちがよい」は〈feel＋形容詞〉で表す。

5 (1)「もし雨ならば，私は家にいます」
(2)「もし晴れならば，私は公園に行きます」
(3)「もし雨ならば，私は体育館に行きます」

┌──────────────────┐
│ **ポイント1** 接続詞 when │
│ ・「〜(する)とき」「〜(した)とき」 │
│ 〈when＋主語＋動詞〜〉 │
└──────────────────┘

┌──────────────────┐
│ **ポイント2** 接続詞 if │
│ ・「もし〜ならば」 │
│ 〈if＋主語＋動詞〜〉 │
└──────────────────┘

p.8〜9 ステージ1

vordsチェック (1)地方，地域
(2)スリル満点の (3)驚くべき，意外な
(4) adventure (5) important (6) someday

1 (1) I think that Ken is a nice boy.
(2) I think that the movie is very exciting.

2 (1) think (that) I will work at a zoo

(2) thinks (that) you will become a good
player

3 (1) I think that (2) hope that they will
(3) know that you like
(4) This book shows that pandas
(5) don't think that she is nervous
(6) I don't think it will rain

4 (1) that, useful (2) also, article
(3) know, important

WRITING Plus (1)例 I think (that) science is
interesting.
(2)例 I hope (that) it will be clear[sunny]
tomorrow.
(3)例 This picture shows (that) they
practice baseball hard.

━━━━━ 解 説 ━━━━━

1 「私は〜と思います」は I think (that)のあとに「〜」を表す文を続けて作る。

2 (1)「あなたは私が動物園で働くだろうと思っています」
(2)ミ**ス注意!** 主語が3人称単数なので，動詞 think に s をつけること。「恵子はあなたがよい選手になるだろうと思っています」

3 (5)ミ**ス注意!**「〜しないと思う」は〈主語＋do[does] not think 〜.で表す。
(6)接続詞 that が省略されているので，think のあとに〈主語＋動詞〉を続ける。that 以下は天候を表す文で it を主語にする。

4 (2)「〜もまた」は also で，「記事」は article.
(3)ミ**ス注意!**「彼らは〜ということを知っています」は They know (that) 〜.。空所の数からここでは that が省略されている。「重要な」は important.

WRITING Plus (1)「私は〜と思う」は I think (that) 〜.で表す。「興味深い」は interesting.
(2)「私は〜を希望する」は I hope (that) 〜.で表す。「明日は晴れる」では it を主語にする。「晴れる」は clear や sunny を使うとよい。
(3)「…は〜を示す」は〈主語＋show(s) 〜.〉で表す。

┌──────────────────┐
│ **ポイント** 接続詞 that │
│ ・「〜ということ」 │
│ that のあとには〈主語＋動詞〜〉の文がくる。 │
└──────────────────┘

3

解答と解説

p.10〜11　ステージ1

Wordsチェック　(1)見つける
(2)別の場所へ，去って　(3)ほんの，ただ
(4)安全な　(5)もっと(多く)　(6) happen
(7) wonder　(8) anything　(9) caught
(10) found

❶ (1) because　(2) because it is delicious
(3) because he was tired

❷ (1) hid　(2) Once upon, time

❸ (1) ア　(2) saw
(3) He was looking for parsley.

❹ (1) One day I visited
(2) At last she made
(3) lost her cap among the flowers
(4) got home at four because she helped
　Ann

❺ (1) Never go into
(2) Ken ate lunch at one
(3) because he is kind

━━━━ 解説 ━━━━

❶「〜なので」は because で表す。あとには〈主語＋動詞〜〉を続ける。

❷ (1)「隠れる」hide の過去形は hid。
(2)「昔々」once upon a time

❸ (1)「〜したとき」という文なので when を選ぶ。
(2) see は不規則動詞で過去形は saw。
(3)質問は「ピーターは何をさがしていましたか」という意味。1行目参照。

❹ (3)「なくす」は lose で過去形は lost。
(4) **ミス注意!**「〜なので」は〈because ＋主語＋動詞〜〉で表す。because のあとは「(彼女は)アンを手伝った」の she helped Ann を続ける。

❺ (1)「決して〜ない」という強い否定は never で表す。「決してあの庭に入ってはいけません」
(2) **ミス注意!** yesterday は過去を表すので，動詞を過去形にする。eat は不規則動詞で過去形は ate。「健は昨日，1時に昼食を食べました」
(3) because のあとに he is kind を続ける。「彼は親切なので，私たちは彼が好きです」

ポイント　接続詞 because
・「〜なので」
　〈because ＋主語＋動詞〜〉

p.12　ステージ1

Wordsチェック　(1)雑誌，定期刊行物
(2)スキャンする，読み取る　(3)押す　(4)森林
(5)閉じた
(6) award　(7) true　(8) machine
(9) button　(10) borrow

❶ (1) What's the book about?
(2) It got a popular award.

❷ (1) What's, plan　(2) Sounds good
(3) bring, back　(4) pay, fine

━━━━ 解説 ━━━━

❶ (1)「〜について」は about。
(2)「人気のある賞」は a popular award。

❷ (1)「〜は何ですか」は What is 〜? で空所の数から What's と短縮形にする。「計画」は plan。
(3)「〜を返却する」bring 〜 back
(4)「罰金を払う」は pay a fine。fine は「罰金」という意味。

ポイント　質問したいとき
・What's the 〜 about?
　「〜は何についてですか」
・Who is 〜?
　「だれが〜ですか」
・Where are you going to 〜?
　「どこで〜しますか」

p.13　ステージ1

Wordsチェック　(1)試着する
(2)メッセージを残す
(3) menu　(4) call

❶ (1) May I　(2) May I ask
(3) May I use your dictionary?

❷ (1) May I　(2) Sure　(3) I'm afraid

━━━━ 解説 ━━━━

❶「〜してもいいですか」は〈May I ＋動詞の原形〜?〉で表す。

❷ (1)「入ってもいいですか」は May I come in? で表す。come in は「入る」。
(2)「もちろん」Sure.
(3)「残念ですが〜ではないかと思います」I'm afraid (that) 〜

ポイント　許可を求める表現
・〈May I ＋動詞の原形〜?〉
　「〜してもいいですか」
　答えるときは，Sure.(もちろん)などを使う。

4

1 (1) **When** (2) **because** (3) **that** (4) **If**
(5) **that**

2 (1) **When, was** (2) **If, is** (3) **They know**

3 (1)私が友人に電話をかけたとき，彼は彼の宿題をしていました。
(2)この写真は彼が上手にギターを演奏できることを示しています。

4 (1) **If you like animals, let's go to the zoo.**
[Let's go to the zoo if you like animals.]
(2) **When I visited Lucy, she was writing a**
letter.[Lucy was writing a letter when I
visited her.]
(3) **I study English every day because it is**
important.[Because English is
important, I study it every day.]

5 (1) **know that you have many books**
(2) **If you are tired, please sit**
(3) **I feel happy when I listen to**
(4) **made sandwiches because she was**
hungry

■■■■■《 解説 》■■■■■

1 (1)「その店に行ったとき，私は美紀に会いました」
(2)「病気だったので，彼は学校に行きませんでした」
(3)「私は，グリーン先生はハワイ出身だと思います」
(4)「もし晴れならば，遊園地を訪れましょう」
(5)「あなた(がた)がお祭りに来ることを彼女は希望しています」

2 (1)「〜(した)とき」は when 〜で表す。
(2)「もし〜ならば」は if 〜で表す。「涼しい」は cool。
(3)「彼らは〜ということを知っています」は They know (that) 〜. で表す。ここでは that は省略されている。

3 (1) When I called 〜は「私が〜に電話をかけたとき」。
(2) **ミス注意** This picture shows that 〜. は「この写真は〜ということを示しています」を表す。主語が人ではなく，「この写真」になっていることに注意する。

4 (1)「もしあなたが動物が好きならば，動物園に

行きましょう」
(2)「私がルーシーを訪ねたとき，彼女は手紙を書いていました」
(3)「英語は大切なので，私は毎日それを勉強します」

5 (1)「私は〜(という)ことを知っている」は I know that 〜. の形にする。
(2)「もしあなたが疲れているならば」は if のあとに〈主語＋動詞〜〉を続ける。コンマは if で始まる〈主語＋動詞〜〉のあとに入れる。
(3)「私はこの歌を聞くと」は「私はこの歌を聞くとき」と考えるとよい。when のあとに〈主語＋動詞〜〉を続ける。
(4)「彼女はおなかがすいていたので」は because のあとに〈主語＋動詞〜〉を続ける。

> **ポイント** 接続詞
> ・when(〜(する)とき，〜(した)とき)
> ・if(もし〜ならば)
> ・that(〜ということ)
> ・because(〜なので)

❶ LISTENING ウ

❷ (1) **If** (2) **that** (3) **When**

❸ (1) **do well** (2) **One day**
(3) **What's, about** (4) **got into**

❹ (1) **I hope it will be clear**
(2) **We like her because she**
(3) **When I play the piano, I**
(4) **May I try on**

❺ (1) **for the first time**
(2)私が初めて英語で読んだ本は，ピーター・ラビットでした。
(3) **I read it when I was**
(4) *Peter Rabbit*

❻ (1) **I wrote a story yesterday.**
(2) **If it is rainy, I will watch the movie at**
home.[I will watch the movie at home if
it is rainy.]
(3) **My mother learned French when she was**
a student.[When my mother was a
student, she learned French.]
(4) **He didn't practice volleyball because he**
was sick.[Because he was sick, he didn't
practice volleyball.]

7 (1) I think (that) basketball is exciting.

(2) When I visited her, she was helping her mother.[She was helping her mother when I visited her.]

(3) If you like art, let's go to the museum.[Let's go to the museum if you like art.]

●━━━━━ 解説 ━━━━━●

1 🎧LISTENING 「あなたの友達があなたに電話をかけたとき，あなたは何をしていましたか」という質問に，「私は絵をかいていました」と応じている。

♪**音声内容**
A: When your friend called you, what were you doing?
B: I was drawing a picture.

2 (1) That や And では意味が通らない。If が適切。「もし晴れならば，私は野球をします」

(2) I think に続くので that が適切。「私はあなたは上手に泳ぐと思います」

(3)「私が家に帰ったとき，私の兄[弟]は勉強していました」

3 (1)「うまくいく」do well

(2)「ある日」one day

(3) What is は空所の数から短縮形にする。「～について」は about。

(4) **ミス注意!**「～になる」は get into ～。過去の文なので get を過去形にする。get は不規則動詞で過去形は got。

4 (1) **ミス注意!** 接続詞の that は省略できる。ここでは that がないので I hope のあとに〈主語＋動詞～〉を続ける。

(2)「彼女は親切なので」は〈because＋主語＋動詞～〉で表す。「親切な」は kind。文の後半に来るので，「私たちは～が好きです」の We like ～が文の前半。コンマを使わないことに注意。

(3)「ピアノをひくとき」は〈when＋主語＋動詞～〉で表す。これが文の前半で，意味の切れ目にコンマを置く。

(4)「～してもいいですか」は〈May I＋動詞の原形～?〉で表す。「試着する」try on

5 (1)「初めて」for the first time

(3)「子どものとき，私はそれを読みました」という文にする。

(4) 質問は「陸は最近何を読みましたか」という意

味。1～2行目参照。

6 (1) **ミス注意!** yesterday なので過去の文にする。write は不規則動詞で過去形は wrote。「私は昨日，物語を書きました」

(2)「もし雨ならば，私は家でその映画を見るつもりです」

(3)「学生のとき，私の母はフランス語を学びました」

(4)「病気だったので，彼はバレーボールを練習しませんでした」

7 (1)「私は～と思います」は I think (that) ～. で表す。「わくわくする」は exciting。

(2)「私が彼女を訪ねたとき」は接続詞 when を使って when I visited her。「(彼女の)お母さんを手伝う」は help her mother で過去進行形で表す。

(3)「もしあなたが美術が好きならば」は if を使って if you like art。

p.18～19 ステージ③

1 🎧LISTENING (1)イ (2)ア (3)エ

2 (1) Sounds good (2) bring, back

(3) Once upon a time

3 (1) This picture shows that Peter runs fast.

(2) I saw my friend when I went to the zoo.

(3) If you are hungry, I will bake bread.

4 (1) Did he find his pencil in the room?

(2) She sat on the bench because she was tired. [Because she was tired, she sat on the bench.]

5 (1)ウ (2) 1. ○ 2. ×

(3) He also likes the pictures.

6 (1) I went to bed at nine because I was sleepy. [Because I was sleepy, I went to bed at nine.]

(2) When he visited me, I was watching TV. [I was watching TV when he visited me.]

(3) If you are[you're] busy, we will help you. [We will help you if you are busy.]

(4) May I open the window(s)?

(5) I'm afraid (that) you may not.

7 (1) 例1 I will[I'll] play tennis in the park. 例2 I will[I'll] go on a picnic.

(2) 例 I lived in Osaka[Hokkaido / London] (when I was a child).

6

(3)例 I think (that) it[English] is interesting [important / difficult].

━━━━━━━━━━ ● 解 説 ● ━━━━━━━━━━

❶ 🎧LISTENING (1)質問は「もし寒ければ，トムと香奈はどこに行くつもりですか」という意味。トムのピクニックへの誘いに，香奈は「しかし，もし寒ければ，劇場に行きましょう」と言っている。

(2)質問は「耕司はなぜおなかがすいていますか」という意味。耕司は「8時に起きたので，ぼくは朝食を食べませんでした」と言っている。

(3)質問は「エマはいつ図書館を訪れますか」という意味。ジェーンは「エマは土曜日に図書館を訪れることを私は知っています」と言っている。弘樹は「私は火曜日と木曜日に図書館を訪れます」と言っている。

♪ 音声内容

(1) A: Let's go on a picnic tomorrow, Kana?
B: Yes, let's, Tom. But if it's cold, let's go to the theater.
Question: Where will Tom and Kana go if it's cold?

(2) A: You look sad, Koji. What happened?
B: I'm hungry, Amy. I didn't eat breakfast because I got up at eight.
Question: Why is Koji hungry?

(3) A: Hiroki, I know that Emma visits the library on Saturdays.
B: Really, Jane? I visit it on Tuesday and Thursday.
Question: When does Emma visit the library?

❷ (1)「いいじゃない」Sounds good!

(2)「～を返却する」は bring ～ back で表す。

(3)「昔々」は once upon a time で表す。

❸ (1)「～を示している」は show that ～ で表す。「なぜなら～」を表す because が不要。

(2)「私が動物園に行ったとき」は when のあとに〈主語＋動詞～〉を続ける。「もし～ならば」を表す if が不要。

(3)「もしあなたが空腹ならば」は if のあとに〈主語＋動詞～〉を続ける。「なぜなら～」を表す because が不要。

❹ (1) ミス注意! found は find の過去形。一般動詞の過去の疑問文は〈Did＋主語＋動詞の原形～?〉で表す。「彼はその部屋で彼の鉛筆を見つけましたか」

(2)「彼女は疲れていたので，ベンチにすわりました」。「彼女は疲れていたので」を〈because＋主語＋動詞～〉で表す。

❺ (1) I think に続く接続詞なので，that が適切。

(2) 1. 1行目参照。 2. 1～2行目参照。

(3)質問は「陸はさらに何が好きですか」という意味。2行目参照。

❻ (1)「私は眠かったので」は「～なので」の接続詞 because を使って，〈because＋主語＋動詞～〉で表す。「眠い」は sleepy。「寝る」は go to bed で，過去の文なので過去形の went にする。

(2)「彼が私を訪ねたとき」は「～（した）とき」の接続詞 when を使って，〈when＋主語＋動詞～〉で表す。「訪ねる」は visit。「テレビを見る」は watch TV で，「～していました」なので過去進行形にする。

(3)「もしあなたが忙しければ」は「もし～ならば」の接続詞 if を使って，〈if＋主語＋動詞～〉で表す。「忙しい」は busy。「あなたを手伝う」は help you で，「～するつもり」なので will のあとに続ける。

(4)「～してもいいですか」は May I ～? で表す。「窓をあける」は open the window(s)。

(5)「残念ながら～」は I'm afraid (that) ～で表す。

❼ (1)質問は「もし明日晴れならば，あなたは何をするつもりですか」という意味。I will ～. の文ですることを具体的に答える。

(2)質問は「あなたは子どものとき，どこに住んでいましたか」という意味。I lived in ～ (when I was a child). の文で「～」に地名などを書いて答える。

(3)質問は「あなたは英語をどう考えますか」という意味。I think (that) it[English] is ～. の形で答える。「～」には interesting などの感想を表す形容詞を入れる。

Lesson 2 〜 文法のまとめ②

p.20〜21 ステージ1

Wordsチェック (1)声 (2)旅行する，旅をする
(3)農業，農場経営 (4)海の向こうに (5)soon
(6)pass (7)something (8)abroad

❶ (1)want to (2)wants to read
(3)They want to play soccer.

❷ (1)go (2)be

❸ (1)to swim (2)to cook (3)to study

❹ (1)likes to sing (2)hope to see
(3)is to visit

❺ (1)is coming (2)do something
(3)That's right (4)study abroad

❻ (1)interpreter (2)a doctor
(3)an engineer
(4)Mike wants to be a painter.
(5)Jane wants to be a voice actor.

━━━━━━━━ 解説 ━━━━━━━━

❶ 「…は〜したい」は〈主語＋want(s) to ＋動詞の原形〜.〉で表す。この〈to ＋動詞の原形〉は「〜すること」という意味で名詞用法のto不定詞。
(1)「私は音楽を聞きたいです」
(2)「香奈は本を読みたいです」
(3)「彼(女)らはサッカーをしたいです」

❷ (1)**ミス注意!** 主語が3人称単数でもto不定詞のtoのあとには常に動詞の原形がくる。
(2)to be 〜で「〜になること」を表す。be は be動詞の原形。

❸ (1)「泳ぎたい」は want to swim。
(2)「〜を料理したい」は want to cook 〜。主語は3人称単数の She だが，to不定詞の部分は常に動詞の原形を使う。
(3)「勉強すること」は to study。

❹ (1)「〜することが好き」は like to 〜。
(2)「〜することを望む」は hope to 〜。
(3)「…は〜することです」の文。「〜です」の is のあとに「〜を訪れること」の to visit〜を続ける。

❺ (1)**ミス注意!** 確実に起こりそうな未来は現在進行形で表すことができる。be動詞は主語が the spring vacation なので is を使う。「来る」の come の -ing 形は coming。e をとって ing をつけることに注意する。
(2)「する」は do，「何か」は肯定文では something

を使う。
(3)「そのとおり」That's right.
(4)「留学する」study abroad

❻ 〈主語＋want(s) to be〉のあとに職業名を続ける。
(1)「私は通訳者になりたいです」
(2)「私の弟は医者になりたいです」
(3)**ミス注意!**「技師」の engineer は母音で始まるので，前に a ではなく an を置く。「美加は技師になりたいです」
(4)「マイクは画家になりたいです」
(5)「ジェーンは声優になりたいです」

> **ポイント** to 不定詞(名詞用法)
> ・〈to＋動詞の原形〉「〜すること」
> 名詞としてはたらき，動詞の目的語などになる。「…は〜することです」の文で is のあとに続ける。

p.22〜23 ステージ1

Wordsチェック (1)(目標を)達成する (2)宇宙
(3)(植物が)育つ，栽培する (4)sell
(5)market (6)forget

❶ ウ

❷ (1)to drink (2)much homework to do
(3)I have some letters to write.

❸ (1)to play (2)to teach (3)to watch

❹ (1)study every day to be
(2)went to the shop to buy
(3)want something to eat
(4)has many places to see

❺ (1)grow better (2)without subtitles

❻ (1)to do
(2)Kenta visited the library to return the books.
(3)Alice used a computer to search online.

━━━━━━━━ 解説 ━━━━━━━━

❶ 動詞の原形 walk の前に to を入れて，〈to ＋動詞の原形〉の形を作る。副詞用法。

❷ to 以下が前の(代)名詞を修飾する形〈(代)名詞＋ to ＋動詞の原形〜〉を作る。
(1)「私は何か飲むものを持っています」
(2)「私にはするべきたくさんの宿題があります」
(3)「私には書かなければならない数通の手紙があります」

❸ 「〜するために」は〈to ＋動詞の原形〉で表す。

8

(1)「テニスをするために」は to play tennis。

(2)「英語を教えるために」は to teach English。

(3)「テレビを見るために」は to watch TV。

❹ (1)「先生になるために」は to be a teacher。「毎日，勉強します」のあとにこれを続ける。副詞用法。

(2)「卵を買うために」は to buy some eggs。「その店に行きました」のあとにこれを続ける。副詞用法。

(3) **ミス注意** something が修飾される代名詞。〈(代)名詞＋to＋動詞の原形〉という語順なので，something のあとに「食べるための」を表す to eat を続ける。形容詞用法。

(4) many places が修飾される名詞。あとに「見るための」の to see を続ける。形容詞用法。

❺ (1)「もっとよい」は better で rice の前に置く。「栽培する」は grow。

(2)「～なしで」は前置詞 without で表す。「字幕」は subtitle で，subtitles と複数形で使うのがふつう。

❻ 主語のあとに「公園に行った」などの行動を書き，そのあとに目的を〈to＋動詞の原形〉を使って続ける。

(1)「私は運動をするために公園に行きました」

(2)「健太は本を返すために図書館を訪れました」

(3)「アリスはインターネットで調べるためにコンピューターを使いました」

> **ポイント①** to 不定詞（副詞用法）
> ・〈to＋動詞の原形〉「～するために」
>   副詞としてはたらき，目的を表す。
>
> **ポイント②** to 不定詞（形容詞用法）
> ・〈to＋動詞の原形〉「～するための」
>   形容詞としてはたらき，前の(代)名詞を修飾する。

p.24～25 ❖**ステージ1**

Ｗords チェック (1)集める，収集する

(2)毎日の，日常の　(3)～になる

(4)興味，関心　(5)よりよくする　(6) reason

(7) near　(8) way　(9) health　(10) became

❶ (1) started to clean　(2) wish to do

❷ (1) have many things to learn

(2) went to the gym to dance

❸ (1) want to be a farmer

(2)②ア　④ウ　⑤イ

(3)私はみんなのために健康によい有機栽培の野菜を栽培したいです。　(4)○

❹ (1) In short　(2) bring, together

(3) such as

WRITING Plus (1)例 I like to read a book[books].

(2)例 I often go to the library to borrow some books.

(3)例 I have many books to read.

▶ **解説** ◀

❶ (1)「～し始める」は start のあとに〈to＋動詞の原形〉を続ける。名詞用法。

(2) **ミス注意** 「願い」を表す wish が修飾される名詞。あとに〈to＋動詞の原形〉を続ける。形容詞用法。

❷ (1)形容詞用法。many things のあとに〈to＋動詞の原形〉を続ける。

(2)副詞用法。「踊るために」は to dance。「体育館に行きました」のあとにこれを続ける。

❸ (1)「私は農業をする人になりたい」という文にする。want to のあとに「～になる」の be ～を続ける。

(3) want to ～は「～したい」を表す。grow は「栽培する」。

(4) 6～9行目参照。

❹ (2)「集める」bring together

(3)「たとえば，～のような」such as ～

WRITING Plus (1)「私は～することが好きだ」は I like to ～. で表す。「本を読む」は read a book[books]。名詞用法。

(2)「数冊の本を借りるために」は to borrow some books。副詞用法。

(3)「読むべき本」は名詞 books のあとに to read を続ける。形容詞用法。

> **ポイント** 名詞用法で使われる動詞
> ・want to ～（～したい）
> ・like to ～（～することが好きだ）
> ・hope to ～（～することを希望する）
> ・start to ～（～し始める）

p.26 ■■■ステージ❶

Ｗｏｒｄｓチェック (1)歌詞 (2)道具，工具 (3)tell
(4)invent

❶ (1)want to be an actor
(2)My dream is to

❷ (1)want to be a writer like Bob
(2)like his books very much
(3)will do my best to be like Bob

■■■ 解 説 ■■■

❶ (1)「～になりたい」は want to be ～。「俳優」
は actor。
(2)「…は～することです」の文，主語は「私の
夢」の my dream。「～です」の is のあとに〈to ＋
動詞の原形〉を続ける。

❷ (1)**ミス注意！**「～のような」は like で表す。こ
の like は，動詞の「～を好む」ではなく前置詞。
(2)「～が大好き」は like ～ very much で表す。
(3)**ミス注意！**「全力を尽くす」は do one's best。
one's はそのまま使うのではなく，主語に応じた
所有格の代名詞にする。

ポイント 自分の夢の紹介の仕方
・I want to be a[an] ～.
「私は～になりたい」
・My dream is to ～.
「私の夢は～することです」

p.27 ■■■ステージ❶

Ｗｏｒｄｓチェック (1)(長編の)小説
(2)発表，アナウンス (3)なぞ，パズル
(4)president (5)board (6)along

❶ (1)I have an idea.
(2)I think we can pick up
(3)That's a good idea.

❷ (1)I think (2)agree with (3)no doubt

■■■ 解 説 ■■■

❶ (1)「考え，意見」は idea で母音で始まるので
前に an をつける。
(2)「～を拾い上げる」は pick up ～で表す。
(3)「よい考え」は〈冠詞＋形容詞＋名詞〉の語順
で a good idea。

❷ (1)「私たちは～と思います」は We think (that)
～.で表す。ここでは that が省略されている。
(2)「私はあなたに賛成です」は I agree with you.
で表す。
(3)「疑いがない」は前に否定の語がないので，

「疑い」の doubt の前に no を置く。

ポイント❶ 意見を言う表現
・I think ～.(私は～と思います)
・I have an idea.(私には意見があります)

ポイント❷ 賛成する表現
・That's a good idea.(それはよい考えです)
・I agree with you.(私はあなたに賛成です)
・I have no doubt.(私には疑いはありません)

p.28 ■■■ステージ❶

Ｗｏｒｄｓチェック (1)不可能な (2)随筆，作文
(3)possible (4)necessary

❶ (1)easy to (2)It, important
(3)necessary for, to (4)It, impossible, us

❷ (1)It is[It's] interesting to read a
newspaper.
(2)It is[It's] difficult for them to answer
the question.
(3)It is[It's] possible for me to cook dinner
for you.

■■■ 解 説 ■■■

❶ 「(A が [にとって])…することは～です」は
It is ～(for A) to .... の文で表す。
(1)「簡単な」は easy。動詞の speak の前に to を
置く。
(2)形式上の主語の It で文を始める。
(3)「必要な」は necessary。「あなたにとって」
は〈for ＋ A〉で表す。
(4)「不可能な」は impossible。「私たちが」は
for us。for のあとの代名詞は目的格が入る。

❷ 名詞用法の to 不定詞が主語の文を It is ～(for
A) to .... の文に書きかえる。
(1)「新聞を読むことは興味深いです」
(2)「その質問に答えることは彼らにとって難しい
です」
(3)**ミス注意！**〈for ＋ A〉が for you と for me の２
つあることに注意する。you は cook dinner「夕
食を料理する」の対象で，me が意味上の主語。
「私があなた(たち)に夕食を料理することは可能
です」

ポイント 「(A が [にとって])…することは～です」
・It is ～ (for A) to ....
It は形式上の主語。日本語には訳さない。to 不
定詞の意味上の主語は A。

p.30~31 《 **文法のまとめ②** 》

1 (1) **to wash**　(2) **to do**　(3) **to be[become]**

　(4) **to bake**　(5) **It, for, to**

2 (1)私の父はその野球の試合を見るために家に
　いました。

　(2)その少年たちは何か食べるものをほしがって
　います。

3 (1) **to practice**　(2) **likes to draw**

　(3) **to buy**

4 (1) **to play**　(2) **to drink**　(3) **It, to**

　(4) **to teach**

5 (1) **came to my house to borrow some**
　DVDs

　(2) **want to talk with Mr. Green**

　(3) **has many friends to help him**

　(4) **It is impossible for me to ride**

《 **解　説** 》

1 (1)「～を洗うこと」は to wash ～。名詞用法。

　(2)「するべきこと」は to do。形容詞用法。

　(3)「～になること」は to be ～。名詞用法。

　(4)「～を焼くために」は to bake ～。副詞用法。

　(5)「(A が[にとって])…することは～です」は It
　is ～(for A) to .... の文で表す。

2 (1)副詞用法。to watch the baseball game は
　「その野球の試合を見るために」。

　(2)形容詞用法。to eat が something を修飾し，
　「何か食べるもの」という意味を表す。

3 (1)「空手を練習するための」は to practice
　karate。前の time を修飾する。形容詞用法。

　(2) ミス注意❗「～することが好き」は like to ～で
　表す。to のあとは動詞の原形なので，draws を
　原形の draw に戻すことに注意する。名詞用法。

　(3)「～を買うために」は to buy ～。副詞用法。

4 (1)「私たちは体育館に行き，そしてバスケット
　ボールをしました」→「私たちはバスケットボール
　をするために体育館に行きました」

　(2)「ルーシーは何かを飲みたいです」→「ルーシー
　は何か飲むものをほしがっています」

　(3)名詞用法の to 不定詞が主語の文を It is ～(for
　A) to .... に書きかえる。「海で泳ぐことは私に
　とってわくわくします」

　(4)「彼は数学の先生です」→「彼の仕事は数学を教
　えることです」。名詞用法。

5 (1)「～を借りるために」は to borrow ～。副詞

用法。

　(2)「～したい」は want to ～，「～と話す」は
talk with～で表す。名詞用法。

　(3)「～を助けるための友達」と考える。many
friends のあとに〈to ＋動詞の原形〉を続ける。
形容詞用法。

　(4)「…することは～です」の文。It is ～(for A)
to .... で表す。

ポイント　to 不定詞

- 名詞用法「～すること」
　動詞の目的語や主語として使われる。
- 副詞用法「～するために」
　動詞などを修飾する。
- 形容詞用法「～するための」
　前の(代)名詞を修飾する。
- It is ～ (for A) to ....
　「(Aが[にとって])…することは～です」
　It は形式上の主語。

p.32~33 **ステージ2**

1 🎧 LISTENING　**エ**

2 (1) **is coming**　(2) **In short**　(3) **do, best**

　(4) **agree with**

3 (1) **to ride**　(2) **to run**　(3) **to drink**

4 (1)**イ**　(2)**ウ**　(3)**ア**

5 (1) **my grandparents**

　(2) **My plan is to learn about**

　(3) **want to**　(4) **a restaurant**

6 (1) **to eat[have]**　(2) **It, to**　(3) **to buy**

7 (1) **My dream is to live in London.**

　(2) **He works at[in] the hospital to help sick**
　people.

　(3) **She has a[one] letter to write.**

　(4) **It is[It's] important for you to study**
　every day.

解　説

1 🎧 LISTENING　「私はあなたが音楽が好きなこと
を知っています。あなたは何になりたいですか」
に対して，「音楽は楽しいです」に続けて，「私は
ギタリストになりたい」と言っている。

🎵**音声内容**

A: I know you like music. What do you want to
　be?

B: Music is fun. I want to be a guitarist.

2 (1) ミス注意❗確実に起こることや決まった予定
などは現在進行形で表すことがある。

(2)「要約すると」in short

(3)「全力を尽くす」は do one's best。主語が I なので one's は my とする。

❸ (1) **ミス注意！**「～することが好き」は like to ～。to のあとは動詞の原形なので rides を ride とすることに注意する。「彼は馬に乗ることが好きです」。名詞用法。

(2)「走るために」は to run。「私たちは走るために公園に行きました」

(3)「飲むための」は to drink。「私は何か飲むものがほしいです」

❹ (1)「私はインターネットのサイトを見て回るためによくコンピューターを使います」。副詞用法。イ「淳子は彼女のお母さんを手伝うために家にいました」

(2)「彼女には何かあなたに言うことがありました」。形容詞用法。ウ「鎌倉には見るべき場所がたくさんあります」

(3)「彼は試験に合格することを希望しています」。名詞用法。ア「私の姉[妹]は歯をみがき始めました」

❺ (1)「彼らは」などを表す they は複数の名詞を受ける。my grandparents（私の祖父母）は複数を表す。

(2)「私の計画は農業について学ぶことです」という文にする。

(3)「～したい」は want to ～。

(4)質問は「花の祖父母は何を所有していますか」という意味。1 行目参照。

❻ (1)「リサは食べ物を持っていません」→「リサは何も食べるものを持っていません」

(2)名詞用法の to 不定詞が主語の文を It is ～(for A) to .... に書きかえる。「スケートをすることは私には難しいです」

(3)「私の父は市場に行っていくつかのメロンを買いました」→「私の父はいくつかのメロンを買うために市場に行きました」

❼ (1)「私の夢は～です」は My dream is to～. で表す。名詞用法。

(2)「病気の人々を助けるために」は to help sick people。副詞用法。

(3)「書くべき」は to write。形容詞用法。前の「1 通の手紙」を修飾する。

(4) **ミス注意！** It is ～(for A) to .... で表す。「あ

なたにとって」があるので for you を〈to ＋動詞の原形〉の前に置くこと。

p.34～35 ■ステージ3

❶ 🎧LISTENING (1)イ (2)エ (3)ウ

❷ (1) That's right (2) good idea

(3) want to be[become]

❸ (1) His hobby is to listen to the radio.

(2) It is interesting for us to grow vegetables.

(3) They practiced every day to win the match.

❹ (1) My aunt started to work at the shop last year.

(2) I want something cold to drink.

(3) Mr. Smith comes to our school to teach English.

❺ (1)ウ (2) such as (3)1. × 2. ○

(4) They cooked (some) vegetables.

❻ (1) We want to climb that mountain.

(2) Do you have time to read this report?

(3) I went to the station to meet[see] my cousin(s).

(4) It is[It's] possible for Kana to speak Chinese.

❼ (1)**例1** My dream is to be[become] a vet.
例2 My dream is to work in London.

(2)**例** Yes, I do. / No, I don't[do not].

(3)**例1** I go to the gym to play volleyball.
例2 I go to the gym to clean it.

■ 解 説 ■

❶ 🎧LISTENING (1)質問は「なぜトムはその庭園に行きますか」という意味。トムは会話の最初に「私は写真を撮るためによくその庭園に行きます」と言っている。

(2)質問は「祐二は何をすることが好きですか」という意味。祐二は「ぼくは歌を歌うことが好きです」と言っている。

(3)質問は「エマは先月どこを訪問しましたか」という意味。エマは「そのお城もまた有名で，私は先月それを訪問しました」と言っている。

♪ 音声内容

(1) A: Yuka, I often go to the garden to take pictures.
B: Oh, really? Tom, I often go there, too.

I draw pictures.
Question: Why does Tom go to the garden?

(2) A: Mary, I like to sing songs. What do you like to do?

B: I like to dance to music, Yuji.

Question: What does Yuji like to do?

(3) A: Emma, my town has some places to visit, such as temples and shrines.

B: Hide, the castle is also famous and I visited it last month.

Question: Where did Emma visit last month?

② (1)「そのとおり」That's right.

(2)「それはいい考えです」と相手の意見に賛成するときは，That's a good idea. を使う。

(3)「〜になりたい」は want to のあとに「〜になる」の be 〜 を続ける。「〜のように」は前置詞の like で表す。

③ (1)「彼の趣味」の his hobby が主語。「〜を聞くこと」は to listen to 〜。名詞用法。

(2)**ミス注意!** it があるので，「…することは〜です」は〈to ＋動詞の原形〉を主語にした文ではなく，It is 〜(for A) to .... の文で表す。

(3)「〜に勝つために」は to win 〜。「私たちは毎日練習しました」のあとに続ける。副詞用法。

④ (1)「〜し始める」は start のあとに〈to ＋動詞の原形〉を続ける。名詞用法。「私のおばは昨年その店で働き始めました」

(2)**ミス注意!** 形容詞が –thing で終わる代名詞につくときは，〈-thing ＋形容詞＋ to ＋動詞の原形〉の語順にする。形容詞の位置に注意する。形容詞用法。「私は何か冷たい飲み物がほしいです」

(3)「〜を教えるために」は to teach 〜。副詞用法。「スミス先生は英語を教えるために私たちの学校に来ます」

⑤ (1)**ミス注意!** a way が修飾される名詞。〈to ＋動詞の原形〉を選ぶ。

(2)「〜のような」such as 〜

(3) 1. 2 〜 4 行目参照。 2. 4 行目参照。

(4)質問は「花と他の訪問者たちは昼食を作るために何を料理しましたか」という意味。2 〜 5 行目参照。

⑥ (1)「〜に登りたい」は want to climb 〜。名詞用法。

(2)「〜を読む時間」は time のあとに to read 〜

を続ける。形容詞用法。「時間がある」は動詞は have を使い，疑問文なので Do you have time 〜? の形を使う。

(3)「〜に会うために」は to meet[see] 〜。「駅に行きました」は go の過去形 went を使い，went to the station。副詞用法。

(4) It is 〜(for A) to .... の文で表す。「〜」には「可能な」の possible を置く。「中国語を話すこと」は to speak Chinese。

⑦ (1)質問は「あなたの夢は何ですか」という意味。My dream [is] 〜. の文で答える。「〜」には夢の内容を〈to ＋動詞の原形〉の形で置く。to be [become] 〜（〜になる）で具体的な職業でもよいし，to play soccer in Europe（ヨーロッパでサッカーをする）のような行動でもよい。

(2)質問は「あなたは今日するべき宿題がたくさんありますか」という意味。Yes, I do. または No, I don't[do not]. で答える。

(3)質問は「あなたはなぜ体育館に行くのですか」という意味。〈to ＋動詞の原形〉を使って目的を具体的に答える。

Lesson 3 ～ 文法のまとめ③

p.36～37 ステージ**1**

Words チェック (1)谷(間)，渓谷
(2)ついに，最後に (3)独特な，とても珍しい
(4) round (5) sign (6) count

❶ (1) There are (2) There is a ball
(3) There is an apple in

❷ (1) Is there / there is
(2) Are there / there aren't

❸ (1) There are two pencils in
(2) Is there a cat by
(3) There is not a bag under

❹ (1) over there (2) because of
(3) like a

❺ (1) There is (2) There are
(3) There is a bookshelf

━━━━ 解説 ━━━━

❶ 「～があります」は There is[are] ～. で表す。
あとに続く名詞が単数であれば is を，複数であ
れば are を使う。
(1)絵は複数なので are。on は「(接触)～の上に」
などの意味がある。
(2)「いすの下にボールがあります」
(3) **ミス注意！** apple は母音で始まる名詞。「1つ」
のとき，冠詞は a ではなく an を使う。「箱の中
にリンゴが1つあります」

❷ There is[are] ～. の疑問文は，is[are] を
there の前に出して作る。Is[Are] there ～? へ答
えるときは，there を使う。
(2) **ミス注意！** 答えは No, there are not. だが，空
所の数から aren't と短縮形を使うことに注意す
る。

❸ (1)「～があります」の文。There is[are] ～. で
表す。
(2)「～がいますか」は There is[are] ～. を疑問
文にして Is[Are] there ～? で表す。
(3)「～はありません」は There is[are] ～. を否
定文にする。not を is[are] のあとに置く。

❹ (1)「向こうに」over there
(2)「～のために」because of ～
(3)「～のように」は前置詞 like で表す。

❺ あとの名詞が単数ならば There is，複数ならば
There are の文にする。

(1)「机のそばにギターがあります」
(2) **ミス注意！** いすが2脚と名詞が複数なので
There are ～. にする。「窓のところにいすが2脚
あります」
(3)「部屋に本だながあります」

ポイント There is[are] ～.
・There is[are] ～.
「(～の場所に)～がある[いる]」
疑問文 be 動詞を there の前に置く。
否定文 be 動詞のあとに not を置く。

p.38～39 ステージ**1**

Words チェック (1)小さな森 (2)推理小説
(3) air (4) excellent

❶ (1) like playing
(2) likes surfing the Internet
(3) Emma likes running in the park.

❷ (1) Cooking (2) Dancing

❸ (1) reading (2) raining (3) to have

❹ (1) like knitting scarfs
(2) started cleaning the room
(3) Painting pictures is
(4) Looking at stars is

❺ (1) lot of (2) wasn't there
(3) doesn't she

❻ (1) writing fiction[novels]
(2) growing flowers (3) collecting cards
(4) enjoys baking cookies
(5) enjoy doing magic tricks

━━━━ 解説 ━━━━

❶ 「…は～することが好きです」は〈主語＋ like
＋動詞の -ing 形～.〉で表す。動詞の -ing 形(動
名詞)には「～すること」という意味もある。
(1)「彼女たちはテニスをすることが好きです」
(2)主語が He と3人称単数なので like に s をつけ
ること。「彼はインターネットのサイトを見て回
ることが好きです」
(3) **ミス注意！** run の動名詞は語尾の n を重ねて
ing をつける。「エマは公園を走ることが好きで
す」

❷ 「～すること」を表す動名詞は文の主語として
も使われる。
(1) cook はそのまま ing をつける。
(2) dance は語尾の e をとって ing をつける。

❸ 「～すること」は〈to ＋動詞の原形〉の to 不

定詞でも表せる。目的語に動名詞，不定詞のどちらを使うかは，動詞によって決まっている。

(1) enjoy は動名詞を目的語に使う。

(2) stop は動名詞を目的語に使う。

(3) want は不定詞を目的語に使う。

4 (1)「〜を編むことが好き」like knitting 〜

(2)「〜をそうじし始める」start cleaning 〜

(3)「絵をかくこと」は painting pictures で，この文の主語。

5 (1)「たくさんの〜」a lot of 〜

(2)**ミス注意！**「〜ですね」と同意を求めたり，確認したりするときは〈肯定文〜，否定の疑問形?〉の形にする。前が was なので否定の wasn't で受ける。

(3)**ミス注意！**〈肯定文〜，否定の疑問形?〉の形で表す。前の文は主語が3人称単数で現在なので likes。否定の疑問形は doesn't を使う。

6「〜することを楽しむ」は enjoy のあとに動名詞を続ける。

(1)「小説を書く」は write fiction。write は語尾の e をとって ing をつける。

(2)「花を育てる」は grow flowers。grow にはそのまま ing をつける。

(3)「カードを集める」は collect cards。collect にはそのまま ing をつける。

(4)「クッキーを焼く」は bake cookies。bake は語尾の e をとって ing をつける。

(5)「手品をする」は do magic tricks。do はそのまま ing をつける。

ポイント①　動名詞
・動詞の -ing 形 「〜すること」
　名詞のはたらき。動詞の目的語や主語になる。

ポイント②　動詞の -ing 形の作り方
①そのまま ing をつける。
②語尾の e をとって ing をつける。
③語尾の子音字を重ねて ing をつける。

p.40〜41　ステージ1

Words チェック　(1)要点，論点　(2)ほかに
(3)簡単な　(4)部分，地域　(5)〜になる
(6) enough　(7) material　(8) large
(9) build　(10) heard

1 (1) However　(2) However

2 (1) with　(2) with

3 (1)① drinking　② doing　③ cooking

(2) However　(3)イ

(4)1．×　2．○

4 (1) without electricity　(2) come together

(3) turn into

WRITING Plus✐　(1)例　Yes, there are.
／ No, there are not[aren't].

(2)例　There are thirty[thirty-three]
students (in my class).

(3)例1　I usually enjoy listening to music.
例2　I usually enjoy playing basketball.

◆◆◆◆◆◆　解説　◆◆◆◆◆◆

1「しかしながら，だが」は however で表す。

2 (1)「〜といっしょに，〜とともに」と「共同」を表すときには with を使う。

(2) with には「手段・道具・材料・内容」などを示して「〜を使って，〜で」という意味もある。

3 (1)**ミス注意！** for などの前置詞のあとには，名詞のはたらきをする動名詞が使われる。

(2)「しかしながら」however

(3) provide は「供給する，与える」。provide 〜 with … の形で「〜に…を供給する[与える]」という意味になる。

(4)ア2〜3行目参照。　イ3〜4行目参照。

4 (1)「〜なしで，〜のない」は前置詞 without で表す。「電気」は electricity。

(2)「集まる」come together

(3)「〜に変わる」turn into 〜

WRITING Plus✐　(1)質問は「あなたの町にはいくつか大学がありますか」という意味。Are there 〜? の文なので，答えの文でも there を使い，Yes, there are.，または No, there are not[aren't]. で答える。

(2)質問は「あなたのクラスには何人の生徒がいますか」という意味。There are のあとに具体的に数を続けて答える。

(3)質問は「ひまなときにあなたはふつう何を楽しみますか」という意味。I usually enjoy のあとに具体的に楽しむことを動名詞の形で続ける。

ポイント①　副詞 however
・「しかしながら，だが」

ポイント②　前置詞 with
・「[共同] 〜といっしょに，〜とともに」，
「[手段・道具・材料・内容] 〜を使って，〜で」

p.42 ═══ ステージ**1** ═══

✓ords チェック (1)注意する (2)大声で
(3)従う (4)**traffic** (5)**double** (6)**rule**

❶ (1) **must not** (2) **must not** (3) **must not**

❷ (1) **must clean** (2) **You must wash**
(3) **Ken must do**

═══ 解 説 ═══

❶ 「～してはいけない」は〈must not ＋動詞の原
形〉で表す。

❷ 「～しなければならない」は〈must ＋動詞の原
形〉で表す。

(1)「私たちは公園をそうじしなければなりませ
ん」

(2)「あなたはお皿を洗わなければなりません」

(3)**ミス注意！** 主語が Ken などの３人称単数でも，
must の形はかわらない。また，must のあとは常
に動詞の原形を続ける。「健は彼の宿題をしなけ
ればなりません」

ポイント 助動詞 must
• 〈must ＋動詞の原形〉
「～しなければならない」
• 〈must not ＋動詞の原形〉
「～してはいけない」

p.43 《 文法のまとめ③ 》

1 (1) **There is** (2) **There are**
(3) **Is there / there** (4) **are not**

2 (1) **There is an old clock**
(2) **There are two guitars**
(3) **Are there any computers**
(4) **How many balls are there**

《 解 説 》

1 (1)**ミス注意！**「～があります」で，あとの名詞
が単数なので There is。

(2)**ミス注意！**「～があります」で，あとの名詞が
複数なので There are。

(3)「～がいますか」は疑問文で，あとの名詞が単
数なので Is there とする。答えの文でも there
を使う。

(4)**ミス注意！**「～がありません」は，あとの名詞
が複数なので There are not。be 動詞は are を使
うことに注意する。

2 (1)「～があります」は There is ～.。「～」に
「古い置き時計」を表す an old clock を置く。

(2)「～があります」は There are ～.。「～」に

「２本のギター」を表す two guitars を置く。

(3)疑問文は Are there ～？の形。「何台かのコン
ピューター」の any computers を「～」に置く。

(4)「いくつ～がありますか」は〈how many ＋複
数名詞〉のあとに There are ～. の疑問文の語順
を続ける。

ポイント There is[are] ～.
• There is[are] ～.
「(～の場所に)～があります[います]」
• Is[Are] there ～？
「(～の場所に)～がありますか[いますか]」
－ Yes, there is[are]. / No, there is[are] not.

p.44～45 《 文法のまとめ③ 》

1 (1) **on** (2) **skating** (3) **to** (4) **doing**
(5) **in**

2 (1) **across** (2) **near** (3) **between**
(4) **Playing, is** (5) **stopped talking**

3 (1) **walk from right to left**
(2) **My mother likes climbing mountains.**
(3) **interested in learning Spanish**
(4) **Running around the park is exciting.**

《 解 説 》

1 (1)「～の上に」は on。

(2)**ミス注意！**「楽しむ」の enjoy は動名詞を目的
語に使う。

(3)方向を表して「～へ」は to。

(4)**ミス注意！** for などの前置詞のあとは(代)名詞
か動名詞。

(5)比較的広い場所の前には in を使う。

2 (1)「～を横切る」は across。

(2)「～の近くに」は near。

(3)「～の間に」は between。

(4)**ミス注意！** 動名詞が主語の文で，「～です」は
is を使う。「ギターをひくこと」は playing the
guitar。

(5)**ミス注意！**「やめる」の stop は動名詞を目的
語に使う。

3 (1)「～から…」は from ～ to …。

(2)「～することが好き」は like のあとに動名詞
の climbing を続ければよい。

(3)「～に興味がある」は be interested in ～。in
は前置詞であとには名詞か動名詞が続く。

(4)「公園のまわりを走ること」は running
around the park で表す。前置詞 around は「～

のまわり」という意味。

> **ポイント①** 動名詞(動詞の -ing 形)
> ・「～すること」を表し,名詞のはたらきをする。
> ・動詞の目的語や,文の主語などになる。
>
> **ポイント②** 前置詞
> ・あとに(代)名詞が続く。
> ・時間,位置や方向,手段などを表す。

p.46～47 ■■■ステージ2

① 🎧LISTENING (1)× (2)○ (3)×

② (1)ウ (2)イ (3)イ

③ (1) Studying, is (2) not any
(3) because of (4) lot of

④ (1) There are three cats on the bed.
(2) My brother must leave home at seven.
(3) Are there many kinds of sushi?
　－ Yes, there are.

⑤ (1)向こうに標識があります。
(2) at, top (3) there (4) Yes, there are.

⑥ (1) There is a hospital near the castle.
(2) My sister likes taking pictures.
(3) We must not use dictionaries.

⑦ (1) Are there any bags under the bed?
(2) We enjoyed listening to music.
(3) You must clean this room.
(4) Getting up early is good.

■■■■■■ 解説 ■■■■■■

① 🎧LISTENING (1)「あなたの部屋に本だながあり
ますか」と問われて,「はい。私はたくさんの本
を読みます」と答えている。
(2)「木の下に少女が2人います」に「彼女たちは
私の友人です」と応じている。
(3)「あなたは昨日,何を楽しみましたか」「私は
兄[弟]と一輪車に乗って楽しみました」

> 🎵**音声内容**
> (1) A: Is there a bookshelf in your room?
> 　　 B: Yes. I read many books.
> (2) A: There are two girls under the tree.
> 　　 B: They are my friends.
> (3) A: What did you enjoy yesterday?
> 　　 B: I enjoyed riding a unicycle with my
> 　　　　 brother.

② (1)選択肢のあとが a pen と単数なので is を選
ぶ。「机の上にペンがあります」
(2)選択肢のあとが two balls と複数なので are を

選ぶ。「箱の中にボールが2つあります」
(3) stop は動名詞を目的語に使う。「10分前に雪
が降りやみました」

③ (1)「英語を勉強すること」は studying English。
動名詞の「～すること」が主語の文。動名詞は3
人称単数扱いなので「～です」は is を使う。
(2)「～がありません」であとが dishes と複数に
なっている。There are not ～. で表す。
(3)「～のために」because of ～
(4)「たくさんの～」a lot of ～

④ (1) **ミス注意！**three のあとの cat は複数形にす
る。同時に be 動詞も are を使うことに注意する。
「ベッドの上に3匹のネコがいます」
(2) **ミス注意！**「～しなければならない」は must。
あとには動詞の原形が続くので leaves を leave
とすることに注意する。「私の兄[弟]は7時に家
を出なければなりません」
(3) are を there の前に出して疑問文を作る。答え
の文でも there を使う。「たくさんの種類のすし
がありますか」「はい,あります」

⑤ (1) over there は「向こうに」。
(2) **ミス注意！**「頂上に」は at the top。the top な
ど比較的狭い場所の前での「～に,～で」には前
置詞 at を使う。
(3) Is there ～? に「はい」と答えるときは,Yes,
there is. とする。
(4)質問は「谷にいくつかの円形の湖はあります
か」という意味。4～5行目参照。

⑥ (1)「～があります」の文。There is ～. で表す。
「お城の近くに」は near the castle。
(2)「～することが好き」は like のあとに動名詞
を続ける。「写真を撮る」は take pictures で
take が動名詞の taking になっている。
(3) **ミス注意！**「～してはいけません」は〈must
not＋動詞の原形〉で表す。not を must のすぐ
あとに置くことに注意する。

⑦ (1) **ミス注意！**「～がありますか」という疑問文
で,名詞が「いくつかのかばん」と複数なので
Are there ～? で表す。「いくつかの」は疑問文
では,some ではなく any を使う。
(2)「音楽を聞く」は listen to music。「楽しむ」
を表す enjoy のあとなので listen を動名詞にする。
(3)「あなたたちは～しなければなりません」は
You must のあとに動詞の原形を続ける。「そうじ

する」は clean。

(4)「早く起きること」は動名詞を使うと，getting up early。get は語尾の子音字を重ねて ing をつける。「〜です」は is を使う。

p.48~49 ━━ステージ**3**

❶ 🎧**LISTENING** (1)野球 (2)バスケットボール
(3)サッカー (4)体育館

❷ (1) not enough (2) over there
(3) turn into

❸ (1) must wash (2) is, rabbit
(3) There isn't

❹ (1) My father started cutting a carrot in the kitchen.
(2) Are there any cafeterias around the post office?
(3) You must not run across the street.

❺ (1)あなたは今朝ハイキングを楽しみましたか。
(2) Walking in the woods was fun.
(3)イ (4)1. × 2. ○

❻ (1) writing (2) There are (3) You must

❼ (1) I stopped reading a newspaper when Miho called me.〔When Miho called me, I stopped reading a newspaper.〕
(2) There is a tall tower near our school.
(3) Riding a horse is a lot of fun.
(4) We must not speak Japanese in Mr. Green's class.

◆━━━━━━━━━━▶ 解説 ◀━━━━━━━━━━

❶ 🎧**LISTENING** (1)涼は2文目で「私は野球をすることが好きです」と言っている。
(2)涼は4文目で「彼（父）は彼の学校でバスケットボールをして楽みます」と言っている。
(3)エイミーは1文目で「サッカーをすることは私には楽しいです」と言っている。
(4)エイミーは4文目で「私の家の近くには体育館がありません」と言っている。

♪ **音声内容**
A: My family likes sports very much, Amy. I like playing baseball. My father likes basketball. He is a teacher and enjoys playing basketball at his school. My mother likes swimming in the pool. Do you like sports?
B: Well, Ryo, playing soccer is fun for me. My parents love basketball, like your father. But they don't enjoy playing it. There is not a gym near my house.

❷ (1)「十分ではない」not enough
(2)「向こうの」over there
(3)「〜に変わる」turn into 〜

❸ (1)**ミス注意** 「〜しなければならない」は〈must ＋動詞の原形〉で表す。must のあとは washes を原形の wash に戻すことに注意する。「ケビンはその皿を洗わなければなりません」
(2)**ミス注意** one は単数を表すのであとに続く名詞の rabbits を単数形にする。be 動詞も are を is にかえる。「庭に1匹のウサギがいます」
(3) There is[are] 〜. の文を否定文にするときは is[are] のあとに not を置く。ここでは is not を短縮形にする。「この市には水族館はありません」

❹ (1)**ミス注意** 「ニンジンを切り始めました」は started cutting a carrot。start は動名詞と不定詞の両方を目的語にとる。与えられた語句から，使うのは動名詞 cutting。cut が不要。
(2)**ミス注意** 「何軒かのカフェテリア」は疑問文では any cafeterias。複数を表すので，「〜がありますか」は Are there 〜？で表す。is が不要。「郵便局のまわりに」は around the post office となる。
(3)「あなたたちは〜してはいけません」は You must not 〜. で表す。will が不要。「〜を走って渡る」は run across 〜。

❺ (1) hiking は hike(ハイキングをする)の -ing 形。
(2)「森の中を散歩することは楽しかったです」という文にする。動名詞を主語にする。
(3)**ミス注意** 「〜ですね」と相手に確認したり，同意を求めたりするときは，肯定文では否定の疑問形を続ける。動詞が was なので was の否定の形を使う。
(4)1.「朝，森には霧が出ていませんでした」。4～6行目参照。
2.「ディヌーは今朝ハイキングをすることを楽しみました」。1～2行目参照。

❻ (1) like は動名詞と to 不定詞の両方を目的語にとる。〈like to ＋動詞の原形〉を〈like ＋動名詞〉にする。「私の姉[妹]は随筆を書くことが好きです」
(2)上の文は「美術部には20人の生徒がいます」。

18

これを「〜がいます」を表す There is[are] 〜. の文に書きかえる。20人と複数を表すので be 動詞は are を使う。

(3)上の文は動詞で文が始まる命令文。「〜しなさい」を表す。命令文は You must 〜.(あなたは〜しなければならない)とほぼ同じ内容を表す。「あなたたちは博物館では携帯電話の電源を切らなければなりません」

❼ (1) ミス注意！「新聞を読むのをやめました」は stopped reading a newspaper。stop の過去形は語尾の子音字を重ねて ed をつける。

(2)「高い塔」は a tall tower。単数なので「〜があります」は There is 〜. で表す。

(3)「馬に乗る」は ride a horse。ride を動名詞にするときは，語尾の e をとって ing をつける。「とても楽しい」は a lot of fun。

(4)「私たちは〜してはいけません」は〈must not ＋動詞の原形〉を使う。「グリーン先生の授業で」は前置詞は in を使い，in Mr. Green's class とする。

p.50〜51　ステージ 1

Words チェック (1)おば　(2)ツル
(3)図表，グラフ　(4)invite　(5)spend
(6) coat

❶ (1) give Tom　(2) give him two balls
(3) I will give my mother some flowers.

❷ (1) you lunch　(2) them math
(3) me this bag

❸ (1) write me　(2) showed us
(3) make them　(4) tell you

❹ (1) I gave her a cup.
(2) will send you a melon
(3) often cooks us curry
(4) you lend him your racket

❺ (1) middle of　(2) invited, to

❻ (1) make her　(2) write, letter
(3) buy her, toy　(4) sing her, song
(5) teach her Japanese
(6) show her the way to the park

解 説

❶ 〈動詞＋A(人)＋B(もの)〉で「A に B を〜します」という文を作る。

❷ 「A(人)に B(もの)を〜します」は〈動詞＋A(人)＋B(もの)〉の語順にする。
(1) ミス注意！〈人＋もの〉の語順なので you lunch を選ぶ。lunch you のように〈もの＋人〉の語順にしないように注意する。「私たちはあなた(たち)に昼食を料理するつもりです」
(2)「佐藤先生は彼(女)らに数学を教えます」
(3)「父は私にこのかばんを買いました」

❸ (1)「A に B を書く」は〈write ＋ A(人)＋B(もの)〉で表す。
(2)「A に B を見せる」は〈show ＋ A(人)＋B(もの)〉で表す。ここでは過去の文なので showed と過去形にする。
(3)「A に B を作る」は〈make ＋ A(人)＋B(もの)〉で表す。
(4)「A に B を話す」は〈tell ＋ A(人)＋B(もの)〉で表す。

❹ (1) ミス注意！「A に B をあげる」は〈give ＋ A(人)＋B(もの)〉。「A(人)」には her，「B(もの)」には a cup を置く。her と a cup の語順に注意す

る。

(2)「A に B を送る」は〈send＋A（人）＋B（もの）〉。「A（人）」には you，「B（もの）」には a melon を置く。

(3)「A に B を料理する」は〈cook＋A（人）＋B（もの）〉。「A（人）」に us，「B（もの）」には curry を置く。

(4)「A に B を貸す」は〈lend＋A（人）＋B（もの）〉。「A（人）」には him，「B（もの）」には your racket を置く。

❺ (1)「～の真ん中，～の中頃」middle of ～

(2)「招く」は invite，場所を示して「～へ」は to で表す。

❻ (1)「A に B を作る」は〈make＋A（人）＋B（もの）〉。「A（人）」には「彼女に」の her が入る。

(2)「A に B を書く」は〈write＋A（人）＋B（もの）〉。「B（もの）」には「手紙」の a letter が入る。

(3)「A に B を買う」は〈buy＋A（人）＋B（もの）〉。「B（もの）」には「おもちゃ」の a toy が入る。

(4)「A に B を歌う」は〈sing＋A（人）＋B（もの）〉。「B（もの）」には「歌」の a song が入る。

(5)「A に B を教える」は〈teach＋A（人）＋B（もの）〉。「B（もの）」には「国語」の Japanese が入る。

(6)**ミス注意** 道順などを「教える」は show を使い，〈show＋A（人）＋B（もの）〉。「B（もの）」には「公園に行く道」の the way to the park が入る。

ポイント 〈動詞＋A（人）＋B（もの）〉
・「A（人）に B（もの）～をします」

p.52～53　ステージ1

Words チェック (1)伝統，慣習
(2)探検家，探検者
(3)その土地[国]で生まれた
(4)glad　(5)giant　(6)hurt

❶ (1)call him　(2)calls me　(3)makes, sad

❷ (1)①私は彼女をマリと呼びます。
②私は昨夜マリに電話をかけました。
(2)①私はいつも彼にサンドイッチを作ります。
②音楽はいつも彼を幸せにします。

❸ (1)makes, fine　(2)makes, busy
(3)makes, tired

❹ (1)Everyone calls him O-chan.
(2)The news made many people surprised.

(3)The drama made the actor popular.

❺ (1)name　(2)named me

❻ (1)famous　(2)angry　(3)nervous[worried]
(4)depressed　(5)glad[happy]　(6)confused

解説

❶ (1)(2)**ミス注意** 「A を B と呼ぶ」は〈call＋A＋B〉で表す。A と B にはイコール（＝）の関係が成り立つ。
(3)「A を B（の状態）にする」は〈make＋A＋B〉で表す。こちらも A＝B の関係。

❷ (1)**ミス注意** ①の call は「A を B と呼ぶ」，②の call は「電話をかける」という意味。
(2)**ミス注意** ①の make は「A に B を作る」，②の make は「A を B（の状態）にする」という意味。

❸ (1)「私はこのアクション映画が好きです。それは私を元気にします」
(2)「私はその部屋を毎日そうじします。それは私を忙しくさせます」
(3)「私は放課後サッカーをします。それは私を疲れさせます」

❹ (1)「A を B と呼ぶ」なので〈call＋A＋B〉の語順にする。A には him，B には O-chan が入る。
(2)「A を B（の状態）にする」なので〈make＋A＋B〉の語順にする。A には many people，B には surprised が入る。
(3)〈make＋A＋B〉の文で，A には the actor，B には popular が入る。

❺ (1)ここでの name は名詞で「名前」。
(2)**ミス注意** ここでの name は動詞で「A を B と名づける」という意味。「名づけました」なので named と過去形にする。

❻ (1)「有名な」は famous。「その歌はその少女を有名にしました」
(2)「怒って」は angry。「私のことばは私の母を怒らせました」
(3)「心配して」は nervous。「英語のテストはいつも私を心配させます」
(4)「落胆した」は depressed。「その知らせは多くの生徒を落胆させるでしょう」
(5)「幸せな」は happy[glad]。「海外へ旅行することは私のおじとおばを幸せにします」
(6)「困惑した」は confused。「女の子と話すことはよく私の兄[弟]を困惑させます」

20

ポイント❶ 〈call ＋ A ＋ B〉
- 「A を B と呼ぶ」を表す。
- A ＝ B の関係になる。

ポイント❷ 〈make ＋ A ＋ B〉
- 「A を B(の状態)にする」を表す。
  A ＝ B の関係になる。

p.54〜55 ステージ❶

Wordsチェック ⑴それ自身を[に]
⑵(その)代わりに ⑶実際に(は)，実は
⑷場所，遺跡 ⑸技術，技能
⑹everything ⑺act ⑻area ⑼law
⑽society

❶ ⑴before you go to bed
⑵before I watch TV
⑶before he leaves home

❷ ⑴looks like ⑵looks red
⑶before, act ⑷welcome, to

❸ ①I want to play(basketball)
②teach me some basketball skills
③make me happy[glad]
④I can go[visit] there next year

❹ ⑴Our teacher looks busy.
⑵That animal looks like a panda.
⑶You must feed the cat before you practice soccer.[Before you practice soccer, you must feed the cat.]
⑷Please read these books before you write a report.[Before you write a report, please read these books.]

WRITING Plus ⑴例 I'll[I will] give you some cookies[some cookies to you].
⑵例 My friends call me Hiro.
⑶例 Singing[To sing] a song[songs] makes me happy[glad].

━━━ 解説 ━━━

❶ ⑴**ミス注意**「寝る前に」は〈before ＋主語＋動詞〜〉を使う。before のあとに「(あなたが)寝る」の you go to bed を続ける。
⑵「私はテレビを見る前に」は before のあとに I watch TV を続ける。
⑶「彼は家を出る前に」は before のあとに he leaves home を続ける。

❷ ⑴**ミス注意**「〜のように見える」は〈look like ＋名詞〉で表す。ここでは主語が３人称単数

なので looks とする。
⑵「〜に見える」は〈look ＋形容詞〉で表す。「赤(の)」は red。
⑶「〜する前に」は接続詞 before を使う。「行動する」は act。
⑷「歓迎する，迎える」は welcome。「〜へ」は前置詞 to を使う。

❸ ①スポーツなどについて「〜したい」は want to play 〜で表す。
②「私にバスケットボールの技術を教えてくれる」は〈teach ＋ A(人)＋ B(もの)〉で表す。
③「劇場での音楽会は私を幸せにするでしょう」と考え，「A を B(の状態)にする」の〈make ＋ A ＋ B〉を使う。
④「そこに行ける」は can を使って I can go there とする。

❹ ⑴**ミス注意**「〜に見える」は〈look ＋形容詞〉で表す。「〜のように見える」の〈look like ＋名詞〉とのちがいに注意する。「私たちの先生は忙しそうに見えます」
⑵「〜のように見える」は〈look like ＋名詞〉で表す。is を look like にかえるが，主語が３人称単数なので looks とする。「あの動物はパンダのように見えます」
⑶「あなたがサッカーを練習する前に」は before のあとに you practice soccer を続ける。
⑷「あなたが報告書を書く前に」は before のあとに you write a report を続ける。

WRITING Plus ⑴「A に B をあげる」は，〈give ＋ A(人)＋ B(もの)〉で表す。「A(人)」には「あなたに」の you，「B(もの)」には「いくらかのクッキー」の some cookies を入れる。「〜をあげましょう」なので I will 〜. の形にする。
⑵「私をヒロと呼ぶ」は「A を B と呼ぶ」を表す〈call ＋ A ＋ B〉を使う。A には「私を」の me，B には Hiro が入る。
⑶「私を幸せにする」は「A を B(の状態)にする」を表す〈make ＋ A ＋ B〉を使う。A には「私を」の me，B には「幸せな」の happy[glad]が入る。主語は「歌を歌うこと」で３人称単数扱い。makes とすることに注意する。

ポイント 接続詞 before
- 「〜する前に」
  〈before ＋主語＋動詞〜〉

p.56 ＝ステージ**1**

Ｗordsチェック (1)乗船，搭乗 (2)乗客
(3)(舟をオールで)こぐ (4)boat
(5)accident (6)gate

❶ (1)①イ ②ウ (2)ア

❷ (1)Tell, more (2)How, like

―――――― 解説 ――――――

❶ (1)「私は友人たちとピクニックに行きました」
に対して，①には詳しい説明を求める表現が入る。
ア「あなたは何が好きですか」 イ「それはどう
でしたか」 ウ「あなたはいつピクニックに行き
ましたか」 ②にはそれを受けて説明を始める前
のつなぎ言葉を入れる。ア「すみません」 イ
「もちろん」 ウ「えーと」
(2)「私は昨日，事故にあいました」に対しての応
答なので詳しい説明を求める表現が適切。ア「何
が起こりましたか」 イ「これは何ですか」 ウ
「あなたは何をするつもりですか」

❷ (1)「もっと話してください」は詳しい説明を求
める表現の1つで，Tell me more.。
(2)**ミス注意！**「～はいかがでしたか」は How did
you like ～? で表す。疑問詞は how を使うことに
注意する。

ポイント❶ つなぎ言葉
・Well,(えーと) ・Um,(うーん)
・Let's see.(えーと，そうですね)
・Let me think.(えーと，そうですね)

ポイント❷ 詳しい説明を求める
・How was it?(それはどうでしたか)
・What happened?(何が起こりましたか)
・How did you like it?(それはいかがでしたか)
・Tell me more.(もっと話してください)

p.57 ＝ステージ**1**

Ｗordsチェック (1)客，泊り客 (2)あいさつする
(3)表現する，言い表す (4)～まで(ずっと)
(5)feeling (6)finish (7)note (8)raise

❶ (1)have to (2)has to (3)don't have
(4)doesn't have

❷ (1)turn in (2)take notes (3)be kind

―――――― 解説 ――――――

❶ 「～しなければならない」は must のほかに
〈have[has] to＋動詞の原形〉で表すこともでき
る。否定文は意味が異なり，must not ～ の「～
してはいけない」に対し，don't[doesn't] have

to ～ は「～しなくてもよい」という意味になる。
(1)「私は報告書を書かなければなりません」
(2)**ミス注意！**主語が3人称単数なので，has to～
を使うことに注意する。「彼はお客さんにあいさ
つしなければなりません」
(3)「あなたは手をあげなくてもよいです」
(4)**ミス注意！**主語が3人称単数なので，doesn't
have to～を使うことに注意する。「彼女はワーク
シートをやらなくてもよいです」

❷ (1)「提出する」turn in
(2)**ミス注意！**「メモをとる」は take notes で表す。
ここでの take は「(写真・コピー・記録などを)
とる」という意味。note は「覚書き，メモ」と
いう意味で，「メモをとる」では複数形で使うこ
とに注意する。
(3)**ミス注意！**「親切な」の kind は形容詞で，「～
です」の文では be 動詞とともに使う。must の
あとは原形なので be を続け，そのあとに kind を
置く。

ポイント have to ～
・〈have[has] to＋動詞の原形〉
「～しなければならない」
・〈don't[doesn't] have to＋動詞の原形〉
「～しなくてもよい」

p.58 《 文法のまとめ④ 》

① (1)tells (2)show (3)call (4)makes
② (1)My brother bought me this bat.
(2)The students call the boy Taku.

―――――― 《 解説 》 ――――――

① (1)**ミス注意！**「A に B を話す」は〈tell ＋ A(人)
＋ B(もの)〉で表す。say(言う)や talk(話す)では，
あとに〈A(人)＋ B(もの)〉の形は続かない。
(2)「A に B を見せる」は〈show ＋ A(人)＋ B(も
の)〉で表す。
(3)「A を B と呼ぶ」は〈call ＋ A ＋ B〉で表す。
(4)「A を B(の状態)にする」〈make ＋ A ＋ B〉
で表す。

② (1)「A に B を買う」は〈buy ＋ A(人)＋ B(も
の)〉の語順にする。bought は buy の過去形。
(2)「A を B と呼ぶ」は〈call ＋ A ＋ B〉の語順
にする。A には「その少年」の the boy が入る。

ポイント① 〈動詞(give など)＋ A ＋ B〉
・「A(人)に B(もの)を～します」
give, show, teach, tell, write, buy, make, cook などがこの文の形で使われる。

ポイント② 〈動詞(call, make など)＋ A ＋ B〉
・〈call ＋ A ＋ B〉(A を B と呼ぶ)
・〈name ＋ A ＋ B〉(A を B と名づける)
・〈make ＋ A ＋ B〉(A を B(の状態)にする)

p.59 《 文法のまとめ④ 》

1 (1) **may be** (2) **have to** (3) **must not**
(4) **Can[Will] you** (5) **May[Can] I**
(6) **doesn't have to**

《 解説 》

1 (1)「～かもしれない」は may で表す。
(2) **ミス注意!**「～しなければならない」は空所の数から have to を使う。
(3)「～してはいけません」は must not ～。
(4)「～してくれませんか」と依頼するときは, Can[Will] you～? を使う。
(5)「～してもいいですか」と許可を求めるときは, May[Can] I～? を使う。
(6) **ミス注意!**「～しなくてもよい」は主語が３人称単数なので, doesn't have to ～を使う。

ポイント 助動詞
・can(～することができる, ～してもよい)
・will(～するつもりだ, ～するだろう)
・may(～してもよい, ～かもしれない)
・must(～しなければならない, ～にちがいない)
・must not ～(～してはいけない)
・have to ～(～しなければならない)
・don't have to ～(～しなくてもよい)
・Can[Will] you ～?(～してくれませんか)
・May[Can] I ～?(～してもいいですか)

p.60～61 Try! READING

Question (1) Shall we clean the room?
(2) Yes, let's. (3) the pot
(4) check it out (5) some
(6)そのとおり。 (7) 1. × 2. ○ 3. ○
(8) 1. He will return soon.
2. Yes, there is.
Word Box BIG 1 (1)罰する
(2)(～)のにおいがする (3)私たち自身を[に]
(4)もの (5)からの (6) shut (7) break
(8) ring (9) believe (10) awful
2 (1) Wait, minute (2) Don't worry

(3) a few (4) check out (5) going on
3 (1) You must be kidding
(2) The players are in trouble
(3) My sister will be back at seven.
(4) Shall we eat dinner at that restaurant?

《 解説 》

Question (1)「部屋をそうじしましょうか」という文にする。
(2) Yes, let's. は Shall we ～? への返答などにも使われる。
(3) it(それは)は前に出た単数の名詞を受けている。
(4) **ミス注意!** 前文の I'll check it out. に対しての応答なので, Don't のあとには前文の動詞以下が省略されている。
(5) **ミス注意!** ここでの some は, あとに名詞が続いていないので, 形容詞ではなく, 代名詞。「いくらか, 多少, 何人か」という意味を表す。
(6) right は形容詞で「正しい, まちがっていない」という意味。
(7) 1. 本文３行目参照。 2. 本文９行目参照。
3. 本文９～10行目参照。
(8) 1. 質問は「和尚はいつ戻りますか」という意味。1行目参照。
2. 質問は「つぼには砂糖が入っていますか」という意味。12行目参照。
Word Box BIG 2 (1)「ちょっと待ってください」Wait a minute.
(2)「心配しないで」Don't worry.
(3)「少数の～」a few ～
(4)「～を調べる」check out ～
(5)「いったいどうしたんだ」What's going on?
3 (1) **ミス注意!**「冗談だろ」は, You must be kidding. で表す。ここでの must は「～にちがいない」という意味。
(2)「トラブルに巻き込まれている」は be in trouble。主語が複数で現在の文なので be 動詞は are を使っている。
(3)「帰る, 戻る」は be back。「７時に」は〈at ＋時刻〉の形にする。
(4)「～しましょうか」は Shall we ～? を使う。「あのレストランで」は at that restaurant。

p.62〜63 ■ステージ**2**

❶ **LISTENING** (1)カ (2)ア (3)オ

❷ (1) We bought her a guidebook.

(2) He tells us an interesting story.

(3) I have to do some shopping today.

(4) Shall we climb that mountain next Sunday?

❸ (1) a few (2) looks like (3) turn in

(4) must, kidding

❹ (1) invited me to

(2) I'll show you some pictures.

(3) 1. × 2. ○

❺ (1) We don't have to water the flowers.

(2) She will lend you her bicycle.

(3) Mr. Smith named his dog Toto.

❻ (1) My brother has to take an exam[a test].

(2) Your father cooked us lunch.

(3) This letter made me sad.

(4) Our teacher calls the student Nori.

■■■■■■■■■■■■■ 解説 ■■■■■■■■■■■■■

❶ **LISTENING** (1)「麻里は彼女のお兄[弟]さんに財布を見せるでしょう」

(2)「私の姉[妹]は彼女の友人に帽子をあげるでしょう」

(3)「随筆を書くことはいつもその少女を喜ばせます」

> ♪ **音声内容**
> (1) Mari will show her brother a wallet.
> (2) My sister will give her friend a cap.
> (3) Writing an essay always makes the girl glad.

❷ (1)〈buy ＋ B（もの）＋ for ＋ A（人）〉は〈buy ＋ A（人）＋ B（もの）〉に書きかえることができる。「私たちは彼女に観光案内書を買いました」

(2)〈tell ＋ B（もの）＋ to ＋ A（人）〉は〈tell ＋ A（人）＋ B（もの）〉に書きかえることができる。「彼は私たちにおもしろい話を話してくれます」

(3) **ミス注意！**「〜しなければならない」は〈have to ＋動詞の原形〉，または〈must ＋動詞の原形〉で表せるが，ここでは語数から have to 〜 を使う。「私は今日，買い物をしなければなりません」

(4) **ミス注意！**「〜しましょう」は Let's 〜.，または Shall we 〜? で表せるが，ここでは語数から

Shall we 〜? を使う。「次の日曜日にあの山に登りましょう」

❸ (1)「少数の〜」a few 〜

(2)「〜のように見える」は〈look like ＋名詞〉で表す。

(3)「提出する」turn in

(4)「あなたは冗談を言っているにちがいない」ということで，You must be kidding. で表す。must には「〜にちがいない」という意味もある。

❹ (1)「招く」は invite で過去の文なので過去形にする。「〜へ」は前置詞 to を使う。

(2)「A に B を見せる」で〈show ＋ A（人）＋ B（もの）〉の語順にする。

(3) 1. 3行目参照。 2. 5行目参照。

❺ (1)「〜しなくてもよい」は don't have to 〜 で表す。water はここでは動詞で「水をやる」という意味。

(2)「A に B を貸す」は〈lend ＋ A（人）＋ B（もの）〉で表す。「A（人）」には you，「B（もの）」には her bicycle を置く。

(3)「A を B と名づける」は〈name ＋ A ＋ B〉で表す。named のあとは「彼のイヌ」の his dog，「トト」の Toto の語順にする。

❻ (1) **ミス注意！**「〜しなければならない」は語数と主語が3人称単数であることから has to〜 を使う。「試験を受ける」は take an exam[a test] で表す。

(2)語数から「A に B を料理する」は〈cook ＋ A（人）＋ B（もの）〉を使う。

(3)「私を悲しませました」は「A を B（の状態）にする」の〈make ＋ A ＋ B〉で表す。主語は「この手紙」の this letter。「悲しい」は sad。

(4)「その生徒をノリと呼ぶ」は「A を B と呼ぶ」で〈call ＋ A ＋ B〉で表す。

p.64〜65 ■ステージ**3**

❶ **LISTENING** ウ・オ（順不同）

❷ (1) Shall we (2) middle of

(3) is in trouble

❸ (1) us science (2) made, bored

(3) him a robot

❹ (1) They have to stay at home on Sunday.

(2) What do people call this animal?

(3) I will send Mary a scarf.

❺ (1) They will teach you their history.

24

(2) before　(3) イ

(4) 1. They will show you[us] their art.

2. You[We] can watch the sunrise and sunset.

6 (1) The article made everyone depressed.

(2) Ryo showed us his violin.

(3) Your sister doesn't have to help them.

7 (1) 例 They call me Miki[Mami / Kazu].

(2) 例1 Swimming makes me happy.

　　　例2 Dancing to music makes me happy.

■━━━━━━━━ 解 説 ━━━━━━━━■

1 🎧 LISTENING　寛人は「ぼくは浴室を毎日そうじしなければなりません。それはぼくを疲れさせます」と言っているので**ウ**を選ぶ。

アンは「私の仕事は朝食を料理することです」と言っているので**オ**を選ぶ。

🎵 **音声内容**

A: Hiroto, do you have to do anything for your family?

B: Yes, I do, Ann. I have to clean the bathroom every day. It makes me tired.

A: Oh, really? My father cleans the bathroom and the kitchen every day. My work is to cook breakfast, so I get up early. I feel happy when I cook breakfast for my family.

2 (1)「〜しましょうか」Shall we 〜?

(2)「〜の真ん中, 〜の中頃」middle of 〜

(3)「トラブルに巻き込まれている」は be in trouble。be動詞は主語にあわせて is にする。

3 (1) ミス注意！ teach に注目して「A に B を教える」という文にする。動詞のあとには〈A(人)＋B(もの)〉を続ける。「佐藤先生は私たちの理科の先生です」→「佐藤先生は私たちに理科を教えます」

(2)「そのテニスの試合を見たとき, 彼女は退屈しました」→「そのテニスの試合は彼女を退屈させました」。

(3)上は〈give＋B(もの)＋to＋A(人)〉の文で,〈give＋A(人)＋B(もの)〉に書きかえられる。「私たちは彼にロボットをあげました」

4 (1) ミス注意！「〜しなければならない」は〈have to＋動詞の原形〉, または〈must＋動詞の原形〉で表す。must を使うと have と to の2語が不要になるので, have to を使って must を不要な語とする。「家にいる」は stay at home。

(2)「A を B と呼ぶ」は〈call＋A＋B〉で表す。ここでは, B が what となり文頭にくる。「名づける」の name が不要。

(3) ミス注意！「A に B を送る」は〈send＋A(人)＋B(もの)〉, または〈send＋B(もの)＋to＋A(人)〉で表す。〈send＋B(もの)＋to＋A(人)〉では不要な語がないので,〈send＋A(人)＋B(もの)〉を使う。

5 (1)「彼らはあなたたちに彼らの歴史を教えるでしょう」という文にする。〈teach＋A(人)＋B(もの)〉の語順にする。

(2)「〜する前に」は接続詞 before で表す。

(3)あとが the Anangu happy や your stay in the park better のように〈A＋B〉なので,「A を B(の状態)にする」の文だとわかる。make が適切。

(4) 1.「アナング族の人たちはあなたたちに何を見せるでしょうか」。2行目参照。

2.「あなたたちはウルルの上に何を見ることができますか」。6〜7行目参照。

6 (1)「みんなを落胆させた」は「A を B(の状態)にする」で〈make＋A＋B〉で表す。主語は「その記事」の the article。「落胆した」は depressed。「〜させた」なので make は過去形にする。

(2)「A に B を見せる」は語数から〈show＋A(人)＋B(もの)〉を使う。「A(人)」には「私たちに」の us を,「B(もの)」には「彼のバイオリン」の his violin を置く。

(3)「〜しなくてもよい」は don't[doesn't] have to〜で表す。主語は3人称単数の「あなたの妹さん」で your sister。「彼らを手伝う」は help them。

7 (1)質問は「あなたの友人たちはあなたを何と呼びますか」。They call me 〜. の形で答える。「〜」には Miki や Mami など具体的な呼び名を入れる。

(2) ミス注意！質問は「何があなたを幸せにしますか」。〜 makes me happy. の形で答える。「〜」には music, this book などの語句を入れてもよいし, dancing to music のような動名詞を含んだ語句でもよい。いずれも3人称単数扱いなので makes と s をつけることに注意する。

Lesson 5 〜 Project 2

Words チェック (1)北(の) (2)県, 府 (3)島
(4) young (5) south (6) country

1 (1) deeper, deepest (2) nicer, nicest
(3) bigger, biggest (4) heavier, heaviest

2 (1) newer (2) highest (3) of

3 (1) 1. larger than 2. the largest
(2) 1. taller than 2. is the tallest
(3) 1. hotter than 2. the hottest of

4 (1) right (2) largest lake (3) Which, or

5 (1) younger (2) newer (3) shorter
(4) stronger (5) smaller

━━━━━━━ ● 解 説 ●━━━━━━

1 (1)比較級は er を, 最上級は est をつける。
(2)nice のように e で終わる語は, r, st をつける。
(3)big は語尾が〈母音字＋子音字〉の語。子音字の g を重ねて er, est をつける。
(4) **ミス注意！** heavy は語尾が〈子音字＋y〉の語。y を i にかえて er, est をつける。

2 (1)あとが than なので比較級を選ぶ。「このラジオはあのラジオよりも新しいです」
(2)前の the やあとの in から最上級を選ぶ。「富士山は日本でいちばん高いです」
(3)あとの the seven は複数を表す語句。「〜の中で」は of を使う。「彼女は7人の中でいちばん強いです」

3 (1)1. は比較級で, 2. は最上級の文。large は r, st をつける。1. は〈比較級＋than〉, 2.は〈the＋最上級〉が空所に入る。
(2)1. は比較級, 2. は最上級の文。tall は er, est をつける。
(3)1. は比較級, 2. は最上級の文。hot は子音字の t を重ねて er, est をつける。

4 (1)「正しい」は right。
(2) **ミス注意！**「最も大きな湖」は〈the＋形容詞の最上級＋名詞〉で表す。
(3)「A と B ではどちらが〜ですか」は〈Which is ＋比較級, A or B?〉で表す。

5 (1)「私の父は加藤先生よりも年上です」を「加藤先生」を主語にするので,「加藤先生は私の父よりも若いです」という文にする。
(2) **ミス注意！**「このバスはあのバスよりも古いです」を「あのバス」を主語にするので,「あのバスはこのバスよりも新しいです」という文にする。「古い」old の反対は「新しい」new。
(3)「あなたのペンは私のものよりも長いです」を「私のペン」を主語にするので,「私のペンはあなたのものよりも短いです」という文にする。
(4)「この選手はあの選手よりも弱いです」を「あの選手」を主語にするので,「あの選手はこの選手よりも強いです」という文にする。
(5)「あなたのシャツはあのシャツよりも大きいです」を「あのシャツ」を主語にするので,「あのシャツはあなたのものよりも小さいです」という文にする。

ポイント1 形容詞の比較級の文
・「…よりも〜」
〈形容詞の比較級(-er)＋than …〉

ポイント2 形容詞の最上級の文
・「…の中で最も[いちばん]〜です」
〈the＋形容詞の最上級(-est)＋in[of] …〉

ポイント3 比較級・最上級の作り方
①ふつうは er, est をつける。
②e で終わる語は r, st をつける。
③語尾が〈母音字＋子音字〉の語は子音字を重ねて er, est をつける。
④語尾が〈子音字＋y〉の語は y を i にかえて er, est をつける。

Words チェック (1)くつろぐ (2)高価な, 貴重な
(3)外国の (4)リスト, 一覧表 (5) keep
(6) expensive (7) include (8) compare

1 (1) Math, Japanese (2) popular than
(3) most popular in

2 (1) more difficult (2) the most exciting

3 (1) more wonderful than mine
(2) more colorful than yours
(3) the most interesting of
(4) the most delicious in

4 (1) by yourself (2) welcome party

5 (1) more beautiful (2) more expensive
(3) most famous (4) more useful
(5) most important

━━━━━━━ ● 解 説 ●━━━━━━

1 popular は3音節からなる形容詞。比較級は more popular, 最上級は most popular。

26

(2) **ミス注意！** 比較級の文にする。前に more を置き，形容詞の形はかわらないことに注意する。

(3)最上級なので popular の前に most を置く。

❷ (1) than Chinese(中国語よりも)を加えて比較級の文にする。difficult は3音節の語なので比較級は difficult の前に more を置く。

(2) in our town(私たちの町の中で)を加えるので最上級の文にする。exciting は語尾が -ing。最上級は前に most を置く。

❸ (1)「…よりもすばらしい」は wonderful の比較級で前に more を置く。

(2)「色彩に富んだ」は colorful。〈more ＋形容詞＋ than …〉で表す。

(3)「最もおもしろい」は interesting の最上級で，the most interesting の語順にする。

(4)「いちばんおいしい」は delicious の最上級で，the most delicious の語順にする。

❹ (1) **ミス注意！**「独力で」は by oneself。oneself は主語の you にあわせて yourself とする。

(2) welcome には形容詞で「歓迎される」という意味もある。

❺ (1)「美しい」は beautiful で，比較級は more beautiful。

(2)「高価な」は expensive で，比較級は more expensive。

(3)「有名な」は famous で，最上級は most famous。

(4)「役に立つ」は useful で，比較級は more useful。

(5)「重要な」は important で，最上級は most important。

ポイント❶ more, most を使った比較級・最上級

比較的長いつづりの形容詞の
• 比較級は〈more ＋形容詞〉の形になる。
• 最上級は〈most ＋形容詞〉の形になる。

ポイント❷ more, most を使う形容詞

①3音節以上の語
　important(重要な)，popular(人気のある)など
②語尾が -ful, -ous, -ing の語
　useful(役に立つ)，delicious((とても)おいしい)，exciting(興奮させる)など

---

p.70〜71 **ステージ❶**

Wordsチェック (1)料金
(2)参加する，加わる　(3)味，風味　(4) quite
(5) daughter　(6) although

❶ (1) faster than　(2) the hardest
(3) better than

❷ (1) as, as　(2) as big as
(3) is as old as Sachi

❸ (1) as nice as that one
(2) is not as hot as
(3) swim faster than my sister

❹ (1) have fun　(2) like wearing
(3) the best

❺ (1) earlier　(2) sleep longer　(3) highest
(4) speaks, loudest

━━━━━ 解説 ━━━━━

❶ (1)副詞の fast(速く)を比較級にする。

(2)副詞の hard(いっしょうけんめいに)を最上級にする。

(3) like を使った比較の文で，「…より〜が好きだ」は like 〜 better than … で表す。

❷「…と同じくらい〜」は〈as ＋形容詞＋ as …〉で表す。as と as の間には，常に形容詞のもとのままの形が入る。

(1)「このバスはあのバスと同じくらい新しいです」

(2)「ピンク色のかばんは青いかばんと同じくらい大きいです」

(3)「玲子は沙智と同じ年齢です」

❸ (1)「…と同じくらいすてき」は as nice as …。

(2) **ミス注意！**「…ほど〜でない」は as 〜 as … の否定文で表す。

(3)「…よりも速く泳ぎます」は swim のあとに〈比較級＋ than …〉を続ける。

❹ (1)「楽しむ」have fun

(2)「〜が好き」の like は目的語に to 不定詞，動名詞のどちらも使う。ここでは空所の数から動名詞。like 〜ing で「〜することが好き」。

(3)「〜がいちばん好き」は like 〜 the best で表す。

❺ (1) **ミス注意！**「早く」は early。語尾が〈子音字＋ y〉なので，比較級は y を i にかえて er をつける。

(2)「長く」は long。比較級は er をつける。

(3)「高く」は high。最上級は est をつける。

(4)「大きな声で」は loud。最上級は est をつける。「話す」は speak で，主語が 3 人称単数なので speaks とする。

> **ポイント①** 同等比較の文
> - 〈as ＋形容詞＋ as ...〉
>   「…と同じくらい～」
> - 〈not as ＋形容詞＋ as ...〉
>   「…ほど～でない」

> **ポイント②** 副詞の比較級
> - 〈副詞の比較級＋ than ...〉
>   「…よりも～（します）」

p.72～73 ステージ①

Wordsチェック (1)それ以上（の），さらなる

(2)計画して準備する　(3)細部，詳細

(4)添付する　(5)要約，まとめ　(6)offer

(7)opportunity　(8)file　(9)choice

(10)chose

❶ (1)like art better than music

(2)likes this watch the best of

(3)Which do you like better

❷ (1)Half of　(2)couple of　(3)Five of

❸ (1)Eight of my students like the kimono activity the best.　(2)イ　(3)1. ○　2. ×

❹ (1)Thank, for　(2)member of

(3)look forward

WRITING Plus🖊 (1)例 I am[I'm] busier than my brother.

(2)例 I can run as fast as my sister.

(3)例 This movie is the most interesting of the four.

━━━━ 解説 ━━━━

❶ (1)「音楽より美術が好き」は like ～ better than ... の語順にする。

(2)「この腕時計がいちばん好き」は like ～ the best の語順にする。

(3)**ミス注意🖊**「リンゴとレモンではどちらが好きですか」は〈Which do[does] ＋主語＋ like better, A or B?〉の形で表す。

❷ (1)「～の半分，半数」half of ～

(2)「2, 3つの～」a couple of ～

(3)「私たちの5人」は〈数＋ of ～〉で表し，five of us。

❸ (1)「～がいちばん好き」の like ～ the best を

中心にして並べかえる。主語は「私の生徒の8人」で〈数＋ of ～〉の形で表す。

(2)**ミス注意🖊** 前の the やあとの in ～から最上級の文。beautiful のような長い語のときは最上級に most を使うことに注意する。

(3)1. 1～2行目参照。　2. 4～6行目参照。

❹ (1)「～をありがとう」thank you for ～

(2)「～の一員」a member of ～

(3)「～を楽しみに待つ」look forward to ～

WRITING Plus🖊 (1)「兄よりも忙しい」は〈比較級＋ than ...〉で表す。「忙しい」は busy で比較級は，語尾が〈子音字＋ y〉なので y を i にかえて er をつける。

(2)「同じくらい速く」は〈as ＋副詞＋ as ...〉で表す。副詞の「速く」は fast。

(3)「～の中でいちばんおもしろい」は〈the ＋形容詞の最上級＋ in[of] ...〉で表す。「おもしろい」は interesting。最上級は most をつける。「4つの中で」は〈of ＋複数を表す語句〉で表す。

> **ポイント** like を使った比較の文
> - like ～ better than ...
>   「…よりも～が好きだ」
> - like ～ (the) best (in[of]...)
>   「（…の中で）～がいちばん[最も]好きだ」

p.74 ステージ①

Wordsチェック (1)西洋カボチャ

(2)(年ごとの)記念日　(3)I'd　(4)free

❶ ア

❷ (1)Why don't we　(2)Sure

(3)Can, speak to　(4)Speaking

━━━━ 解説 ━━━━

❶ 「～しませんか」と相手を誘うときには，Why don't we ～? を使う。

❷ (1)「～しませんか」Why don't we ～?

(2)誘いに応じて「いいですとも」は Sure. と言う。

(3)**ミス注意🖊** 電話で「～をお願いできますか」と言うときは，Can I speak to ～? を使う。

(4)電話で「私です」と言うときは，Speaking. を使う。

> **ポイント①** 誘う表現
> - Why don't we ～ ?（～しませんか）
> - Shall we ～?（(私たちは)～しましょうか）
> - Let's ～.（～しましょう）

28

ポイント② 誘いに応じる表現・誘いを断る表現
- Sure.(いいですとも)
- Yes, let's.(そうしよう)
- I'd like to, but～.(そうしたいのですが，～)
- I'm sorry, I can't. I have ～.(ごめんなさい，できません。私には～があります)

p.75 ◀ ステージ**1** ▶

Ｗ ords チェック　(1)整える　(2)fold

❶ (1)**how to**　(2)**what to**　(3)**when to**
(4)**where to**

❷ (1)**tell you what to buy**
(2)**show me where to sit**
(3)**asked us when to cut a cake**
(4)**show her how to put on a kimono**

━━━━━ 解説 ━━━━━

❶ (1)「どのように～するか，～の仕方」は how to～で表す。
(2)「何を～するか」は what to ～で表す。
(3)「いつ～するか」は when to ～で表す。
(4)「どこへ[で]～するか」は where to～で表す。

❷ (1)**ミス注意！**「AにBを伝える」で〈tell＋A（人）＋B（もの）〉の文。「A（人）」には「あなたに」の you。「B（もの）」に「何を買ったらよいか」の what to buy を入れる。
(2)「どこにすわったらよいか」は where to sit で表す。
(3)「いつケーキを切ったらよいか」は when to cut a cake。
(4)「着物の身に着け方」は how to put on a kimono。put on は「身に着ける」を表す。

ポイント 疑問詞＋to＋動詞の原形
- 〈how to ＋動詞の原形〉
「どのように～するか，～の仕方」
- 〈what to ＋動詞の原形〉
「何を～するか」
- 〈when to ＋動詞の原形〉
「いつ～するか」
- 〈where to ＋動詞の原形〉
「どこへ[で]～するか」

p.76 ◀ 文法のまとめ⑤ ▶

1 (1)**older**　(2)**the most beautiful**　(3)**tall**
(4)**the hottest**　(5)**more expensive**
(6)**harder**

◀ 解説 ▶

1 (1)「…よりも古い」なので比較級にする。
(2)「最も美しい」なので最上級。beautiful の最上級は前に most を置く。
(3)「…と同じくらい～」の〈as ＋形容詞[副詞] ＋ as …〉で，形容詞[副詞]は形をかえない。
(4)**ミス注意！**「いちばん暑い」は最上級。hot は語尾が〈母音字＋子音字〉。子音字の t を重ねて est をつける。
(5)「…よりも値段が高い」なので比較級。expensive の比較級は前に more を置く。
(6)「…よりも熱心に～（します）」で副詞の比較級の文。hard の比較級は er をつける。

ポイント 比較
- 比較級「…よりも～です」
〈形容詞の比較級(-er) ＋ than …〉
〈more ＋形容詞＋ than …〉
- 最上級「…の中で最も[いちばん]～です」
〈the ＋形容詞の最上級(-est) ＋ in[of] …〉
〈the ＋ most ＋形容詞＋ in[of] …〉
- 同等比較「…と同じくらい～」
〈as ＋形容詞[副詞]＋ as …〉
- 副詞の比較級「…よりも～（します）」
〈副詞の比較級＋ than …〉

p.77 ◀ 文法のまとめ⑤ ▶

1 (1)**where**　(2)**how**　(3)**when**　(4)**what**
2 (1)彼女は私に花の生け方を教えました。
(2)私の父は夕食に何を料理したらよいのかわかりません。
3 (1)**to know how to get to**
(2)**tell me when to call**
(3)**show him where to put**

◀ 解説 ▶

1 〈疑問詞＋ to ＋動詞の原形〉は「何を～したらよいか」などの意味を表す。疑問詞によって意味が異なる。
(1)「どこへ」なので疑問詞は where を使う。
(2)「～の仕方」は how to ～で表す。
(3)「いつ」なので疑問詞は when を使う。
(4)「何」なので疑問詞は what を使う。
2 (1)how to～は「どのように～するか」。

(2) what to ～は「何を～するか」。

③ (1)「～への行き方」は how to get to ～。

(2) **ミス注意！**「いつ～に電話をかけたらよいか」は when to call ～。call はここでは「電話をかける」という意味。

(3)「どこに～を置いたらよいか」は where to put～の語順にする。

> **ポイント** 疑問詞＋ to ～
> ・ how to～（どのように～するか，～の仕方）
> ・ what to～（何を～するか）
> ・ when to～（いつ～するか）
> ・ where to～（どこへ［で］～するか）

p.78　ステージ①

Wordsチェック (1)風景，景色　(2)スノーボード
(3) survey　(4) result

❶ (1) is famous for　(2) must visit
(3) one, best landscapes

❷ (1) is famous for hot springs　(2) must visit
(3) shows you Japanese history

解説

❶ (1)「～で有名だ」be famous for ～

(2)「～しなければならない」は〈must ＋動詞の原形〉で表す。

❷ (1)「温泉」hot spring

> **ポイント** 名所や施設
> amusement park(遊園地)　tower(塔)
> theater(劇場)　library(図書館)
> garden(庭園)　aquarium(水族館)

p.80～81　ステージ②

❶ **LISTENING** (1)ウ　(2)ア
❷ (1) new　(2) deepest　(3) more
❸ (1) how to　(2) better than
(3) have fun　(4) Half of
❹ (1) shorter than　(2) more difficult
(3) heavy as
❺ (1) It's smaller than Japan.　(2) largest
(3)③北島　④オークランド
❻ (1) Mt. Asama is higher than that mountain.
(2) I skate faster than my brother.
(3) What is the most important of
(4) We told Emma what to study.
❼ (1) Ms. Mori is as famous as your father.
(2) That dress is the prettiest in the shop

[store].

(3) Basketball is more exciting than baseball for me.

(4) Can I speak to Jenny?

解説

❶ **LISTENING** (1)「トムはケビンよりも若いです」

(2)「エイミーは３人の中でいちばん速く走ります」

> **♪音声内容**
> (1) Tom is younger than Kevin.
> (2) Amy runs the fastest of the three.

❷ (1) as と as の間の形容詞［副詞］はそのままの形。「私の一輪車はあなたのものと同じくらい新しいです」

(2)前の the とあとの in ～から最上級。「その湖は日本でいちばん深いです」

(3) **ミス注意！** あとの than から比較級。delicious は -ous で終わる語で，比較級は前に more を置く。「カレーはピザよりもおいしいと私は思います」

❸ (1)「～の仕方」は how to ～。

(2)「…より～が好きだ」は like ～ better than … で表す。

(3)「楽しむ」have fun

(4)「～の半分」は half of ～。half は「半分，２分の１」という意味。

❹ (1)「あなたのかさは私のものよりも長いです」を「私のかさ」を主語にするので，「私のかさはあなたのものよりも短いです」という文にする。

(2) **ミス注意！**「私には数学は美術よりも簡単です」を「美術」を主語にするので，「私には美術は数学よりも難しいです」という文にする。easy の反対の意味の語は「難しい」difficult。３音節の語なので比較級は more difficult。

(3) **ミス注意！**「私のかばんはあなたのものよりも重いです」を「あなたのかばん」を主語にする。not があるので，〈not as ＋形容詞＋ as …〉の形にする。「あなたのかばんは私のものほど重くありません」

❺ (1) smaller と than から「…よりも小さい」という文とわかる。smaller than のあとに続くのは Japan。

(2) **ミス注意！** 前の the とあとの in ～から最上級

にする。large は語尾が e なので，st をつける。

(3) 2～3 行目参照。

❻ (1)「…よりも高い」は higher than … で表す。主語は Mt. Asama。

(2) 副詞の比較級の文。「…よりも速くスケートですべる」は skate のあとに〈比較級＋ than …〉を続ける。

(3)「大切な」は important。「いちばん大切」は最上級で〈the most ＋形容詞〉の語順にする。

(4) **ミス注意!**「A に B を伝える」で〈tell ＋A（人）＋B（もの）〉の語順にする。「A（人）」には「エマ」Emma を，「B（もの）」に「何を勉強したらよいか」を入れる。〈疑問詞＋ to ＋動詞の原形〉で表す。

❼ (1)「…と同じくらい有名」は〈as ＋形容詞＋ as …〉を使う。「有名な」は famous。

(2)「いちばんかわいい」は最上級で the prettiest。「店で」は，the shop が「場所・範囲を表す語句」なので in the shop とする。

(3)「わくわくする」は exciting。「…よりもわくわくする」は比較級で〈more ＋形容詞＋ than …〉の語順にする。

(4) 電話で「～をお願いできますか」は Can I speak to ～? と言う。

p.82～83　📘ステージ❸

❶ 🎧**LISTENING** (1) イ　(2) ア

❷ (1) when to　(2) couple of

(3) Thank you for

❸ (1) The girl is as happy as you.

(2) The picture is the most valuable of the eight.

(3) That island is smaller than this one.

❹ (1) Tom gets up earlier than Bob.

(2) This elephant is the biggest in the zoo.

(3) My computer is more useful than this one.

❺ (1) I see

(2) 観光はリストで最も人気のある活動です。

(3) cultural activities are more popular than

(4) 1．×　2．○

❻ (1) Miki studies English harder than Koji.

(2) I showed them how to make *soba*.

(3) The player is as strong as our teacher.

(4) We look forward to seeing you again.

❼ (1) 例1 I am.　例2 My sister Yuki is.

(2) 例 I like English[math / Japanese / science] the best.

◀━━━━━━━━━━━ 解説 ━━━━━━━━━━━▶

❶ 🎧**LISTENING** (1) ボブが「ぼくはよく午後に紅茶とクッキーを飲食します。絵理，あなたは紅茶とコーヒーではどちらが好きですか」と言い，絵理が「私はコーヒーのほうが好きです。私は夕食後にコーヒーとケーキを飲食して楽しみます」と言っている。

(2)「これはぼくのお気に入りのかばんです。3,000 円でした。ぼくは先月それを買いました。ジェニー，きみのかばんはすてきに見えます。きみはそれをいつ買いましたか」「武，私はそれを3 週間前に買いました。2,500 円でした。私は毎日これを使います」

♪ 音声内容

(1) A: I often have tea and cookies in the afternoon. Eri, which do you like better, tea or coffee?

B: I like coffee better, Bob. I enjoy having coffee and cake after dinner.

(2) A: This is my favorite bag. It was 3,000 yen. I bought it last month. Jenny, your bag looks nice. When did you buy it?

B: I bought it three weeks ago, Takeshi. It was 2,500 yen. I use this every day.

❷ (1)「いつ～したらよいか」は when to ～。

(2)「2，3 の～」a couple of ～

(3)「～をありがとう」thank you for ～

❸ (1) **ミス注意!**「…と同じくらい～」は〈as ＋形容詞＋ as …〉で表す。as と as の間の形容詞は，er をつけたりせずに，常にもとのままの形であることに注意する。

(2) valuable は「貴重な」で「いちばん貴重な」は the most valuable。「8 つの中で」は〈of ＋複数を表す語句〉で表す。

(3)「この島はあの島よりも大きいです」を「あの島」を主語に比較級を使うので，「あの島はこの島よりも小さいです」という文にする。large（大きい）の反対は small（小さい）。

❹ (1) **ミス注意!** 副詞の比較級の文。gets up のあとに〈比較級＋ than …〉を続ける。early は語尾が〈子音字＋ y〉なので，語尾の y を i にかえて er をつける。

(2)「最も大きい」は最上級の文。big は語尾が〈母音字＋子音字〉なので，語尾の g を重ねて est をつける。

(3)「…よりも役に立つ」なので比較級の文。「役に立つ」の useful を比較級にする。-ful で終わる語の比較級は前に more を置く。

❺ (2) the most popular activity は〈最上級＋名詞〉の形で「最も～な…」という意味を表す。

(3) more と popular から比較級の文。主語は cultural activities。

(4)1．「リストを見れば，あなたは日本の旅行者のためのいくつかの人気のある活動を理解することができます」1～2行目参照。

2．「観光は文化的な活動よりも人気があります」3～4行目参照。

❻ (1)「…よりも熱心に勉強します」は副詞の比較級の文。study のあとに〈比較級＋than …〉を続ける。

(2)「そばの作り方」は〈疑問詞＋to＋動詞の原形〉を使って how to make *soba*。「A に B を教える」は〈show＋A（人）＋B（もの）〉の文で，「B（もの）」にこれを入れる。「A（人）」には「彼らに」の them が入る。

(3)「…と同じくらい強い」は〈as ＋形容詞＋ as …〉で表す。「強い」は strong。

(4) ミス注意 「～を楽しみに待つ」は look forward to～。to は前置詞であとには動名詞か名詞が続くので「～に会う」の see は動詞の -ing 形にする。

❼ (1)質問は「あなたの家族でだれがいちばん若いですか」という意味。〈人を表す語句＋be 動詞.〉の形で答える。

(2)質問は「あなたは何の教科がいちばん好きですか」という意味。I like ～ the best. の文で「～」に具体的な教科名を書いて答える。

Lesson 6 ～ GET Plus 6

p.84～85 ステージ❶

Words チェック (1)竜，ドラゴン　(2)たくさん
(3)ほとんど，ほぼ　(4)I've　(5)kept
(6)known

❶ (1) have lived, for　(2) has played, since
(3) have studied, for

❷ (1) worked　(2) have lived　(3) for
(4) since

❸ (1) has played, for
(2) has studied Japanese for two years
(3) have used this computer for two years
(4) have practiced *judo* for two years

❹ (1) have loved the story for thirty years
(2) has stayed in China for a month
(3) have been in Fukuoka since last week

❺ (1) plenty of　(2) years old

❻ (1) kept　(2) wanted　(3) have belonged
(4) has been

解説

❶「（ずっと）～しています」は現在完了形の継続用法で〈have[has]＋動詞の過去分詞〉で表す。過去分詞は，規則動詞は過去形と同じ形。

(1)「住む」は live で過去分詞は lived。「～の間」は for～。

(2)「～から，～以来」は since ～。

(3)「勉強する」は study，規則動詞で過去分詞は y を i にかえて ed をつける。

❷ (1) ミス注意 現在完了形は現在のことについて述べているので，～ago など明らかに過去を表す語句がある場合は現在完了形は使わない。「彼は6年前，英国で働きました」

(2) since ～があるので現在完了形。「私たちは2017年からこの家に住んでいます」

(3) two weeks は期間を表す語句なので for を選ぶ。「彼女は2週間シアトルに滞在しています」

(4) I was ten はスタートの時点を表すので since を選ぶ。「私は10歳のときからスペイン語を学んでいます」

❸ (1) ミス注意 主語が my sister なので has を使うことに注意する。「私の姉[妹]は2年間ずっとピアノを演奏しています」

(2)「グリーン先生は2年間ずっと日本語を勉強し

ています」

(3)「私は２年間ずっとこのコンピューターを使っています」

(4)「彼らは２年間ずっと柔道を練習しています」

❹ (1)「ずっと大好きです」は〈have ＋動詞の過去分詞〉の形で，have liked。

(2)「ずっと中国に滞在しています」は has stayed in China。

(3)「ずっと〜にいる」は have been in 〜で表す。

❺ (1)「たくさんの〜」plenty of 〜

(2)「〜歳」〜 year(s) old

❻ (1)**ミス注意!**「持ち続ける」の keep は不規則動詞で，過去分詞は kept。

(2)「ほしい」の want は規則動詞。

(3)「所属する」の belong は規則動詞。

(4)「〜である」は be 動詞で表す。be の過去分詞は been。

> **ポイント** 現在完了形(継続用法)
> 「ずっと〜しています」
> 〈have[has]＋動詞の過去分詞〉
> ・規則動詞の過去分詞は過去形と同じ。
> ・不規則動詞は動詞によってさまざまに変化する。

p.86〜87 ステージ1

Words チェック (1)コーチ，指導者
(2)指導者，リーダー (3)花の咲いている
(4)manager (5)lead (6)ready

❶ (1)Has, wanted

(2)Have they lived in Sydney

(3)Has Mr. Kato been a teacher for a long time?

❷ (1)have (2)has not (3)For (4)Since

❸ (1)Have you stayed at this hotel since

(2)Has she been busy for

(3)How long have you practiced

(4)Since I was eight.

❹ (1)long time (2)I haven't

❺ (1)used (2)stayed (3)Have, known

(4)Has, been

━━━ 解説 ━━━

❶「(ずっと)〜していますか」は現在完了形の継続用法の疑問文で，〈Have[Has]＋主語＋動詞の過去分詞〜?〉で表す。
(1)主語が he なので Has で始める。

(2)live は規則動詞。過去分詞は d だけをつける。

(3)「(〜で)ある」の be は不規則動詞で過去分詞は been。

❷ (1)現在完了形の疑問文に「はい」で答えるときは，Yes, 〜 have[has]. を使う。

(2)現在完了形の疑問文に「いいえ」で答えるときは，No, 〜 have[has] not. を使う。

(3)**ミス注意!** 継続の期間をたずねる疑問文に期間を答えるときは，for 〜を使う。

(4)**ミス注意!** 継続の期間をたずねる疑問文にスタートの時点を答えるときは，since 〜を使う。

❸ (1)疑問文なので Have you 〜? の形にする。

(2)「ずっと〜ですか」は Has she 〜? で，「忙しい」の busy は形容詞なので be 動詞の過去分詞 been とともに使う。

(3)How long で始めて，あとに現在完了形の疑問文の形を続ける。

(4)ここでの since は接続詞で「〜してから(ずっと)〜，して以来」。〈Since ＋主語＋動詞〜.〉の形にする。

❹ (1)「長い間」for a long time

(2)空所の数から have not を短縮形にする。

❺ (1)「使う」の use は規則動詞。

(2)「滞在する」の stay は規則動詞。

(3)**ミス注意!**「知っている」の know は不規則動詞で，過去分詞は known。

(4)「(〜に)いる」は be 動詞で表す。be の過去分詞は been。

> **ポイント❶** 現在完了形(継続用法)の疑問文
> ・「ずっと〜していますか」
> 〈Have[Has]＋主語＋動詞の過去分詞〜?〉
> － Yes, 〜 have[has].
> No, 〜 have[has] not.

> **ポイント❷** 継続の期間の答え方
> ・「〜の間です」〈for ＋期間〉
> ・「〜からです」〈since ＋スタートの時点〉

p.88〜89 ステージ1

Words チェック (1)心から，敬具
(2)包む，包装する (3)贈り物
(4)豊かな，豊富な (5)活発な，行動[活動]的な
(6)type (7)meal (8)prepare
(9)medicine (10)leaves

❶ (1)一般に，米は私たちの県では人気です。
(2)たとえば，私の祖父母は米を育てています。

(3)このようにして，私たちはおいしい米を食べ
　ることができます。

❷ (1) kinds[types] of　(2) more, than any

　(3) has been, since

❸ (1) enjoyed　(2)ア

　(3) 1．ルーツ[ふるさと]　2．薬

　(4) 1．They drink tea.　2．Yes, it did.

❹ (1) Coffee is one of the greatest gifts

　(2) Fall is the second most popular season

WRITING Plus (1)例 Yes, I have.
　/ No, I have not[haven't].

　(2)例 Yes, I have. / No, I have not[haven't].

　(3)例1 For six years.

　　　例2 Since I was seven.

━━━━━ 解説 ━━━━━

❶ (1) generally は「一般に」。

(2) for example は「たとえば」で，具体例を挙げ
るときなどに使う。

(3) in this way は「このようにして」。

❷ (1)「～種類の…」は～ kind(s) of ... で表す。
ここでの kind は「種類」を表す名詞。

(2)「ほかのどの…よりも～」は比較級で最上級の
内容を表す表現。〈比較級＋ than any other ＋単
数名詞〉で表す。

(3)「人気のある」の popular は形容詞。「ずっと
人気があります」は be 動詞を使って have[has]
been popular。

❸ (1)前の have から現在完了形。enjoy を過去分
詞にする。

(2) ミス注意! あとの thousands of years は期間
を表す語句。「～の間」の for が適切。

(3) 1．1 行目参照。　2．3 ～ 4 行目参照。

(4) 1．質問は「すべての食事で中国の人たちは何
を飲みますか」という意味。1 ～ 2 行目参照。
2．質問は「茶は 700 年代に人気の飲料になりま
したか」という意味。5 ～ 6 行目参照。

❹ (1)「最も偉大な贈り物の 1 つ」は〈one of
the ＋最上級＋複数名詞〉の語順にする。

(2)「2 番目に人気のある」は〈the ＋序数＋最上
級〉の語順にする。

WRITING Plus (1)質問は「あなたは長い間ずっと，
あなたの町に住んでいますか」という意味。
Have you ～? には，答えの文でも have を使う。
Yes, I have.，または No, I have not[haven't].

で答える。

(2)質問は「あなたは 1 年間バスケットボールをし
ていますか」という意味。

(3)質問は「あなたはどれくらい長く英語を勉強し
ていますか」という意味。〈for ＋期間〉，〈since ＋
スタートの時点〉で答える。

▶ **ポイント** 比較級を使った表現
　•〈比較級＋ than any other ＋単数名詞〉
　「ほかのどの…よりも～」（内容は最上級）
　•〈one of the ＋最上級＋複数名詞〉
　「最も…な～のうちの 1 つ」
　•〈the ＋序数＋最上級〉
　「…番目に～な」

p.90 ステージ**1**

Words チェック (1)行方不明の　(2)逃げる

　(3) matter　(4) train

❶ ①イ　②ア　③ア

❷ (1) Shall I　(2) appreciate　(3) ask, for

━━━━━ 解説 ━━━━━

❶ ① Can I help you? は「お手伝いしましょうか」
という意味で，申し出る表現。

② I have a problem. は「私には問題があります」。
問題があることを伝える表現。

③ Shall I ～? は「～しましょうか」で，申し出
るときに使うことができる。

❷ (1)「～しましょうか」Shall I ～?

(2)「感謝します」は I appreciate it. で，ここで
は「本当に」の really が加えられている。

(3)「～を求める」ask for ～

▶ **ポイント❶** 申し出る表現
　• Can I help you?（お手伝いしましょうか）
　• Shall I ～?（（私は）～しましょうか）
　• What's the matter with you?
　（いったいどうしたの？）

▶ **ポイント❷** 問題があることを伝える表現
　• I have a problem.（私には問題があります）
　• I am in trouble.
　（私はトラブルに巻き込まれています）

34

p.91　ステージ1

Wordsチェック (1)プリント　(2)音量
(3)copy　(4)slowly

❶ (1)Could you / Yes
(2)Could you, please / of course
(3)Could you / I'm afraid

❷ (1)Could you turn up the volume?
(2)Could you check my work, please?

解説

❶ (1)**ミス注意!**「～していただけますか」という
ていねいな依頼は，Could you ～? で表す。依頼
に対して「もちろん」と承諾するときは，Of
course. などを使う。
(2)Could you ～? の文で，文末に〈, please〉を
つけるとよりていねいな言い方になる。
(3)ていねいに依頼されて「残念ですが，できませ
ん」と言うときは，I'm afraid, I can't. を使う。
❷ (1)「～していただけますか」なので Could you
～? の文。「大きくする」は turn up。
(2)ていねいな依頼の文で〈, please〉は文末に置
く。「確認する」は check。

ポイント　ていねいに依頼する文
・Could you ～(, please)?
「～していただけますか」
答えるときは，Of course.(もちろん)などを使う。

p.92～93　ステージ2

❶ **LISTENING** (1)×　(2)○　(3)○
❷ (1)played　(2)been　(3)Since　(4)For
❸ (1)has been　(2)have learned
(3)Could you　(4)Can I
❹ (1)I have played the drums for seven
years.
(2)My sister has been at home since last
week.
(3)Have they loved the park for forty
years?
❺ (1)I have stayed at Jing's house
(2)Here are　(3)幸福
(4)1. Beijing　2. paper cutouts
❻ (1)haven't　(2)Since　(3)For
(4)appreciate
❼ (1)Our teacher has been sick since
yesterday.
(2)Have you known Kevin for a long time?

(3)Has she practiced soccer since 2018?
— Yes, she has.

解説

❶ **LISTENING** (1)「あなたは何を買いたいです
か」と問われて，「ラジオです。私はそれを3か
月間ずっとほしいと思っています」と答えている。
(2)「私は1年間ずっと野球ファンです」に「ああ，
私も野球が好きです」と応じている。
(3)「あなたのお母さんは医者，正しいですね？」
と問われ，「正しいです。彼女は25歳のときから
病院で働いています」と答えている。

♪**音声内容**
(1) A: What do you want to buy?
　 B: A radio. I have wanted it for three
　　　months.
(2) A: I have been a baseball fan for a year.
　 B: Oh, I like baseball, too.
(3) A: Your mother is a doctor, right?
　 B: Right. She has worked at a hospital
　　　since she was 25.

❷ (1)have のあとなので現在完了形。過去分詞を
選ぶ。「私は2年間ずっとテニスをしています」
(2)has のあとなので be 動詞の過去分詞を選ぶ。
「彼は2012年からずっと先生です」
(3)**ミス注意!**2019(2019年)はスタートの時点
を表す語なので since を選ぶ。「あなたはどれく
らい長くキャンプを楽しんでいますか」「2019
年からです」
(4)**ミス注意!**four years(4年間)は期間を表す語
句なので for を選ぶ。「あなたのお姉[妹]さんは
どれくらい長くそこで働いていますか」「4年間
です」
❸ (1)「ずっと～しています」なので現在完了形。
「雨が降る」は be rainy で be を been と過去分詞
にする。
(2)現在完了形。「学ぶ」の learn は規則動詞。
(3)「～していただけますか」というていねいな依
頼は Could you ～? で表す。
(4)「お手伝いしましょうか」と申し出るときは，
Can I help you? を使う。
❹ (1)play を〈have[has]＋動詞の過去分詞〉に
する。「私は7年間ずっとドラムを演奏していま
す」
(2)is を〈have[has]＋動詞の過去分詞〉にする。
「私の姉[妹]は先週からずっと家にいます」

(3)現在完了形の疑問文は have[has] を主語の前に出す。「彼らは40年間ずっと公園を愛していますか」

❺ (1)「私はほぼ１週間，ジンの家に滞在しています」という文にする。

(2) **ミス注意!**「ここに～があります」は Here is[are] ～. で表す。あとが some presents と複数名詞なので be 動詞は are を使う。

(3)３～４行目参照。

(4)１．１行目参照。　２．３～４行目参照。

❻ (1) Have you ～? へは have を使って答える。空所の数から have not を短縮形にする。

(2) last Sunday(この前の日曜日)はスタートの時点を表す語句なので，since を使う。

(3) eight months(８か月)は期間を表す語句なので，for を使う。

(4)相手の申し出に対して，「本当に感謝します」と応じている。「感謝する」は appreciate。

❼ (1)「(ずっと)病気です」は be 動詞を使い has been sick。「きのうから」は since yesterday。

(2) **ミス注意!**「あなたは(ずっと)～ですか」は Have you～? の形にする。「知っている」の know は不規則動詞で過去分詞は known。

(3)「彼女は(ずっと)～ですか」は Has she ～? の形にする。答えの文でも has を使う。

p.94～95 ■■■**ステージ３**

❶ **① LISTENING** (1)日本文化　(2)神社　(3)城
(4)高校生

❷ (1) plenty of　(2) years old　(3) ask for

❸ (1) have lived　(2) has been
(3) have, for

❹ (1) I have studied Spanish since I was twenty.
(2) Have they been in Australia for a week?
(3) How long has your brother known Jack?

❺ (1) How long have you worked　(2) Since
(3)あなたは試験のために熱心に勉強していますか。　(4)×
(5)１．She wants to be a Chinese tea master.
　　２．She has a test next week.

❻ (1) I have[I've] kept this card since last year.
(2) My uncle has worked at[in] that restaurant for a long time.

(3) Has your sister been busy for a month?
　　— Yes, she has.
(4) How long have you used the bag?
　　— Since last month.

❼ (1)**例** It has been hot since last week.
(2)**例** Could you lend me your dictionary [your dictionary to me](,please)?

━━━━━━━━━━━━━▶ **解 説** ◀━━━

❶ **① LISTENING** (1)ベスは「純，私は長い間，日本文化に興味を持っています」と言っている。

(2)ベスは３文目で「私はきのう，私たちの市にある有名な神社に両親と行きました」と言っている。

(3)純は２つ目の発言の１文目で「ぼくは父と城に行きました」と言っている。

(4)純は２つ目の発言の４文目で「彼(純のお父さん)は高校生のときからずっと絵をかいています」と言っている。

> **♪ 音声内容**
> A: Beth, did you have fun yesterday?
> B: Yes, I did. Jun, I have been interested in Japanese culture for a long time. Yesterday, I went to the famous shrine in our city with my parents. Where did you go yesterday?
> A: I went to the castle with my father. We painted pictures there. My father loves art. He has painted pictures since he was a high school student.

❷ (1)「たくさんの～」plenty of ～
(2)「～歳」～ year(s) old
(3)「～を求める」ask for ～

❸ (1)「彼らは5年前にこの町に来ました。彼らは今もこの町に住んでいます」→「彼らは５年間ずっとこの町に住んでいます」

(2) **ミス注意!**「加藤さんは昨年，看護師になりました。彼女は今も看護師です」→「加藤さんは昨年からずっと看護師です」　職業などについて「ずっと～です」は be 動詞で表す。

(3)「私は今14歳です。私は８歳のときにテニスをし始めました」→「私は約６年間ずっとテニスをしています」

❹ (1)「(ずっと)～を勉強している」を〈have[has]＋動詞の過去分詞〉で表す。study は規則動詞。
(2)「(ずっと)～にいる」を〈have[has]＋動詞の過去分詞〉で表す。be の過去分詞は been。疑問

文なので Have they ～? の形にする。

(3)「(ずっと)～を知っている」を〈have[has]＋動詞の過去分詞〉で表す。know は不規則動詞で過去分詞は known。

❺ (1)「あなたはどれくらい長くそこで働いていますか」という文にする。

(2)「2016年からです」なので since を補う。

(3) it は a test を受けている。

(4) 5行目参照。

(5) 1. 質問は「メイは何になりたいですか」という意味。2行目参照。

2. 質問は「メイはいつテストを受けますか」という意味。2～3行目参照。

❻ (1) ミス注意! 「私は(ずっと)～を持ち続けています」は I have kept ～.。「持ち続ける」の keep は不規則動詞で過去分詞は kept。

(2)「(ずっと)働いています」は主語が my uncle なので has worked。「長い間」は for a long time。

(3)「(ずっと)忙しい」は be 動詞を使い have been busy。主語が3人称単数で疑問文なので Has で始める。答えの文でも has を使う。

(4) 継続の期間をたずねる文は〈How long ＋ have[has]＋主語＋動詞の過去分詞～?〉で表す。「先月から」は since ～で表す。

❼ (1)「暑い」は hot。形容詞なので「ずっと暑い」は be 動詞とともに使って have been hot。「寒暖」を表す文の主語は it で，has を使う。

(2)「～していただけますか」は Could you ～(, please)? で表す。「私にあなたの辞書を貸す」は〈lend ＋ A(人)＋ B(もの)〉，または〈lend ＋ B(もの)＋ to ＋ A(人)〉で表す。

Lesson 7 ～ Reading for Fun 2

p.96～97 ステージ**1**

Words チェック (1)玄関ホール，会館 (2)伸ばす (3)到着する，着く (4)someone (5)front (6)done

❶ (1) cooked (2) made (3) done

❷ (1) I have just painted a picture.

(2) My brother has just washed the dishes.

(3) Jean has just got[gotten] the birthday card.

❸ (1) Have, eaten / have

(2) Has, finished / has not

(3) Have, cleaned, yet / haven't

(4) read, yet / has

❹ (1) has already left (2) haven't, yet

(3) have, minute (4) Lucky you

(5) Why don't / love to

❺ (1) arrived (2) heard (3) Have, done

(4) have, sent

解説

❶ 現在完了形の完了用法は「～したところです」「(もうすでに)～しました」という意味を表す。〈have[has]＋過去分詞〉なので，動詞は過去分詞にする。

(1) cook は規則動詞。「私はちょうど朝食を料理したところです」

(2) make は不規則動詞で過去分詞は made。「ジュディはまだサンドイッチを作っていません」

(3) ミス注意! do は不規則動詞で過去分詞は done。「耕司はもう彼の宿題をしました」

❷ 「ちょうど～したところです」は〈have[has] just ＋過去分詞〉で表す。

(1) paint は規則動詞。主語の I のあとは，have just painted とする。

(2) wash は規則動詞。主語が3人称単数なので has を使う。原形 wash に戻してから ed をつける。

(3) get は不規則動詞で過去分詞は got[gotten]。

❸ 「もう～しましたか」は〈Have[Has]＋主語＋動詞の過去分詞～＋ yet?〉で表す。Yes, ～ have[has]. か No, ～ have[has] not. で答える。

(1)「食べる」の eat は不規則動詞。過去分詞は eaten。

(3) 疑問文では「もう」という意味の yet を使う。

(4)「読む」の read は不規則動詞。過去分詞は read。つづりは同じだが発音は [red] なので注意。

❹ (1) ミス注意 肯定文で「もう」は already。「家を出る」は leave home。leave は不規則動詞で過去分詞は left。

(2)否定文で「まだ」は yet。空所の数から have not は短縮形にする。

(5)「～してはどうですか」は Why don't you ～?,「喜んで」は I'd love to.。

❺ (1)「着く」の arrive は規則動詞。

(2) ミス注意 「聞く」の hear は不規則動詞で,過去分詞は heard。

(3)「する」の do は不規則動詞で,過去分詞は done。

(4) ミス注意 「送る」の send は不規則動詞で,過去分詞は sent。

> **ポイント** 現在完了形(完了用法)
> ・「～したところです」「(もうすでに)～しました」
> 〈have[has]＋動詞の過去分詞〉
> just「ちょうど」 already「すでに, もう」
> yet 疑問文で「もう」, 否定文で「まだ」

p.98〜99 ステージ1

Wordsチェック (1)バランスをとる[保つ]
(2)表す, 意味する (3)たった1つ[1人]の
(4)会話, 話 (5)begin (6)only (7)seen
(8)worn

❶ (1) stayed (2) talked (3) had

❷ (1) We have baked cookies twice.
(2) She has traveled in Europe twice.
(3) Ken has read the fiction twice.

❸ (1) Have, played / have
(2) he ever / he has
(3) Have you ever / haven't
(4) Has he ever / hasn't

❹ (1) have been to (2) has never
(3) Welcome to (4) act out (5) afraid of

❺ (1) tried (2) worn (3) ever lost
(4) never run

解説

❶ 現在完了形の経験用法は「～したことがあります」という意味を表す。〈have[has]＋過去分詞〉なので, 過去分詞を選ぶ。

(1)「彼女は一度ハワイに滞在したことがあります」

(2)「あなたは今までにルーシーと話したことがありますか」

(3)「トムは一度もすしを食べたことがありません」

❷「2度～したことがあります」は〈have[has]＋過去分詞〉で,「2度」の twice は文末に置く。

(1) bake は規則動詞。We have baked ～ twice. という文にする。

(2) travel は規則動詞。主語が3人称単数なので has を使う。

(3) read は不規則動詞で過去分詞は read。

❸「今までに～したことがありますか」は〈Have[Has]＋主語＋ ever ＋動詞の過去分詞～?〉で表す。Yes, ～ have[has]. か No, ～ have[has] not. で答える。

(2) ミス注意 「今までに」という意味の ever は動詞の過去分詞の前に置く。

(3)答えの文で have not の短縮形を使う。

(4)答えの文で has not の短縮形を使う。

❹ (1) ミス注意 「～に行ったことがある」は have [has] been to ～。be 動詞の過去分詞を使うことに注意する。

(2)「まだ一度も～ない」は never, 経験用法の否定文で使う。

(5)「～を恐れる」be afraid of ～

❺ (1)「試す」の try は規則動詞。

(2) ミス注意 「身に着ける」の wear は不規則動詞で, 過去分詞は worn。

(3)「失う, なくす」の lose は不規則動詞で, 過去分詞は lost。

(4) ミス注意 「走る」の run は不規則動詞で, 過去分詞は run。

> **ポイント** 現在完了形(経験用法)
> ・「～したことがあります」
> 〈have[has]＋動詞の過去分詞〉
> once「一度」 twice「2度」 ～ times「～度」
> ever 疑問文で「今までに」
> never 否定文で「まだ一度も～ない」

p.100〜101 ステージ1

Wordsチェック (1)笑う (2)毎年の, 年1回の
(3)慣習, 習慣 (4)どういたしまして。
(5)共通して (6)continue (7)between
(8)difference (9)sense (10)explain

❶ (1) How long have you lived in Tokyo?

(2) How long has she been a teacher?

❷ (1) How long / For　(2) How, has / Since

(3) long, been

❸ (1)あなたはどれくらい長く落語家をしていますか。

(2) have　(3) make sounds　(4) 1．○　2．×

❹ (1) In, opinion　(2) all over, world

WRITING Plus (1)例 I have[I've] already finished[had, eaten] dinner.

(2)例 Have you done[finished] your homework yet?

(3)例 Have you ever been[traveled] to London?

━━━ 解 説 ━━━

❶ 「どれくらい（長く）～していますか」は〈How long ＋have[has]＋主語＋動詞の過去分詞～?〉で表す。

❷ (1)「5年間です」はあとが期間を表す語なので for を使う。

(2)「2012年からです」はあとがスタートの時点を表す語句なので since を使う。

(3) How long のあとに現在完了形の疑問文を続ける。職業などについて「ずっと～です」は be 動詞の過去分詞を使う。

❸ (1) How long have you ～? は継続の期間をたずねる疑問文で，「どれくらい（長く）～していますか」を表す。

(2)現在完了形の疑問文へ答えるときには，have [has] を使う。ここでは I なので have を用いる。

(3) **ミス注意！**「音をたてる」は make sounds。「音」という意味の sound を複数形にする。

(4) 1．「希巳江さんは英語の落語ショーを行うためにたくさんの国を訪れました」2～3行目参照。2．「希巳江さんは英語の落語の上演で困難を抱いたことはありません」5～6行目参照。

WRITING Plus (1)現在完了形の完了用法。肯定文で「もう」は already で have[has] と動詞の過去分詞の間に置く。

(2)現在完了形の完了用法。疑問文で「もう」は yet で文末に置く。

(3)現在完了形の経験用法。「～に行ったことがある」は have[has] been to ～。「今までに」は ever で動詞の過去分詞の前に置く。

ポイント 継続の期間のたずね方

• 「どれくらい（長く）～していますか」
〈How long ＋ have[has]＋主語＋動詞の過去分詞～?〉

• 答えでは，「～の間」の〈for ＋期間〉，「～から，～以来」の〈since ＋スタートの時点〉を使う。

p.102 ■ステージ❶

Vords チェック　(1)そして，さらに，その上

(2)関係，つながり　(3) quality　(4) both

❶ ①ア　②イ

❷ (1) promised to　(2) might be

(3) We should

━━━ 解 説 ━━━

❶ ① I have an idea.「私には考えがあります」

② That's not a bad idea, but ～. は「それは悪い意見ではないですが～」。反対するときによく使われる表現。

❷ (1)「～することを約束する」は promise のあとに〈to ＋動詞の原形〉を続ける。

(2)「～かもしれない」は〈might ＋動詞の原形〉。

(3)「～すべきである，～するほうがいい」は〈should ＋動詞の原形〉で表す。

ポイント① 意見を言う表現

• I have an idea.（私には考えがあります）

• I think ～.（私は～と考えます）

ポイント② 反対する表現

• That's not bad, but ～.
（それは悪くはないですが，～）

• That's a good idea, but ～.
（それはよい考えですが，～）

p.103 ≪ 文法のまとめ⑥ ≫

☐1 (1) have used, for　(2) has stayed, since

(3) Have, been, for

(4) How long has / Since

☐2 (1) My sister has wanted a computer since last year.

(2) We have known Ms. Kato for a long time.

(3) Has Lisa's brother been in this town for four days?

━━━ ≪ 解 説 ≫ ━━━

☐1 (1)「（ずっと）～を使っています」は have used で表す。「3年間」は for を使う。

(2) **ミス注意！**「（ずっと）～に滞在しています」は主語が Alice と3人称単数なので has stayed in

～。「先週から」は since を使う。

(3)「(ずっと)～です」は動詞は be 動詞を使う。be 動詞の過去分詞は been。主語が you で疑問文なので Have で文を始める。

(4)「どれくらい長く～をしていますか」は How long のあとに現在完了形の疑問文の語順を続ける。「～から」は since で表す。

2 (1)主語は my sister で,「(ずっと)～をほしがっています」は, has wanted ～。「昨年から」は since last year で表す。

(2)「(ずっと)～を知っています」は have known で表す。「長い間」は for a long time。

(3)「ずっと～ですか」は疑問文なので Has で文を始める。「この町にいる」は been in this town。ここでの be 動詞は「(～に)いる」という意味。

ポイント 現在完了形(継続用法)
- 肯定文「ずっと～しています」
 〈主語＋ have[has]＋動詞の過去分詞～.〉
- 疑問文「ずっと～していますか」
 〈Have[Has]＋主語＋動詞の過去分詞～?〉
- 継続の期間の表し方
 〈for ＋期間〉「～の間です」
 〈since ＋スタートの時点〉「～からです」

p.104 文法のまとめ⑥

1 (1) have just solved (2) has seen, twice
(3) has already done[finished]
(4) have been to
2 (1) have not, yet (2) Have, ever traveled
(3) has never visited
(4) Has, washed, yet / hasn't

《 解説 》

1 (1)**ミス注意!**「ちょうど～を解いたところです」は have just solved ～。「ちょうど」の just は have[has]と動詞の過去分詞の間に置くこと。

(2)「～を見たことがあります」は主語が Mary と３人称単数なので has seen ～。「二度」は twice で文末に置く。

(3)「もう～をして[終えて]しまいました」は主語が３人称単数なので has already done[finished]～。「もう」の already は have[has]と動詞の過去分詞の間に置く。

(4)「～に行ったことがあります」は be 動詞の過去分詞を使い, have[has] been to ～で表す。

2 (1)**ミス注意!**現在完了形の否定文は have[has]

のあとに not を置く。完了用法の否定文で「まだ」は yet で文末に置く。「私たちはまだ市役所に着いていません」

(2)現在完了形の疑問文は have[has]を主語の前に出す。「今までに」の ever を動詞の過去分詞の前に置く。「彼らは今までにインドに旅行したことがありますか」

(3)「まだ一度も～ない」は never で, have[has]と過去分詞の間に置く。「私のおじはまだ一度もその水族館を訪れたことがありません」

(4)現在完了形の完了用法で,「もう」は肯定文では already, 疑問文では yet を使う。yet は文末に置く。「彼女はもうお皿を洗ってしまいましたか」「いいえ, 洗っていません」

ポイント 現在完了形(完了用法・経験用法)
〈have[has]＋動詞の過去分詞〉
- 完了用法(～したところです,(もう)～しました)
 just(ちょうど), already(すでに, もう),
 yet(もう[疑問文], まだ[否定文])
- 経験用法(～したことがあります)
 once(一度), twice(二度), ～ times(～度)
 ever(今までに[疑問文])
 never(まだ一度も～ない[否定文])

p.105 ステージ1

Wordsチェック (1)いくつかの, いく人かの
(2)国際的な (3)減る (4)おとな, 成人
(5) product (6) poor (7) chance
(8) brought
1 (1) am sure (2) used to (3) past
2 (1) should have an art event
(2) I used to live in
(3) I am[I'm] sure (that) an art event

解説

1 (2)**ミス注意!**「以前は～だった」は used to ～。ここの used は動詞 use とは別の語で発音も異なる。

(3) past ～は「ここ～」を表し, past few years で「ここ数年」という意味になる。

2 (1)「私たちは～するべきである」は we should ～,「開催する」は have で表す。

(2)「以前は～に住んでいた」は used to のあとに「～に住む」の live in ～を続ける。

(3)「私は～と確信している」は be sure (that) ～を使う。be は主語が I なので am を使う。

ポイント 重要表現
- be sure (that) 〜
「〜を確信している」
- used to 〜
「以前は〜だった」

p.106〜107 **Try! READING**

Question (1) A businessman

(2) was so busy that he did not notice

(3) In total　(4) stars

(5) those stars over there

(6) 1. ×　2. ○

(7) 1. No, he did not[didn't].

　　 2. He was adding numbers.

Word Box BIG **1** (1)だれか, ある人

(2)ひとりで, 単独で　(3)〜もまた

(4)加える, (数値を)足す　(5)何も〜ない

(6) quick　(7) notice　(8) exactly

(9) order　(10) simply

2 (1) mustn't　(2) How interesting

(3) write down　(4) in total

(5) Good afternoon　(6) What about

3 (1) Let's go out tomorrow.

(2) Did they go away?

(3) My brother is so hungry that he cannot

解説

Question (1)主語の a businessman で始まる文にする。「1人の実業家が最初の惑星に住んでいました」

(2)**ミス注意!** so と that に注目して, so 〜 that …(とても〜なので…)を中心に文を並べかえる。「彼はとても忙しかったので, 王子さまに気づきませんでした」

(3)「合計で」in total

(4)王子さまの100万が何かを問う質問に, 実業家は10行目で「星」と答えている。

(5) them は「それらを[に]」などの意味では前に出た複数の名詞を受けている。

(6)1. 1〜2行目参照。 2.14〜15行目参照。

(7)1. 質問は「王子さまは彼の家族といっしょに住んでいましたか」という意味。1行目参照。

2. 質問は「最初の惑星の実業家は何をしていましたか」という意味。4行目参照。

Word Box BIG **2** (1)「〜してはいけません」は must not 〜で, ここでは短縮形にする。

(2)**ミス注意!**「なんと〜!」と驚きを表すときは, How 〜! を使う。「おもしろい」は interesting。

(3)「書き留める」write down

(4)「合計で」in total

(5)「こんにちは」Good afternoon.

(6)「〜はどうですか」What about 〜?

3 (1)「外出する」は go out。「〜しましょう」なので Let's 〜. の形にする。

(2)「行ってしまう」は go away。一般動詞の過去の疑問文なので Did 〜? の形にする。

(3)「とても〜なので…」は so 〜 that … で表す。「〜」には「空腹な」の hungry が入る。that 以下には「彼は速く歩けません」の he cannot 〜を続ける。

p.108〜109 **ステージ2**

1 **LISTENING** (1)イ (2)ア

2 (1) has, done[finished]

(2) have visited, twice

(3) What about　(4) should, down

3 (1) We have already painted the wall.

(2) Have you ever been to Mexico?

(3) Has Emma got a handout yet?

(4) Bob has never run a marathon.

4 (1) have, minute

(2) I've just finished my homework.

(3) Lucky you.　(4) 1. ○　2. ×

5 (1) Have, yet / have　(2) Have / never

(3) Has, yet / hasn't, yet　(4) pleasure

6 (1) We have just heard his story.

(2) My sister has stayed at[in] the hotel once.

(3) They have not[haven't] arrived at the museum yet.

(4) She was so tired that she did not[didn't] go out.

解説

1 **LISTENING** (1)「あなたはもう新聞を読みましたか」と問われて, 「いえ。私はそれをあとで読みます。今, 私は本を読んでいます」と答えている。

(2)「祐二, 私は動物園を訪れて, パンダを見て楽しみました」に「いいですね, リサ。私は一度もパンダを見たことがありません」と応じている。

♪音声内容

(1) A: Have you read the newspaper yet?
   B: No. I will read it later. I'm reading a book now.
(2) A: Yuji, I visited the zoo and enjoyed seeing pandas.
   B: Good, Lisa. I have never seen a real panda.

❷ (1)**ミス注意!**現在完了形で主語が3人称単数なので has を使う。「する」の do は不規則動詞で過去分詞は done。
(2)現在完了形で主語が I なので have を使う。「訪れる」の visit は規則動詞。「2度」の twice は文末に置く。
(3)「〜はどうですか」は What about 〜? で表す。
(4)「〜すべきである」は should。「書き留める」write down

❸ (1)「もう〜にペンキを塗ってしまいました」は,have already painted 〜 で表す。already は have[has] と過去分詞の間に置く。
(2)「あなたは今までに〜したことがありますか」は Have you ever 〜? で表す。「今までに」は ever で過去分詞の前に置く。「〜に行ったことがある」は have been to 〜。
(3)「エマはもう〜しましたか」は Has Emma 〜 yet? で表す。疑問文で「もう」を表す yet は文末に置く。
(4)**ミス注意!**「ボブは一度も〜したことはありません」は Bob has never 〜. で表す。「まだ一度も〜ない」は never で have[has] と動詞の過去分詞の間に置く。「走る」の run は不規則動詞で過去分詞も run。

❹ (1)「ちょっといいですか」は Do you have a minute? で表す。
(2)「私はちょうど宿題を終わらせたところです」という文にする。I've は I have の短縮形。just は have と動詞の過去分詞の間に置く。
(3)「あなたは本当に運がいいね」は Lucky you. で表す。
(4)1.「花は英語の落語ショーのチケットを持っています」3行目参照。
2.「花は彼女のお母さんとそのショーに行くつもりです」5行目参照。

❺ (1)疑問文の「もう」は yet で文末に置く。応答

文は Yes で始まるので肯定文。「彼らはもうバスを洗いましたか」「はい,彼らはちょうどそれを洗ったところです」
(2)**ミス注意!**ever(今までに)から現在完了形の文。「あなたは今までに久美の歌を聞いたことがありますか」「いいえ。私は一度も彼女の歌を聞いたことがありません」
(3)否定文で「まだ」は yet で文末に置く。「あなたのいとこはもう昼食を食べましたか」「いいえ,彼はまだ昼食を食べていません」
(4)「お時間をありがとう」「どういたしまして」

❻ (1)「私たちはちょうど〜したところです」は We have just 〜.。「聞く」の hear は不規則動詞で過去分詞は heard。
(2)「私の姉は一度〜したことがあります」は My sister has 〜 once.。「滞在する」の stay は規則動詞。
(3)「彼らはまだ〜していません」は They have not 〜 yet.。「着く」は arrive で規則動詞。
(4)「とても〜なので…」は so 〜 that ....。「外出する」go out

p.110〜111 ステージ3

❶ **🎧LISTENING** (1)ウ (2)イ
❷ (1)How beautiful (2)all over, world
(3)love to
❸ (1)has seen, twice (2)Have, made, yet
(3)has never tried
❹ (1)He has just baked bread.
(2)Has Jane sent an e-mail to her friend yet?
(3)I have worn a yukata three times.
❺ (1)Have you ever seen *rakugo*?
(2)never seen (3)イ
(4)A single performer does.
❻ (1)They have already left Japan.
(2)I have[I've] lost my watch twice.
(3)He has not[hasn't] cleaned the library yet.
(4)My aunt has never been to your country.
❼ (1)Have you ever played the guitar?
(2)Have you bought a new pen yet?
(3)Why don't you come to my house?
(4)Welcome to my house.

━━━━━━━━▶ 解説 ◀━━━━━━━━

❶ 🎧**LISTENING** (1)ジャックが「ぼくは夏休みの間に富士山に登りました。美加，あなたは今までに富士山に登ったことはありますか」と言い，美加が「はい，ジャック。私は7月と9月にそれに登りました」と言っている。

(2)健太が「ぼくはまだ報告書を終わらせていません。あなたはどうですか，ジェニー？」と言い，ジェニーが「私は3日前に報告書を書くことを終えました」と言っている。

🎵 **音声内容**
(1) *A*: I climbed Mt. Fuji during the summer vacation. Mika, have you ever climbed Mt. Fuji?
　　B: Yes, Jack. I climbed it in July and in September.
(2) *A*: I haven't finished a report yet. How about you, Jenny?
　　B: I finished writing a report three days ago, Kenta.

❷ (1)驚きを表して「なんと～！」は How ～! を使う。「美しい」は beautiful。

(2)「世界中で」all over the world

(3)誘いに応じて「喜んで」は I'd love to. で表す。

❸ (1)**ミス注意！**「2度見たことがあります」は主語が3人称単数なので has seen ～ twice.

(2)「もうあなたはコピーをとりましたか」は Have you ～? で表す。文末の空所には「もう」を表す yet が入る。

(3)「彼女はまだ一度も～したことがありません」は She has never ～. で表す。

❹ (1)「ちょうど～したところです」は，〈have[has]＋just＋動詞の過去分詞〉で表す。bake は規則動詞。

(2)「ジェーンはもう～してしまいましたか」は現在完了形の疑問文。yet は文末に。「彼女の友人にEメールを送る」は send an e-mail to her friend。send を過去分詞にする。不規則動詞で sent。

(3)**ミス注意！**「私は3回～したことがあります」は I have＋過去分詞 ～ three times. で表す。「身に着ける」の wear は不規則動詞で過去分詞は worn。

❺ (1)have や ever があるので現在完了形の疑問文。ever は過去分詞の前に置く。「あなた（たち）

は今までに落語を見たことがありますか」

(2)「まだ一度も～ない」は never で have[has] と動詞の過去分詞の間に置く。

(3)act out で「演じる」という意味を表す。

(4)質問は「落語ではだれが物語を話しますか」という意味。3～4行目参照。

❻ (1)**ミス注意！**「彼らはすでに～してしまいました」は They have already＋過去分詞 ～. で表す。「日本を去る」は leave Japan。leave は不規則動詞で過去分詞は left。

(2)「私は2度～したことがあります」は I have＋過去分詞 ～ twice. で表す。「2度」は twice。「なくす」の lose は不規則動詞で，過去分詞は lost。「腕時計」は watch。

(3)「彼はまだ～していません」は He has not[hasn't]＋過去分詞 ～ yet. で表す。否定文で「まだ」は yet で文末に置く。「そうじする」を表す clean は規則動詞。

(4)「私のおばは一度も～したことがありません」は My aunt has never＋過去分詞 ～. で表すことができる。「まだ一度も～ない」は never で経験用法の否定文で使う。「～に行ったことがある」は have[has] been to ～ で表す。

❼ (1)「あなたは～したことがありますか」は Have you ever＋過去分詞 ～? で表す。「ギターをひく」は play the guitar で，play は規則動詞。

(2)**ミス注意！**「あなたはもう～しましたか」は Have you＋過去分詞 ～ yet? で表す。「新しいペンを買う」は buy a new pen で buy は不規則動詞。過去分詞は bought。

(3)「～してはどうか」は Why don't you ～? で表す。

(4)「～へようこそ」Welcome to ～.

定期テスト対策 得点アップ！予想問題

1 🎧LISTENING (1)もし晴れていれば
(2)本を読むとき　(3)家にいる

2 (1) got into　(2) try on　(3) do well
(4) I'm afraid

3 (1) When I was a child　(2) If you are tired
(3) because he is hungry
(4) I hope that I can

4 (1) hid　(2)イ　(3) safe　(4) At last
(5)ピーターはあまりにも疲れていたから。

5 (1) My grandmother wrote some stories.
(2) Because Ms. Sato is kind, the students
like her.[The students like Ms. Sato
because she is kind.]
(3) If it is[it's] warm, let's visit the lake.
[Let's visit the lake if it is[it's] warm.]
(4) When my father spoke to me, I was
studying English.[I was studying English
when my father spoke to me.]

6 (1) I think (that) this movie is wonderful.
(2) May I use your pen?

◤━━━━━━━ 解説 ◢━━━━━

1 🎧LISTENING (1)リサは最初に「日曜日にもし天
気がよければ，私は馬に乗るつもりです」と言っ
ている。
(2)涼は会話のはじめに「リサ，ぼくは本を読むと
き，幸せを感じます」と言っている。
(3)涼は「ぼくは日曜日は家にいるつもりです」と
言っている。

> ♪音声内容
> A: I'll ride a horse if it is clear on Sunday.
> Ryo, what will you do on Sunday?
> B: Lisa, I feel happy when I read books. So
> I will stay at home on Sunday.

2 (4)ミス注意♪「残念ですが～ではないかと思い
ます」I'm afraid (that) ～

3 (1)「子どもだったとき」は〈when ＋主語＋動
詞～〉の語順にする。
(2)「もしあなたが疲れているならば」は〈if ＋主
語＋動詞～〉の語順にする。
(3)「彼は空腹なので」は，〈because ＋主語＋動

詞～〉の語順にする。
(4)ミス注意♪「～ということ」は〈that ＋主語＋
動詞～〉で表す。動詞の目的語になるので，hope
のあとに置く。

4 (1)あとに thought と過去形が続くので，hide
も過去形にする。
(2) thought の目的語になるので〈that ＋主語＋
動詞～〉が適切。
(3)前文の he was safe を受けているので，He
was not のあとには safe が省略されている。
(5)意味は「彼は何も言いませんでした」。あとに
「（なぜなら）～だから」の because が続いていて，
そのあとに理由が示されている。

5 (1)「書く」は write で過去形は wrote。「物語」
は story で「いくつかの」なので複数形にする。
(2)「佐藤先生は親切なので」は〈because ＋主語
＋動詞～〉を使う。「親切な」は kind。
(3)「もし暖かければ」は〈if ＋主語＋動詞～〉。
「暖かい」は warm。if ～ は文の前半後半どちら
でもよい。前半の場合は区切りにコンマを入れる。
(4)「父が私に話しかけたとき」は〈when ＋主語
＋動詞～〉。「～に話しかける」は speak to～。

6 (1)「私は～と思う」は I think のあとに〈(that)
＋主語＋動詞～〉を続ける。
(2)「～してもよいですか」は May I ～? で表す。
親しい相手には Can I ～? でもよい。

1 🎧LISTENING (1)○　(2)×　(3)×

2 (1) That's right　(2) is coming
(3) such as

3 (1) to buy　(2) to drink　(3) to play
(4) It, to

4 (1) To achieve
(2) have many things to learn
(3) more happiness　(4) better vegetables

5 (1) It is difficult for him to speak
(2) came home early to clean her room
(3) Do you have anything to do

6 (1) My aunt likes to write a letter[letters].
(2) He studied every day to pass the

exam[test].

(3) I have some magazines to read.

━━━━━━━◆ 解説 ◆━━━━━━━

1 🎧**LISTENING** (1)「あなたは何になりたいですか」に「私は通訳者になりたいです」と答えている。

(2)「あなたは昨日，絵を見るために美術館に行きましたか」に「いいえ。昨日，私は泳ぐためにプールに行きました」と答えている。

(3)「あなたは今日，忙しいですか」と問われて，「はい，忙しいです。私は今日，昼食を食べる時間がありません」と答えている。

> 🎵**音声内容**
> (1) A: What do you want to be?
>   B: I want to be an interpreter.
> (2) A: Did you go to the museum to look at pictures yesterday?
>   B: No. Yesterday, I went to the pool to swim.
> (3) A: Are you busy today?
>   B: Yes, I am. I have no time to eat lunch today.

2 (2)確定した未来は現在進行形でも表せる。

3 (1)「彼女はその店に行ってTシャツを買いました」→「彼女はTシャツを買うためにその店に行きました」

(2)「私は何かを飲みたいです」→「私は何か飲むものがほしいです」

(3)「彼はギター奏者です」→「彼の仕事はギターを演奏することです」

(4)**ミス注意！** to不定詞が主語の文を It is ～(for A) to .... に書きかえる。「私のイヌを散歩させることはとても楽しいです」

4 (1)「目標を達成するために」は to不定詞の副詞用法。〈to ＋動詞の原形〉で表す。

(2)things や to に注目して，名詞のあとに〈to ＋動詞の原形〉を続ける形容詞用法の文にする。

(4)質問は「彩は何を育てたいですか」という意味。1行目参照。

5 (1)「…することは～です」の文で，it があるので，It is ～ for A to .... で表す。「～」には「難しい」の difficult が入る。

(2)「～をそうじするために」は to clean で「早く帰宅した」の came home early のあとに続ける。

(3)**ミス注意！**「何かすること」は(代)名詞のあと

に〈to ＋動詞の原形〉を続ける。「何か」は anything。形容詞用法。

6 (1)「私のおばは～することが好きです」は My aunt likes to ～. で表す。名詞用法。

(2)「その試験に合格するために」は to pass the exam[test]。副詞用法。

(3)「読むべき」は to read。形容詞用法。「雑誌がいくつか→いくつかの雑誌」を修飾する。

━━━━━━━━━━━━━━━━━━━━━━

p.126〜127 **第❸回** **Lesson 3 〜 文法のまとめ③**

1 🎧**LISTENING** (1)イ (2)ア

2 (1) isn't he (2) lot of (3) because of
(4) must not

3 (1) There are two boxes on the desk.

(2) She enjoyed watching the DVD.

(3) Is there a restaurant in the zoo?
　 — No, there is not[isn't].

(4) I must return books today.

4 (1) a small team of people

(2)竹と天然繊維の綱

(3) There are problems in all communities

(4)1. ×　2. ○

5 (1) There is a big bag near the door.

(2) Are there any dogs under the tree?

(3) The girls like playing soccer.

(4) Solving this problem is difficult.

6 (1)例1 I enjoyed playing basketball with my friends.
　 例2 I enjoyed going on a picnic with my family.

(2)例 There are about fifty[twenty / three hundred] books in my room.

━━━━━━━◆ 解説 ◆━━━━━━━

1 🎧**LISTENING** (1)「公園には何人かの少年がいますか」と問われて，「はい，公園には2人の少年がいます。そこには3人の少女もいます」と応じている。

(2)亜美が「私は絵をかいて楽しみます。私はまたカードを集めて楽しみます。あなたはどうですか，ボブ？」と言い，ボブが「えっと，亜美。ぼくは絵をかくことが好きではない。でも写真を撮ることはぼくには楽しい。ぼくはよく写真を撮るために有名な場所を訪れます」と言っている。

音声内容

(1) A: Are there any boys in the park?
B: Yes, there are two boys in the park. There are three girls there, too.

(2) A: I enjoy painting pictures. I also enjoy collecting cards. How about you, Bob?
B: Well, Ami. I don't like painting pictures. But taking pictures is fun for me. I often visit famous places to take pictures.

2 (1)「～ですね」は〈肯定文～, 否定の疑問形?〉の形にする。is なので is の否定形を使う。
(4)「～してはいけません」は must not～で表す。

3 (1) two は複数を表すのであとの box を複数形にして, be 動詞は is を are にかえる。
(2) ミス注意!「その DVD を見る」は watch the DVD。enjoy は動名詞を目的語に使うので watch は動名詞(動詞の -ing 形)にする。
(3) There is ～. の疑問文は is を there の前に出す。答えの文でも there を使う。
(4)「～しなければならない」は〈must ＋動詞の原形〉なので, return を must return とする。

4 (1)ここでの they は「彼らは」。前に出た複数の人々を表す語句を受けている。
(2) such as のあとに具体的に示されている。
(3)「～があります」は There are ～. の形にする。
(4) 1.「動くとき, 塔は電気を必要とします」。3～4行目参照。
2.「人々は塔を多くの場所に建てることができます」。3～4行目参照。

5 (1)「大きなかばん」は単数で, There is ～.。
(2)「何匹か(の)イヌ」は複数。are を使う。
(3)「サッカーをする」は play soccer。「好き」の like は to 不定詞, 動名詞のどちらも目的語として使うが, 語数から動名詞 playing soccer とする。
(4)語数から動名詞が主語とわかる。「この問題を解くこと」は solving this problem。

6 (1)質問は「あなたはこの前の日曜日に何を楽しみましたか」という意味。I enjoyed のあとに楽しんだことを動名詞の形で続ける。
(2)質問は「あなたの部屋には何冊の本がありますか」という意味。There are ～. で答える。「～」には fifty (books) など本の冊数を入れる。

---

p.128～129 ⟨ 第 **4** 回 Lesson 4 ～ Reading for Fun 1 ⟩

1 LISTENING (1)ウ (2)イ (3)ア

2 (1) turn in (2) looks like (3) must be
(4) Shall we

3 (1) made, surprised (2) them dinner
(3) us math

4 (1) the native people (2) named
(3) the Anangu (4) giant rock
(5) They saw it in 1873.[In 1873.]

5 (1) He showed me his racket.
(2) I have to finish the exercise today.
(3) You don't have to buy a new umbrella.

6 (1) We sing them this song.
(2) My brothers call me Kako.
(3) The concert made everyone happy.

▶ 解説 ◀

1 LISTENING (1)ア「少年は少女の写真を撮るでしょう」 イ「少女は少年に写真を見せるでしょう」 ウ「少年は少女に写真を見せるでしょう」
(2)ア「その報道は女性を退屈させました」 イ「その報道は女性を悲しませました」 ウ「そのドラマを見たとき, 女性は悲しかったです」
(3)ア「私たちはこの少女を絵理と呼びます」 イ「私たちはこの少女が絵理のお姉[妹]さんであることを知っています」 ウ「絵理はよく私たちのクラスで演説をします」

音声内容

(1)ア A boy will take a picture of a girl.
イ A girl will show a boy a picture.
ウ A boy will show a girl a picture.
(2)ア The news made a woman bored.
イ The news made a woman sad.
ウ A woman was sad when she watched the drama.
(3)ア We call this girl Eri.
イ We know this girl is Eri's sister.
ウ Eri often makes a speech in our class.

2 (4)「～しましょうか」は Shall we ～? で表す。

3 (1) ミス注意!「その記事を読んだとき, 私は驚きました」を「その記事」を主語にする。〈make ＋ A ＋ B〉を使う。「その記事は私を驚かせました」
(2)上は〈cook ＋ B(もの)＋ for ＋ A(人)〉で,〈cook ＋ A(人)＋ B(もの)〉に書きかえられる。「私のおばは日曜日に彼(女)らに夕食を料理します」

(3)「彼女は私たちの数学の先生です」→「彼女は私たちに数学を教えます」

4 (1)すぐあとで別の表現に言いかえている。

(5)質問は「英国の探検家たちはいつウルルを見ましたか」という意味。2〜3行目参照。

5 (1) **ミス注意！**〈show ＋ B（もの）＋ to ＋ A（人）〉を〈show ＋ A（人）＋ B（もの）〉に書きかえる。「彼は彼のラケットを私に見せました」

(2)語数から「〜しなければならない」は，have to〜を使う。「〜」には動詞の原形が入る。「私は今日，練習問題を終わらせなければなりません」

(3)「〜しなくてもよい」は don't have to〜を使う。「あなたは新しいかさを買わなくてもよいです」

6 (1)語数から「A に B を歌う」は〈sing ＋ A（人）＋ B（もの）〉で表す。「この歌」this song

(2)「私をカコと呼ぶ」は〈call ＋ A ＋ B〉で表す。

(3)「みんなを幸せにしました」は「A を B（の状態）にする」の〈make ＋ A ＋ B〉で表す。主語は「その演奏会」の the concert。

---

p.130〜131 第5回 Lesson 5 〜 Project 2

1 🎧**LISTENING** (1)難しい (2)重要な[大切な]
(3)絵里香

2 (1) look forward (2) speak to
(3) the heaviest (4) better than

3 (1) smaller than (2) younger than
(3) valuable as

4 (1)① popular ③ harder
(2) members of (3) A couple of
(4) These students are interested in languages.

5 (1) This robot is more expensive than that one.
(2) She likes melons the best of all the fruits.
(3) My dictionary is as thick as yours.

6 (1) His picture is the most beautiful of the ten.
(2) Jenny leaves home earlier than her mother.
(3) I showed my brother how to play the guitar.

▶ 解説 ◀

1 🎧**LISTENING** (1)絵里香は「そして最も難しい教

科は数学です」と言っている。

(2)ジャックの2つ目の発言の「しかし，父が科学者なので，理科は最も重要な教科です」に着目。

(3)ジャックは2つ目の発言の3文目で「ぼくは毎日家で3時間勉強します」と言い，絵里香は2つ目の発言で「えっと，私は家で4時間勉強します」と言っている。

🎵 **音声内容**
A: What is the most interesting subject for you, Erika?
B: English. It is the most interesting for me. And the most difficult subject is math. How about you, Jack?
A: For me, art is the most interesting. But science is the most important subject because my father is a scientist. I study for three hours at home every day. Do you study longer?
B: Well, I study for four hours at home.

2 (4)「…より〜が好き」like 〜 better than …

3 (1)「あの島はこの島よりも小さいです」にする。

(2)「私のおじはおばよりも年上です」→「私のおばはおじよりも若いです」

(3) **ミス注意！**下の文の not as から「この遺跡はあの遺跡よりも貴重です」を「あの遺跡はこの遺跡ほど貴重ではありません」に書きかえる。

4 (1)① as と as の間の語はもとの形のまま。
③あとが than なので比較級にする。

(2) **ミス注意！**「〜の一員」は a member of 〜。複数の主語にあわせて members と複数形にする。

5 (1)「…よりも〜です」なので expensive を比較級にする。3音節以上の語のため前に more を置く。

(2)「〜がいちばん好き」は like 〜 the best。「すべての〜の中で」は of all the 〜 を使う。

(3)「…と同じくらい〜」は〈as ＋形容詞＋ as …〉で表す。thick は形をかえない。

6 (1)「いちばん美しい」は最上級で the most beautiful。「10枚の中で」は of the ten。

(2)「…よりも早く家を出ます」は副詞の比較級。leaves home のあとに earlier than … を続ける。

(3)「ギターのひき方」は how to play the guitar。「A に B を教える」は〈show ＋ A（人）＋ B（もの）〉で表す。

p.132〜133 第**6**回 Lesson 6 〜 GET Plus 6

1 🎧LISTENING (1)エ (2)オ (3)ア

2 (1) years old (2) asked, for
(3) Could you (4) appreciate it

3 (1) We have learned Chinese for three years.
(2) It has been cold since last week.
(3) Have they worked at the zoo for ten months? − No, they have not[haven't].
(4) Since I was eight (years old).

4 (1) more (2)1.× 2.○
(3)1. Since the 1750s. 2. Black tea is.

5 (1) We have known Beth since last year.
(2) My sister has belonged to the volleyball club since last month.
(3) Has he kept the book for a long time? − Yes, he has.
(4) How long have you stayed in Japan? − For two months.

6 (1)例 Yes, I have. / No, I have not[haven't].
(2)例1 For three years. 例2 Since I was ten.

◀ 解説 ▶

1 🎧LISTENING (1)「あなたはサッカーをしますか」と問われて,「いいえ,しません。私は野球を4年間しています」と答えている。
(2)「あなたはずっと野球ファンですか」に「いいえ,ちがいます。両親と私はずっとサッカーファンです」と応じている。
(3)「私の野球シューズは古いです」に「どれくらいそれを使っていますか」と問われ「1年間です。私は新しいものを買いたいです」と答えている。

♪音声内容
(1) A: Do you play soccer?
B: No, I don't. I have played baseball for four years.
(2) A: Have you been a baseball fan?
B: No, I haven't. My parents and I have been soccer fans.
(3) A: My baseball shoes are old.
B: How long have you used them?
A: For a year. I want to buy new ones.

2 (3)「〜していただけますか」Could you 〜?
3 (1)現在完了形は〈have[has]＋動詞の過去分詞〉で表し,learn は過去分詞にかえる。「私たちは3年間中国語を学んでいます」

(2)ミス注意 is を〈have[has]＋動詞の過去分詞〉にする。「先週からずっと寒いです」
(3) have を主語の前に出し,答えでも have を使う。「彼らは10か月間その動物園で働いていますか」「いいえ,働いていません」
(4)「〜から」は〈since ＋主語＋動詞〜〉で表す。

4 (1)あとに than があるので比較級にする。
(2)1.2〜3行目参照。 2.5〜6行目参照。
(3)1.質問は「紅茶はヨーロッパでどれくらい長く人気ですか」という意味。2行目参照。
2.質問は「紅茶と緑茶ではどちらがより人気がありますか」という意味。1〜2行目参照。

5 (1)ミス注意 「私たちは(ずっと)〜を知っています」は We have known 〜. で表す。
(2)「〜に所属する」は belong to 〜で規則動詞。主語は「私の妹」で3人称単数なので has を使う。
(3)「彼は(ずっと)〜していますか」は Has he〜? で表す。「長い間」for a long time
(4)「2か月間」は〈for ＋期間を表す語句〉で表す。

6 (1)質問は「あなたは1か月間,新しいかばんをほしがっていますか」という意味。Yes, I have.,または No, I have not[haven't]. で答える。
(2)質問は「あなたはどれくらい長くこの地域に住んでいますか」という意味。〈for ＋ 期間〉,〈since ＋スタートの時点〉で答える。

p.134〜136 第**7**回 Lesson 7 〜 Reading for Fun 2

1 🎧LISTENING (1)ウ (2)イ

2 (1) How interesting (2) Welcome to
(3) have, minute (4) write down

3 (1) Have / never (2) Have, yet / have
(3) Has, yet / hasn't, yet

4 (1)① in my opinion ② in common
(2)笑いを広め続けること。
(3) I've enjoyed talking with you.
(4)どういたしまして。
(5) during a *rakugo* performance

5 (1) I have not[haven't] finished my report yet.
(2) We have traveled to China twice.
(3) Has she solved the problem yet? − Yes, she has.
(4) Bob has worn a yukata three times.

6 (1) The musician is famous all over the world.

(2) Why don't you visit the museum with me?

(3) The bus has not arrived at the station yet.

(4) so busy that I didn't call my friend

7 (1) I have[I've] just sent an e-mail to you[sent you an e-mail].

(2) Koji has already heard the news.

(3) My parents have never seen the animal.

(4) Has Miho ever run a marathon?

8 (1) I have[I've] never tried surfing.

(2) Have you done[finished] your homework yet?

(3) Have you ever been to Australia?

▶ 解 説 ◀

1 🎧 LISTENING (1)質問は「ピーターは今までに彼の財布をなくしたことがありますか」という意味。

(2)質問は「ピーターはもうエイミーへのプレゼントを買いましたか」という意味。

♪ 音声内容

(1) A: Have you ever lost your wallet, Peter?

B: No. But I have lost my favorite watch. I was very sad when I lost it.

A: When did you lose it?

B: Last summer.

Question: Has Peter ever lost his wallet?

(2) A: Amy will leave Japan next month. We promised to give her a present. Mika, have you bought a present yet?

B: Yes, I have. I bought a white cup last Sunday. How about you, Peter?

A: I haven't got a present for her yet. But I will buy her a cap tomorrow.

Question: Has Peter bought a present for Amy yet?

2 (1)「なんと~!」How ~!

3 (1)「あなたは今までにあの公園であなたのイヌを散歩させたことがありますか」「いいえ，私は一度も私のイヌをそこで散歩させたことはありません」

(2)「彼らはもう教室をそうじしましたか」「はい，彼らはちょうどそれをそうじしたところです」

(3)「あなたのお姉[妹]さんはもうクッキーを焼きましたか」「いいえ，彼女はまだクッキーを焼いていません」

4 (2)前文の内容を示している。

(3) I've は I have の短縮形。過去分詞は enjoyed であとには動名詞を続ける。

(5)質問は「私たちはいついっしょに笑うことができますか」という意味。3行目参照。

5 (1) have[has] のあとに not を置く。already は否定文で使わず，「まだ」の yet を文末に置く。

(2)「2度」は twice で文末に置き，We have ~ twice. の形にする。

(3) have[has] を主語の前に出す。already は疑問文で使わず，「もう」は yet で表し文末に置く。

(4) ミス注意 「3度」は three times。wear は不規則動詞で過去分詞は worn。

6 (3)「まだ~していません」は has not＋過去分詞 ~ yet。

(4) ミス注意 「とても~なので…」は so ~ that … の形にする。「~」には「忙しい」の busy。

7 (1)「私はちょうど~したところです」は I have just＋過去分詞 ~.。「送る」の send の過去分詞は sent。

(2)「耕司はもう~してしまいました」は「もう」は肯定文では already で Koji has already＋過去分詞 ~.。

(3)「私の両親は一度も~したことがありません」は My parents have never＋過去分詞 ~. で表す。

(4)「美穂は今までに~したことがありますか」は Has Miho ever＋過去分詞 ~? で表す。

8 (1)「私は一度も~したことがありません」は I have never＋過去分詞 ~. で表す。

(2)「あなたはもう~しましたか」は Have you＋過去分詞 ~yet? で表す。「する」の do の過去分詞は done。

(3)「~に行ったことがある」は have been to~ 疑問文で「今までに」は ever を使う。